大学隐性知识管理研究

杨靖 王震 杨双琪 刘志国 著

河北大学出版社

大学隐性知识管理研究

图书在版编目（C I P）数据

大学隐性知识管理研究 / 杨靖等著. -- 保定 : 河北大学出版社, 2015.12

ISBN 978-7-5666-0355-5

Ⅰ. ①大… Ⅱ. ①杨… Ⅲ. ①知识经济－应用－高等学校－学校管理 Ⅳ. ①G647

中国版本图书馆CIP数据核字(2016)第003631号

DAXUE YINXING ZHISHI GUANLI YANJIU

责任编辑：韩立霞
装帧设计：赵　谦
责任印制：靳云飞

出版：河北大学出版社（保定市五四东路180号）
经销：全国新华书店
印制：河北天普润印刷厂
开本：1 / 16（710mm × 1000mm）
字数：270千字
印张：18.25
版次：2015年12月第1版
印次：2015年12月第1次印刷
书号：ISBN 978-7-5666-0355-5
定价：36.00元

序

进入知识经济时代，知识的重要性得到了前所未有的肯定。“知识就是力量”“知识就是财富”，这些话语彰显了人们对知识重要价值的认可。国家、社会和个人的发展离不开对知识的掌握与利用，因而知识的生产、学习与创新成为当前人类社会的重要活动，对知识的分析和研究也受到了学术界的高度重视。

随着人们对知识认识的逐步加深，学者们从不同角度对知识进行了分类研究。世界经合组织(OECD)把知识分为四种：事实知识(Know-What)、原理知识(Know-Why)、技能知识(Know-How)和人力知识(Know-Who)。英国哲学家迈克尔·波兰尼(Michael Polanyi)将知识分为显性知识(Explicit Knowledge)和隐性知识(Tacit Knowledge)，这是隐性知识概念的首次提出。波兰尼认为，人类的知识有两种，人们通常所说的知识，是以文字、图表、公式等方式表达的，但这只是知识的一种类型，还有一种知识是不能被明确表达的知识，如人在行动中的技巧和经验、直觉等。他把前一种知识称为显性知识，把后一种知识称为隐性知识。

波兰尼把知识分为显性知识和隐性知识的分类方法是对知识的一种全新认知，对学习、教育、管理和科研等人类活动具有重要价值，他因此也被称为人类认识史上的“哥白尼”。隐性知识概念的提出，将人类对知识认识的重点从显性知识转向了隐性知识。有学者把显性知识比喻成漂浮在海平面上的冰山，将隐性知识比喻成冰山沉没于海平面以下的部分，即隐性知识是知识的主体，隐性知识数量要远远多于显性知识。还有学者把显性知识比喻成树的果实，把隐性知识比喻成为大树提供营养的树根。隐性知识比显性知识难以表达、难以学习和共享,却是构成社会和个人财富的重要源泉,是最富有战略价值的知识资源,其对个人和组织发展的作用远远大于显性知识。

大学是典型的知识密集型组织,大学的人才培养、科学研究、服务社会的职能主要通过知识的建构、创新和传递完成,所以从知识学的视角研究、探讨大学管理和人才培养问题是一个合乎逻辑的选择。根据显性知识和隐性知识的分类方法,大学的知识也可以分为显性知识和隐性知识两种。大学的显性知识主要指大学已经取得的知识成果,比如出版的著作、发表的论文和申请的专利等。大学的隐性知识在个体层面主要表现为个体具有的认知能力、技术、经验、信仰和情感,在组织层面主要表现为组织的文化、惯例以及价值观等管理特性。知识管理学认为,隐性知识是个体或组织在已有知识的基础上基于一定的情境,通过与其他组织或者社会成员以及各种知识因素的相互作用建构而成的。在知识建构过程中,两个因素起着决定性作用:一是知识建构主体学习的积极性和自觉性,另一个是知识情境的建设水平。

通过分析大学显性知识和隐性知识的内容可以发现,隐性知识是大学知识的主体,也是决定大学能否高水平发展的最关键因素。"大学之谓,非大楼之谓,乃大师之谓也。"这句话从表面上看肯定的是人才的价值,实际上却是对人才掌握的隐性知识价值的肯定。正是由于隐性知识水平的差异,大学的人才才呈现出不同的层次;正是由于对隐性知识管理能力的不同,大学的发展也才表现出不同的水平。古今中外的专家学者,无一不是掌握隐性知识的佼佼者;纵观世界范围的高水平大学,也无一例外地高水平地管理了隐性知识,为隐性知识的建构创造了良好环境。特别是在中国高等教育快速发展、国家致力于创建世界一流大学的时代背景下,研究、探讨大学的隐性知识管理问题就显得尤为必要,因此本书的研究内容既具有很高的理论和实践价值,也具有很强的现实意义。本书的研究,可以使我们很好地理解人才素质和能力的本质,对当前大学管理中存在的问题能获得深刻和清醒的认识,对如何优化大学的管理环境从而促进高水平人才的培养也能提供有价值的指导。

本书的四位作者长期在高校工作,研究领域也主要集中在知识管理方面。四位作者应用知识管理特别是隐性知识理论,在辨析与隐性知识相关的概念的基础上,提出了大学的人才培养、科学研究和服务社会工作的本质是隐性知识活动、隐性知识构成了大学的核心竞争力等观点。本书探讨了大学外部和内部影响隐性知识管理的主要因素及优化策略，分析了如何通过组织学习与构建大学知识联盟促进大学隐性知识水平的提高，阐述了如何对大学教师的隐性知识水平进行评价，最后结合河北省高等教育的实际提出了大学隐性知识的管理对策。本书应用理论研究与实证研究相结合的方法，不论是在研究内容上还是在研究方法上均有一定的创新性，而且有许多创见与发现。作为国内首部系统论述大学隐性知识管理的著作，该书的出版不仅弥补了当前国内相关研究的不足，而且对大学的日常管理和教学、科研工作实践有较高的指导和借鉴价值。当然，由于隐性知识以及大学组织的复杂性，本书在大学隐性知识管理具体对策的设计、隐性知识的评价等方面仍有进一步研究的空间。

任　火

2015 年 10 月于华北理工大学

目　录

第一章　绪论

一、问题的缘起

知识经济是当前世界经济发展的主要特征。作为知识经济的基础和核心，知识的重要性得到前所未有的肯定，成为个人、组织、国家获取竞争优势的重要资源。随着社会竞争的加剧，个体在进行职业生涯规划的过程中越来越重视对综合性知识的学习与积累，这种综合性知识既包括通过符号表征的显性知识，如书本知识，同时也包括通过各种专业技能所表现出来的隐性知识。企业在激烈的市场竞争中越来越重视对各类知识的挖掘与积累，并在知识识别、知识挖掘、知识过滤、知识积累等领域积极尝试，逐步形成自身的知识资源库，以此指导企业价值的创造过程。阿基里斯的"双环学习"理论、彼得圣吉的"学习型组织"等概念的出现是对知识学习不断探索所产生的优秀成果。

知识管理中的隐性知识管理越来越多地受到人们的重视，人们发现对创新有较大影响的知识并不是书本上的显性知识，而是那些不易被编码的隐性知识。[①] 从技术诀窍到企业惯例、从操作技巧到组织行为、从意识形态到组织文化，无论是微观个体还是宏观组织，无不被大量的隐性知识所包围，隐性知识对个体的决策和组织的生存与发展产生着至关重要的影响。组织学习理论告诉我们，人们展开行动的行为准则分为名义的行为准则和实际的行为准

---

① Polanyi M. Personal Knowledge [M]. Chicago: The University of Chicago Press, 1958: 232.

则，二者在有些情况下是不一致的，个体所拥有的隐性知识决定了人们实际的行为准则。① 学术界关于知识管理特别是隐性知识管理的研究近年来快速发展，从隐性知识的理论问题到应用问题、从隐性知识的管理问题到组织与社会类问题、从隐性知识的过程类问题到系统性问题、从隐性知识的测量问题到法律问题，学术界对隐性知识的研究逐步深入并取得了大量的成果。

作为人才培养的基地，知识经济时代的大学要承担更为重要的社会责任，通过教学和科研为社会服务。知识管理理论认为，隐性知识是知识的主体，构成了人才的素质和能力，因此教学、科研工作是隐性知识密集型活动。大学作为生产、传播和应用知识的重要场所，作为知识和高级人才的聚集地，理应成为开展知识管理特别是隐性知识管理的重要领域。但事实上，当前有关大学隐性知识管理的研究和实践探索却远远落后于企业，不仅研究成果的数量和质量较差，而且对隐性知识的认识和管理水平也严重不足，直接制约了大学的发展。我们认为，要提高大学管理的有效性，提高大学的教学、科研水平和核心竞争力，在大学开展隐性知识管理活动不失为一种理想的选择。

具体说来，本书研究大学隐性知识管理，主要基于以下三方面的原因。

(一)知识经济的宏观背景

20 世纪 90 年代以来，联合国有关机构，国际金融和贸易组织，一些国家的政府领导人、企业家、经济学家以及其他学术领域的研究专家，对一种被认为即将来临或已经到来的全新的经济形态纷纷发表言论，或展望，或描述，或定义，或研究。这种经济形态，先后被赋予了信息经济、智力经济、知识经济和新经济等多种名称，其中知识经济、新经济的说法最为流行。社会发展的现实也表明，不论使用何种名称，知识都是这种新的经济形态中的第一生产要素。

农业经济时代的主要生产要素是土地和劳动。威廉·配第在其代表作《赋税论》中有一句著名的格言："土地为财富之母，而劳动则为其父。"它阐明了土地(自然资源)和劳动在财富增长中的优势作用。进入工业经济时代后，生产要素结构(顺序和比例)发生了重大变化。自然资源依然重要，但资本积

① Polanyi M. The Tacit Dimension [M]. London: Routledge and Kegan Paul, 1966: 65—66.

累水平成为决定经济增长的关键因素。劳动要素投入由简单劳动向复杂劳动转变,科学知识在增长过程中的作用日趋重要,掌握知识的人力资源在生产过程中所扮演的角色越来越受到人们的重视。因此,英国经济学家阿尔弗雷德·马歇尔(A.Marshall)早在19世纪末就明确指出:"大自然……显示出收益递减的趋势,而人……则显示出收益递增的趋势……知识是我们生产的最大动力;它使我们可以征服自然,并满足自己的愿望。"

作为继农业经济和工业经济之后的新的经济形态,知识经济更重视知识和人才的作用,呈现出资产投入智力化、产品形态知识化等典型特征。在知识经济的宏观背景下,我们要加强对知识资产的研究和管理,提高知识生产、传播和应用的效率。[①] 大学在知识经济的发展中肩负着重要的历史责任,因此需要研究和探讨知识管理的规律和方法,探讨知识管理理论在大学中应用的途径。知识管理的重点是隐性知识,加强对大学隐性知识管理的研究,不仅可以提高大学管理的效率和人才培养的质量,而且可以在很大程度上推动区域经济、社会的发展和进步。

(二)中国的高等教育面临着新的形势和任务

随着社会、经济和科技的发展,我国大学所处的环境发生了巨大的变化,大学的发展正面临着前所未有的挑战。一方面,从世界范围来看,科技飞速发展,生产日新月异,国际竞争日趋激烈。国与国之间、地区与地区之间的经济竞争乃至综合实力的竞争,归根到底取决于人才和科技的竞争,这对高等教育的数量、质量、效益、水平等提出了新的要求;另一方面,经济和科技的全球化将大学的发展置于世界范围之内,要在资源全球配置的世界市场中获得一定数量的优质资源,就对大学的竞争能力提出了进一步的要求。因此,大学发展的关键就在于培育和提高能使大学在市场竞争中居于有利地位的核心竞争力,增强大学的核心竞争力是促进我国大学发展的重要战略。

企业能力理论认为,组织的核心竞争力是组织的隐性知识,因此各种类

---

① [美]R.J.斯腾伯格著.成功智力[M].吴国宏,译.上海:华东师范大学出版社,2000:102—103.

型的社会组织需要对组织的知识尤其隐性知识进行有效的管理。[①] 大学是典型的知识密集型组织，大学的核心能力来自广大教师的理念、技术、经验以及大学独特的管理特性等隐性知识。对大学的隐性知识进行高水平管理是促进大学适应形势和任务发展变化的切实需要和必然选择。然而，我国大学传统的管理体制和运行机制却难以适应新形势的发展要求，教育理念、教育技术、课程体系、科研体制、组织机构、学科建设等都亟待改革与创新。在大学中实施隐性管理，整合学术团体及教职员工的知识，促进知识的采集与加工、交流与共享、创新与增值，提升教育、教学和科研水平，推动管理体制和运行机制的改革，增强大学对社会发展的适应能力，已成为大学改革与发展的迫切要求。

因此，大学应该抓住机遇，依据知识管理理论，运用知识管理的方法和手段，充分掌握和利用大学内、外部的知识，有效发挥大学成员的知识潜能，提高大学个体与整体的知识学习能力，创造有利于知识共享与创新的校园文化与价值观念，形成大学核心竞争力，以实现大学管理的目标，取得最好的办学效益。

（三）大学隐性知识管理的研究和实践相对滞后

大学是一个复杂而特殊的知识型组织。知识型组织是以知识为资源配置要素、为知识创新提供网络化组织框架、主要从事知识生产和服务的组织类型，即大学的资源配置、组织网络、运行过程都以知识为中心展开，其主要从事的是知识的生产、传播、消费和应用。大学同时也是典型的知识型组织。伯顿·克拉克认为，高等教育是正规的组织，是控制高深知识和方法的社会机构，它的基本材料在很大程度上构成各民族比较深奥的那部分文化的高深思想和技能。

因此，高等教育的逻辑起点在于高深专门知识，高等教育机构的功能在于培养高级专门人才。从大学本身来看，无论是它的核心资源、组织架构还是运行过程，都是围绕着知识展开的。探求对大学的有效管理，就不能忽视

---

① ［美］约翰·杜威著.我们怎样思维·经验与教育［M］.姜文闵，译.北京：人民教育出版社，1991：153—155.

3.隐性知识的获取

知识获取就是将未经组织的文档、数据等(显性知识)和存在于人脑中的经验技能(隐性知识)转化为可复用、可检索的知识。[①] Kaj U.Koskinen 和 Hannu Vanharanta(2002)认为野中郁次郎提出的 SECI 模型中的内化和社会化这两个环节可以成为知识获取的途径。夏德和程国平(2003)在对隐性知识分类的基础上提出:人群实验是表象隐性知识的一种获取方法;人机辅助实验可加速白化隐性知识的提炼;现场观摩、实验法、传帮带并辅之统计方法可以有效获取灰色隐性知识。韩丽川和陈忠(2004)构建了基于软系统方法论的知识获取框架,并进一步论述了该方法在知识获取中的具体实现。王君和樊治平(2004)提出了基于 Multi-Agent 的组织知识获取模型,并给出该模型中实现知识获取的关键技术及知识集结方法。

隐性知识的测量和获取是进一步利用隐性知识的基础,应大力结合系统方法和人工智能的研究成果,从而提高知识获取的有效性。

4.隐性知识的转化

随着更多的学者和实践人员认识到隐性知识的重要性,隐性知识和显性知识之间的转化问题受到越来越多的关注。重点主要集中于隐性知识转化模型的研究及隐性知识转化障碍的分析与克服。

(1)隐性知识转化模型

Teece(1977)首次提出知识转移的思想,他认为通过技术转移可以帮助企业积累有价值的知识并促进技术扩散,从而缩小地区间的技术差距。Vito Albino(1998)等研究人员归纳出知识转移的四个框架:转移主体(actors)、转移意境(context)、转移内容(content)和转移媒体(media)。知识转移通过组织的地域维度、业务维度及职能维度来降低组织风险的不确定性,破除一些节点问题和壁垒枷锁。C.W.Holsapple 和 M.Singh(2001)提出了知识链(K-Chain)模型,表明知识链的产出是各个阶段知识学习活动的结果。IBM 公司的 Thomas 和 Heights(2002)提出了一种用讲故事的方式实现并促进隐性知识转移的方法并进行了实地验证。斯图尔特(2004)认为,隐性知识的转移不一定非要显性化才能实现,通过构建包含个人兴趣的用户简档来描述个人的

---

① 邱均平,文庭孝,马大川.知识管理学[M].北京:科学技术文献出版社,2006:86—88.

隐性知识,促进其自我学习并传播,可以实现隐性知识的共享。

关于企业内部的知识转化,日本学者野中郁次郎所研究的SECI模型是最具影响力的知识转化模型,他把知识分为显性知识和隐性知识,提出了企业内部以隐性知识为起点的隐性知识和显性知识互相转化的知识创造螺旋模型(SECI)。该模型认为,企业内部知识起源于个人的隐性知识,通过社会化(Socialization)、外化(Externalization)、组合化(Combination)和内化(Internalization)四个过程,逐步从个体知识上升到团队知识,再上升为组织知识,构成了知识创造的螺旋式上升。

国内学者也针对主体隐性知识转化问题进行了研究,并建立了一些模型。周寄中(2004)认为吸收能力是隐性技术知识转化的关键因素,在分析企业隐性技术知识的来源及渠道的基础上建立了隐性技术知识吸收模型,较好地解决了技术转移中技术学习绩效的关键问题,但该模型只适用于技术引进时技术中内含的隐性知识的转化。赵西萍(2004)将影响知识管理的各种因素归为管理性因素、外部环境因素和内部环境因素,分析了各类因素对组织知识管理的作用机理及各类因素之间的作用机理,并建立了知识管理影响因素概念模型。此外,王洪伟等(2003)沿着SECI模型的思路研究了隐性知识的转移或共享,分析了组织学习与知识管理的关系,建立了企业知识整合模型。

(2)隐性知识转化障碍及转化环境分析

隐性知识的属性对其转化构成了一定障碍。Shannon(1992)提出了基于通路模型(Conduit Model)的沟通学说。通路模型中存在于知识主体之间的通路障碍构成知识转移的阻力,这些障碍可能是语言、文化、外部干扰或其他因素,成功的知识转移需要去除这些通路障碍。Alice Lam(1997)提出了知识的内嵌性。她认为知识内嵌于组织的社会文化、沟通方式、作业流程以及职位定义之中,难以剥离这些情境而孤立地转移。Garud和Nayyar(1994)认为知识随时间转移的难易程度影响着知识随空间转移到其他公司的难易程度,越容易被转移的知识,其战略价值就越低;而有些知识由于与企业的特有辅助性资源相联系而具有保存价值。

环境因素是指除个体自身以外的其他可能影响个体转移知识行为的因素,主要包括接受者的特征和组织环境。对于组织环境,Sproull和Kiesler

(1995)研究认为,危急群体(Critical mass)和利社会行为感(Prosocial behavior)促进了人们共享知识。Kalman(1999)检验了组织承诺(organizational commitment)和期望产出(outcome)对成员共享知识行为的影响,并得出了结论:人们在合作数据库中共享可随意使用的知识是出于组织承诺、组织手段(instrumentality)和相关效能(connective efficacy)。Von Krogh(1998)在研究组织内关爱(care)对知识创新的影响时发现:有效的知识创造对公司内人际关系提出了特别的要求,组织内不信任行为、持续竞争、给予与获得信息的不平衡及"事不关己"的态度威胁着隐性知识的有效共享;内部的建设性和互助的关系将加速交流过程。除以上人际关系、组织文化、组织利益对隐性知识转移有显著影响外,学者们研究认为,组织目标任务的相似性、组织激励、共享技术条件等对个体知识转移的积极性与效果都会产生影响。

5.隐性知识的共享

(1)隐性知识共享的路径分析研究

隐性知识共享的路径分析研究,包括隐性知识的显性化方法、传播模型和技术途径。

1977年,Teece最早提出知识转移的思想,他认为通过技术转移可以帮助企业积累对其有价值的知识并促进技术扩散,从此缩小区域间的技术差距。Stuart Barnes认为隐性知识的转移不一定非要显性化才可以实现,通过建立包含个人兴趣的用户档案来描述其隐性知识,并促进其传播,可以实现隐性知识的共享。随着知识经济的进一步发展,隐性知识显性化的课题研究被提上日程,隐性知识被大量应用于知识型企业。野中郁次郎提出知识转化的四种基本模式:社会化、外化、组合化和内化,即著名的SECI模型。Choo认为通过深度谈话方式,包括类比、讲故事和隐喻,隐性知识可以被显露出来。Koskinen等认为隐性知识的获取和转化可以通过下面两个途径:行动学习(Action Learning)和技术创新中人们之间的非正式的交流。Swap在回顾了一百多篇管理及认知心理学的报告后,认为通常非正式的学习、讲故事以及师徒制是隐性知识内化和社会化的最有效方式。IBM公司的Thomas和Heights提出一种用讲故事的方式实现并促进隐性知识共享的方法并进行了实地验证。

学者们还从信息技术工具的角度对隐性知识的共享进行了研究。Mitri指出知识管理系统运用相似的技术，包括远程交流工具、数据存储技术，还有支持决策技术。其中的一些技术，如电子邮件、视频面谈、合作工作系统，被用来捕捉和共享隐性知识。斯滕马克提出一个新颖的应用信息技术来开发、利用隐性知识的想法，而无须将其显性化。他们研究的基于软件代理程序技术的信息检索系统通过识别组织内部网络上的隐性知识以促进知识管理。Rodhain认为认知地图(cognitive mapping)是隐性知识向显性知识转移的有效工具。

在这方面，国内学者也进行了相关探讨。张生太等建立了组织隐性知识传播的微分动力性模型，分析了影响隐性知识传播的渐近解的主要控制参数；高晓云等建立了基于本体的隐性知识转化模型；梁启华等认为非正式的关系网络是隐性知识转移的主要渠道；唐建生等分析了知识具有的生物活性，运用放生学的理论，借鉴生物发酵过程，提出了知识发酵模型。

(2)隐性知识共享因素的研究

Szulanski的研究表明，知识转移的基本要素包括知识源、转移渠道、信息、接受者和情境。Koskinen发现交流频度对隐性知识的转化产生影响，而这很大程度上受到组织机制、契约安排以及个人、团队或企业之间存在的信任等因素的影响，而后他进一步认为影响组织中隐性知识共享的因素可能被归类为内部因素和外部因素。内部因素是那些为个人所占有或者绝对控制的因素，进一步分为记忆系统、传播系统和激励系统，其中记忆系统包括经验、心智模式和直觉，传播系统包括互动、语言和接近度，激励系统包括承诺和信任；外部因素是个人控制较弱的因素，是情景系统，包括领导风格和组织文化。

国内学者王秀红等主要从组织制度、企业文化和人际关系三方面分析了隐性知识共享的影响因素，认为影响隐性知识共享的主要因素有三个：缺少良好的人际关系、垄断知识的心理和缺少激励。韩庆峰、刘立民认为隐性知识需要更深层次的开发，它的转化受个人的价值观念、心理、组织文化等内因的影响，转化的成本则依赖于诸如知识的层次、组织制度、时间、技术以及人脑的能力等因素。曹建东等认为接触性传播是隐性知识传播的特点，其影响因素分析应该围绕传播者、实践环节和学习者进行。张晓燕等指出隐性知识的转移存在着认知和机会主义障碍。夏德等认为隐性知识在识别和获取上存在诸多障碍,有隐性知识本性造成的障碍,有主体认知能力造成的障碍,有激励考核制度的障碍,还有环境的障碍。

(3)促进隐性知识共享的管理措施的研究

要真正实现隐性知识在个体、团队和组织等各个层次的传递和共享,组织就要采取适当的管理措施,有效克服阻碍隐性知识共享的不利因素。国内外学者在这方面进行了积极的探讨。Leonard 等认为,建立知识共享的组织惯例和激励机制,对隐性知识的共享具有重要的作用。Megan 等通过对开放资源的社区和传统组织之间的对比,发现自我效能模型在隐性知识共享的情景中是一种有用的框架。近期,Chieh-Peng Lin 发展性地运用组织契约和合作者之间的信任作为关键的调节变量,为隐性知识的共享提供了理论性的框架。国内张生太等指出,要想使隐性知识在组织内部广泛迅速传开,组织应尽量增大组织成员之间的接触,尽量减少组织成员的知识遗忘率,尽量减少组织成员的调入(调出)率。张晓燕等在促进内激励方面对组织的建议是人际关系、公平参与与授权。夏德等提出要进行制度的设计,营造一种有利于隐性知识创造与传播的文化,构建连接知识库信息网络。

6.隐性知识的测评研究

隐性知识的测评是有效管理隐性知识的重要环节。① 斯滕伯格和他的耶鲁大学研究团队根据隐性知识的三维立体结构模型,制定了“管理者隐性知识调查表”,用于测试个人隐性知识水平的高低。问卷设计了典型情境,采用 7 点量表,隐性知识的得分通过“专家—新手”的差异给出。目前该量表在我国已有研究。基于斯滕伯格的智力理论,瓦格纳发展了专门适用于管理选拔的隐性知识模型。在这个模型里,他把隐性知识定义为通过经验获取的实践上知道是怎样去做的知识,不是通过别人的直接指导,而且他还认为这种知识不仅仅包括经验的数量,还包括一个人通过实践能够学习和利用知识的质量。瓦格纳利用认知心理学采用基于知识的方法来区别专家和初学者,题目来自于修改过的紧急事件工作分析。量表由 12 个商业情景组成,每个情景平均为 10 个战略问题,量表中共有 120 个题目。在测评结果中,他发现隐性知

---

① 王方华.论隐性知识[J].沈阳师范大学学报(社会科学版),2004,(2):27—32.

识的分数与经验有着可靠的关系，隐性知识与绩效测量指标之间的相关在0.2到0.4范围内，隐性知识和工作绩效之间的相关为0.56($p\leqslant 0.05$)。这就是说，隐性知识的含量能够很好地预测管理工作中的绩效高低，同时他们说明了隐性知识与智力（一般的认知能力）相关度不大。科尔（Kerr）通过实验验证了这个结论。

但同时，科尔指出了瓦格纳在测量存量中存在两个概念上的问题：一是隐性知识是实践上知道如何去做某事的知识，仅仅通过问卷的形式，要求被测者运用他们的隐性知识来评价每一个给定的战略，从而得出其隐性知识的含量，这种测量是否恰当；二是隐性知识在本质上是情境的，而瓦格纳的测量本身是无情境的。在瓦格纳关于商业管理隐性知识测度研究的基础上，科尔采用了评价中心法（Assessment center），结果发现隐性知识和模拟绩效相关，但是支持提出模型基础的证据没有找到。

澳大利亚麦克夸利大学计算机系的理查德和布希按照斯滕伯格在耶鲁大学的研究方法，即通过捕捉被测者对工作场景的反应来测量其隐性知识，运用形式概念分析的方法对数据进行处理，提出了利用三角测量法来测度个体可言说隐性知识的宏观模型方法。他们还运用ATLAs.ti软件来建立隐性知识的组成模型，但是他们没有提出对隐性知识的认识和界定。玛兹（Martz）等进行了学生内隐学习情况的案例研究，对隐性知识的转移进行了测试，结果表明在内隐学习中，三种知识量（知识总量、隐性知识量和显性知识量）都有很大的提高。一系列定性观察也提供了更有力的支持，即学习经验活动增加了隐性知识的数量，但是对企业管理中员工获取隐性知识的数量，缺乏实证研究。

国内学者也对隐性知识的测评进行了研究。郭玉林从人力资本作为知识的要素构成角度进行划分，把人力资本分为显性人力资本和隐性人力资本，其中隐性人力资本是指存在于员工头脑中或组织关系中的知识、工作诀窍、经验、创造力、价值体系等。这里提到的“隐性人力资本”，也就是人脑中的“隐性知识”。在界定隐性人力资本内涵的基础上，郭玉林对隐性人力资本的价值度量提供了一个基本的理论分析模型。李顺才等从知识工程的角度对隐含经验知识进行了测度研究。

(二)当前隐性知识研究的特点

1.研究的集中性

国内关于隐性知识研究呈现集中性的特点,主要表现在以下三个方面:一是研究论文绝大多数发表在高校学报、管理学和经济学类学术期刊;二是研究论文作者主要集中在高校和科研机构;三是研究的主题绝大多数是关于企业隐性知识的转化、管理、共享、作用和基本问题。国外研究的集中性主要体现在:隐性知识研究集中在信息和知识管理领域,论文集中发表在 Journal of knowledge Management 上。

2.内容分布的广泛性

主要表现在研究涉及隐性知识的基本理论,包括内涵、特点、分类和作用等;隐性知识流转过程涉及的交流、挖掘和获取、转移和共享、整合、积累和流失、障碍和规避;隐性知识转移和共享的博弈分析、激励机制、评价体系和计算方法以及促进隐性知识转化的配套措施,如构建企业文化、建立技术支撑平台、企业隐性知识系统等多个方面。

3.方法的多样性

国内外学者对隐性知识的研究使用了多种研究方法,如对比法、文献计量法、系统分析法、比较和综合法、案例研究法、问卷调查法和实证研究法等。

4.领域的专业性

领域的专业性主要表现在各个不同学科领域的学者所研究的角度和侧重点不同。计算机科学领域的学者研究的重点集中在技术层面,侧重于用信息技术使隐性知识编码化以达到挖掘和转化的目的。行为科学领域侧重从个体与组织行为来研究隐性知识流动的行为动机、激励机制和影响因素等。认知科学领域侧重从个人角度研究隐性知识与人类大脑的学习能力和思维方式等的相关性及相互作用机理,进而研究组织学习和学习型组织。

5.探索的发展性

探索的发展性主要体现在对企业隐性知识的研究逐渐深入和与时俱进。研究的重点从以往的隐性知识的内涵、分类、特点、转化和共享等的理论研究开始转向定量和实证研究,并结合新的时代背景、技术工具和企业具体的发展状况探索出更具实用性和可操作性的组织隐性知识研究。

6.国内外研究的区别性

由大量的文献资料可知,国外对知识管理研究较早。隐性知识研究的先进理论、技术、定量和实证研究最早大都出自国外,国内的研究多数先是翻译、引进国外的先进知识,然后再进行一定的发展,但是创新之处较少。国内的研究主体主要集中在高校的师生或者科研机构等,而且呈现学院派特点。国外的研究无学院派之说,各学者不拘泥于形式,一些企业的管理人员也结合自身工作的经验和实际案例对企业隐性知识进行研究,其研究成果更具实用性和可操作性。

(三)存在的问题和研究展望

国内外学者对隐性知识进行了大量的探索性研究,也获得了很多有价值的突破性成果。但是现有的研究还存在很多问题,对这些问题的解决成为未来研究的动力和探索、发展的方向。

1.理论研究有待完善

国内外学者从不同角度、不同领域对社会组织隐性知识的内涵、分类等基本理论进行了大量的研究,研究成果呈现出多样性,各种研究成果既相互区别又互相联系,存在着一定的交叉性。但是到目前为止,对于组织隐性知识的研究还未达成共识,未形成统一、系统性的界定,还有待对基本理论研究的完善。

2.系统性研究有待发展

企业隐性知识研究是一个系统性的工程,包括企业内和企业外的隐性知识。企业内的隐性知识又包括员工个体之间、组织之间以及个体、组织和企业之间的隐性知识。企业外的隐性知识包括客户、供应商、竞争对手甚至整个社会网络的隐性知识。现有的研究往往涉及其中的部分,未有系统性的研究。另外对于隐性知识流转过程中的企业文化、激励机制、技术支撑等也是一个系统工程,现有研究也未能系统化地探索。对于整体的系统性研究也是未来发展的趋势。

3.定量和实证研究有待扩展

组织隐性知识研究最终要得出实用的研究成果来应用于组织并为组织带来经济效益和社会效益。但是现有的研究多数集中于理论研究,有待扩展定量和实证性的研究，这也使得知识管理缺乏实践性的支持和检验。因此，定量和实证性的研究是未来研究的方向。

4.针对性实用研究有待深化

不同类型、不同规模及不同发展阶段的组织所使用的隐性知识管理方法不同。社会组织如果采用了不相适宜的管理方法很容易导致管理的失败。而现有的研究多数是笼统地指向所有企业，并没有根据社会组织的类型进行针对性的研究，这种研究的成果实用性差。除此之外，社会组织隐性知识管理的成本收益分析和隐性知识转化能力的实用研究较少，组织进行隐性知识管理最先考虑的必然是成本收益分析，判断组织的隐性知识转化能力也必须通过一定的计量方法，这些都有待进一步的发展和深化。

三、研究思路

一般认为，大学承担着教学、科研和社会服务三大基本职能。随着社会的发展，也有学者提出将文化引领作为大学新的职能。不论是哪种观点，从知识论的观点看，大学的基本职能就是知识传播、生产和应用，因为文化的本质也是知识，尤其是隐性知识。因此，如何有效地组织大学的知识传播、生产和应用等知识活动，对提高大学的运行效率具有重要意义。大学知识管理的核心在于根据大学知识活动的特点，建立一种有效的机制，提高大学知识活动的效率。我们可以借鉴企业知识管理的经验，结合大学的知识特点，探索大学知识管理的内容、途径和方法。

基于以上理论和观点，结合当前的研究现状，确定本书的研究内容和研究方法。全书共分十章。第一章：绪论，主要介绍了大学隐性知识管理研究的背景、研究现状以及研究思路。第二章：隐性知识的基本理论，主要介绍与隐性知识密切相关的概念，包括知识观的演变，知识的分类，信息价值链，知识的产生过程，数据管理、信息管理与知识管理的关系，个体隐性知识与集体隐性知识，隐性知识在知识资本中的价值等，从而对隐性知识的基本问题有明确的认识。第三章：大学隐性知识活动，主要介绍大学隐性知识的类型和特征，教学、科研、社会服务中的隐性知识活动，大学教师的隐性知识活动以及对隐性知识活动产生影响的主要因素。第四章：大学隐性知识管理与核心竞争力，主要介绍大学核心竞争力的相关概念、大学核心竞争力的构成要素、大学知识管理与核心竞争力的内在关系。第五章:大学隐性知识管理的外部环境分析,主要分析了影响隐性知识管理的社会政治环境、经济环境、文化环境和科技环境,并阐述了以上四种环境与隐性知识的互动机制,提出了优化对策。第六章:大学隐性知识管理的内部环境分析,主要阐述了大学内部影响隐性知识管理的组织结构、管理制度以及组织文化,提出了优化的对策。第七章:大学隐性知识共享与组织学习,从大学组织学习与隐性知识的关系、隐性知识交流和共享的障碍、隐性知识交流和共享过程的知识转化、隐性知识交流和共享的组织资本四个方面探讨了大学隐性知识共享与组织学习的关系,并利用社会网络分析的方法,提出了建立隐性知识交流共享的高效网络的对策。第八章:大学隐性知识学习与知识联盟,在系统总结知识联盟的相关研究成果的基础上,从大学隐性知识学习与知识联盟关系的角度,调研了当前大学联盟的发展现状并提出对策。第九章:大学隐性知识评价,探讨了如何对大学教师的隐性知识水平进行测定。第十章:河北省大学隐性知识管理对策,在调查分析河北省高校隐性知识管理现状的基础上提出了发展对策。

第二章　隐性知识的基本理论

隐性知识是知识的一种类型，是人类对知识的一种新的认识视角。隐性知识与显性知识共同构成知识的总体。知识是信息价值链的一个环节，是对信息进行管理的产物，是个体和组织学习的结果。所以，要了解隐性知识、大学隐性知识的相关问题并对隐性知识进行管理的话，首先要了解知识观、信息价值链、知识学习理论等相关问题，在此基础上才能很好地理解大学隐性知识。

一、知识观的演变

知识是一个古老的话题，自有人类以来，关于知识的问题就随之诞生了，人类的历史实际上就是知识的发展史。日常的工作、生活中我们也经常谈论知识，但对于"什么是知识"却是一个比较难以回答的问题。实际上，"什么是知识"的问题不仅是教育学中的一个难题，也是哲学中的一个难题。对于知识的认识，可以大致分为"权威型知识观"和"批判型知识观"两种。"权威型知识观"包括经验主义和理性主义知识观，"批判型知识观"包括实证主义和建构主义知识观。[①]

(一)权威型知识观

在西方哲学史上，早期阶段主要存在着经验主义和理性主义两种相对立

---

① [美]阿特巴赫著.比较高等教育：知识、大学与发展[M].人民教育出版社教育室，译.北京：人民教育出版社，2001：123.

的知识观。经验主义知识观的代表人物是培根和洛克，他们认为知识来自人的感觉经验，通过对个别现象的感知再经过归纳提升为一般原理，才可以形成可靠的知识。培根认为科学的进程是从经验材料入手，经过实验得到公理；人类所有的知识都来源于感觉经验，是从特定的感官实践中归纳得出的对外部世界各种联系的反映。

理性主义知识观的代表人物包括柏拉图、笛卡儿、司宾诺莎、莱布尼茨、康德等人，他们认为知识只能通过理性论证来获得，知识是外在于主体的客观存在，需要以一种合理的方式进行学习才能掌握。远在古希腊时代，柏拉图就提出了理念论，认为一切可感知的具体事物都不是真实的存在，唯有共性即他所说的理性思考才是真实的，只有理性认识和思维才能产生真理、知识。

虽然经验主义知识观和理性主义知识观在知识来源的认识上存在根本区别，但二者也有许多共同的特点：确信知识是确定的认识；知识独立于人的价值观念和社会意识形态；真正的知识是不变的真理，具有普遍性、必然性和有效性；理性知识比感性知识更有价值；自然科学知识比社会科学知识更为客观；知识的学习是个体对知识客观意义的外部接受。既然真理是由少数科学家或哲学家经过严密的科学发现或逻辑推理得来的，因此“真理往往掌握在少数人手中”，芸芸众生只是接受和传播专家们所发现的“真理”，这样就产生了知识权威，因此统称为“权威型知识观”。

（二）批判型知识观

到了19世纪末20世纪初，出现了实证主义的知识概念。实证主义知识观的代表人物是詹姆斯和杜威。实证主义把知识看成是一种行动的工具，认为知识的标准既不是主观的理性形式，也不是客观的感觉经验，而是能够产生令人满意的行为结果。他们认为所有的知识都是暂时的和不断进化的，知识本身是有机体和环境之间相互作用的中介，是有机体为了适应环境刺激而做出探究的结果，把知识看成是静止的、终极的、完美的和永恒的是完全错误的。

建构主义知识观是20世纪80年代兴起的一种新的理论，代表人物是皮亚杰。建构主义知识观认为，知识是人与外部世界在相互作用的基础上从自身的经验中建构起来的，并用于解释人的经验世界的。也就是说，知识本质上是人的建构物，是人建构起来的产品，没有具有建构能力的主体——人，就没有知识这种人的产品。但另一方面，知识的生产或建构不是随心所欲的，不是任意的，知识这种“人的产品”是以人的经验为基础和源泉的，要以人的经验为根据——没有从自身的观察与实践（包括科学实验）中得来的经验，没有从人与自我和外部世界相互作用中得来的经验，就没有知识。

在建构主义看来，知识不再是客观事物的准确反映，知识不是客观的东西，它不是在说明真理，而是学习者基于自己的已有经验并结合学习者个人所面临的具体情境而进行的一种合理化的解释与假设。因此，知识的存在形式并不是独立于学习者之外的，而是与学习者已有的经验密切相关的。这个特点决定了知识具有主观的性质。此外，知识也并不是一成不变的，它只是暂时性的。知识的主观性与不断变化也反映出学习者是为了个人的生存而不断调整学习者本人原来的经验结构，使之更好地适应生存，所以建构主义声称“掌握知识就是为了生存”①。

实证主义知识观和建构主义知识观共同构成批判型知识观，它们的共同点体现在两个方面：一是认为主体基于自己的经验以及所处的社会文化历史背景，通过主动建构的方式而获得融入主体世界的知识；二是认为知识是人的心灵与外界客体在相互作用的过程中从内部生成的，人的心灵具有自觉能动性，学习过程是主动理解和建构的过程。

二、知识的分类

知识的分类没有固定的标准，划分的方式主要取决于人们分析问题的不同需要。如果从便于对高校大学教师进行管理的角度出发，按以下两种方式来划分比较适宜。

（一）显性知识和隐性知识分类法

根据波兰尼把知识分为显性知识和隐性知识的分类方法，结合高等学校的实际，高等学校的知识也可以分为显性知识和隐性知识两种。高等学校的显性知识是指能够以编码化的文字、图像、声音等形式存在于书本、数据库、

① 高鹏.隐性知识学习与企业创新研究[M].北京：中国经济出版社，2012：35—36.

磁盘、光盘等载体上的有形知识，如书籍、杂志、影像片、电子数据库等各类文档中的知识。高校的隐性知识是依附于专业技术人员的大脑、程序或某种情景中的无形的非编码化的知识，如专业技术人员的经验、能力及技巧等。① 隐性知识和显性知识的比较见表 2-1。

表 2-1　隐性知识和显性知识的比较

隐性知识(主观的)	显性知识(客观的)
难以用文字记录和传播	通过文字可以记录和传播
经验的	理性的
即时的	顺序的
身体的	思维的
模拟的	数字的
实践的	理论的

(二)KNOW-X 知识分类法

参照经济合作与发展组织（OECD）1997 年在《以知识为基础的经济》（Knowledge-Based Economy）中的定义及相关学者的研究成果，我们可以把知识分为六大类：

1.事实知识(Know-What)

知道是什么的知识，又称事实知识，主要是关于工作中事实与现象的知识。

2.原理知识(Know-Why)

知道为什么的知识，又称原理知识，主要指科学理论与规律方面的知识。

3.技能知识(Know-How)

知道怎样做的知识，又称技能知识，是关于工作中技能和诀窍方面的知识。

---

① 邱均平，文庭孝，马大川.知识管理学[M].北京：科学技术文献出版社，2006：32—35.

4.人力知识(Know-Who)

知道谁有知识的知识，又称人力知识，是关于人力资源、人际关系及管理方面的知识。这类知识包含特定社会关系的形成，即有可能接触有关专家并有效利用他们的知识，如知道某些问题谁能解决的知识。

5.时间知识(Know-When)

知道什么时间的知识，又称时间知识，是工作中时间节奏方面的知识，如关于何时最适合进行某种行为的知识。

6.地点知识(Know-Where)

知道在什么地点的知识，又称地点知识，是关于行为空间方面的知识。

事实知识和原理知识是显性知识，具有公共性、客观性和物质性的特征，存储在图书馆、局域网或数据库中，容易获取、理解、传播和交流。技能知识、人力知识、时间知识和地点知识则主要是隐性知识，包含人的价值观、信仰、预见性、经验、技能、能力方面，具有文化、情感和认识的因素在里面，无法用语言或书面材料进行明确表达，往往通过个人或集体的行为活动表现出来，所以难以获取和学习。

在全部的人类知识中，隐性知识是主体，显性知识仅仅是知识整体的冰山一角，隐性知识则是隐藏在冰山底部的大部分。隐性知识是智力资本，是给知识大树提供营养的树根，显性知识不过是树的果实。知识管理理论认为，隐性知识是在信息的基础上，在与大脑的耦合关联中建立起来的，决定了对显性知识的获取与应用能力。因此，一般情况下，隐性知识比显性知识更完善、更能创造价值，是个人和组织成功的关键。①

三、信息价值链

知识观关注的一个重点内容是知识的来源问题，不同的知识观对知识的来源与获得有不同的解释。在知识的来源问题上，信息价值链理论对此也进行了较好的诠释，并且分析了显性知识和隐性知识的关系。这对我们更好地理解隐性知识具有一定的帮助。

---

① 王颖，刘志国.区域创新体系建设与隐性知识共享研究[J].商业时代，2014，(2)：131—132.

(一)信息价值链的构成要素

一般认为,数据、信息、知识、情报和智慧构成了信息价值链,数据和信息是显性知识,情报和智慧的主体是隐性知识,知识来源于对数据的管理,对知识进行深层次的管理可以促进隐性知识的形成和进一步发展。①

1.数据

一般来说,数据是离散的、互不关联的、孤立的文字、数字和符号,彼此之间缺乏相关性和目的性。数据源自在阅读、观察、计算等活动中所获取的事实,是信息—知识价值链中的初级阶段。对于这些缺乏相关性的资料,人们需要凭借认知能力对其进行解释并在以往知识积累的基础上来推断它的意义。但人们并不能马上从数据中发现并识别它的基本架构和相关性,在人们的记忆中也不能抽取到足够多的信息来判断这些数据的价值,所以,人们只能通过将零碎的数据采集在一起来进行识别和推测。数据管理的主要目的是监控整个数据搜集过程并确保其可靠性、连续性和完整性。

2.信息

信息是通过人的认知能力对数据进行系统组织、整理和分析,使其产生相关性的过程。将数据提升到信息的过程,实际上是根据人们的认知能力,通过以往的经验和记忆以及在特定专业、职业或文化背景下解译数据的能力,对数据进行吸收、识别和转换的过程。从数据到信息的准确转换,是指人们通过对数据的过滤、组织、归纳和综合,识别和发现数据背后的相关性和隐含义,对其内涵给予充分的解释和说明,从而达到增值的目的。如果信息并没有提供用户所关心的内容,它仅仅是数据。信息管理的目的是通过信息的系统化和有序化管理排除不确定性,简化复杂的关系,透过现象看到问题的实质,扩大记忆范围。信息可以依据来源、性质、水平、时间、层次、使用、形式、时效性、类型等属性进行划分。信息产品可以独立存在,它没有与特定用户行动建立联系。

3.知识

知识是通过人的认知能力和经验,在信息分析基础上提供的解决方案和

---

① 黄荣怀,郑兰琴.隐性知识论[M].长沙:湖南师范大学出版社,2007:52—53.

行动指导。根据达文波特的看法，知识比数据和信息更有价值是因为它更贴近行动。知识是结构性的经验、价值观念、关联信息及专家见识的流动组合。知识为评估和吸纳新的经验和信息提供了一种架构。知识产生并运用于知识者的大脑，在组织机构里，知识往往不仅仅存在于文件或文库中，也根植于组织机构的日常工作、程序、惯例及规范之中。野中郁次郎认为：信息和知识这两个术语经常互换使用，但信息和知识之间存在明显的区别。知识不同于信息的地方在于：知识是关于信念和承诺的，知识随着具体态度、观点或意图而变；知识是关于行动的，它永远是"针对某种目标"的知识；知识类似于信息，是关于意义的，它由语境限定并与语境相关，信息是源源不断的消息，而知识正是扎根于信息持有者的信念和承诺的信息流而创造出来的。这些观点强调知识本质上同人类的活动相关。马克卢普（Machlup，1983）认为，信息提供的是解释事件或客观事物的一个必要的中介或素材，信息通过向知识增加一些东西或将之重新组织而影响知识。Max Boist 认为，信息是在人和物体之间建立的联系。与信息相反，知识是不能直接观察到的。信息与知识的差异见表 2-2。

表 2-2　信息与知识的差异

信息	知识
有形产品	无形产品
独立于行动和决策	与行动和决策密切相关
经过处理改变形态	经过处理改变思维
物质产品	精神产品
独立于环境存在	环境改变意义
可以转让	经过学习才能转让
可以复制	无法复制

4.情报

知识一旦被激活，就具有了"情报"的特征。被激活的知识与一部分社会动态信息一起进入社会交流系统，通过在社会系统中的传递，完成社会服务的目的，从而构成了完整意义上的"情报"。在实际工作中，经过传递的能帮助用户解决特定问题的信息和知识就是情报。获取情报的过程是一种产生新知识的高智力创造性劳动。情报研究不仅要依靠大量的综合性的信息资源以及经过筛选的显性知识,更要依靠研究者的知识结构、工作经验等,也就是要依靠研究工作者的隐性知识与显性知识的组织与融合才能完成。

5.智慧

智慧主要表现为收集、加工、传播、应用信息与知识的能力,对事物的发展提出具有前瞻性的看法,能够洞察事物的本质和规律。与数据、信息、知识和情报相比,智慧的隐性知识的含量更高。在具体工作中,专家的隐性知识十分宝贵,专家根据多年的经验和知识积累对事物发展所做出的预见和判断,对显性知识的选择、甄别、过滤和分析,是使信息显示其价值的关键。这种能力,就是我们通常所说的智慧。

数据—信息—知识—情报—智慧,构成了由低到高、由浅入深、由易到难的序列,见图 2-1。从数据中提取信息,其功能和价值远远大于数据。但信息只是对事物运动状态和变化的客观反映,是未经加工的、原始的、粗糙的材料;知识则是通过对现象、资料、数据分析而获得的对事物的规律性的认识。信息可以告知,但要获得知识则需要思考和提炼。知识虽然比信息更为深入,但从人的思维方式上说,它仍可以是接受的产物。而情报和智慧不仅要发现事物的规律性,而且还要对知识有所创新,是创造的产物。

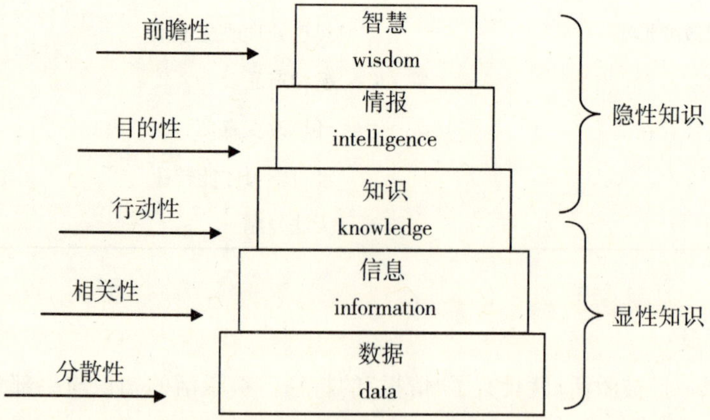

图 2-1　信息纵向价值链

一般来说，数据不会自动变成信息，信息也不会自动变成知识。实现从数据到知识增值的关键要素是人，增值程度主要受人的隐性知识的影响。隐性知识投入的比例越大，信息的增值幅度就越大。人的隐性知识涉及认知、经验、技术、情感和信仰五个方面，人们调动原有的五个方面的库存对新的信息进行分析、综合、评价和判断，从而赋予信息更丰富的内涵和更高的价值，使其形成物化的知识产品。正是由于隐性知识的介入，才使信息实现了增值。

在信息的纵向价值链上，从数据提升到信息，主要是在数据之间建立相关性，使其有序化和结构化。从信息提升到知识，主要是在信息与用户需求之间建立联系，根据用户的需求，对信息进行分析、比较、综合和概括，从中发现问题的实质和核心，并对其发展趋势进行预测。与信息相比，知识与用户的需求是高度相关的，是直接为制定决策和行动方案服务的。越到信息价值链的顶端，隐性知识的含量越高。①

（二）信息价值链建立的原因

从信息资源的特性看，信息价值链的建立主要有如下三个原因：

第一，信息资源数量增长的无限性和人吸纳信息能力的有限性之间的矛盾。其主要体现就是信息超载。所谓信息超载是指信息量的迅速增加与人吸纳信息的能力相对滞后所产生的负荷，或机构所接收的信息已经超出了它的处理能力。当人和机构处理和吸纳信息的能力超负荷的时候，人或机构的反应能力、管理能力和效率都呈下降趋势。信息超载可能导致精神压力和身体疾病，使人员对工作产生焦虑、厌恶情绪，对工作的满意度和成就感大大降低。对于一个机构来说，产生信息超载主要是由于三个原因：(1)由于对自身目标和需求不明，无法判断所接收的信息的价值；对本机构的用户（如领导或专业人员）到底需要什么信息不清楚；(2)每日的工作被各类型信息所包围，处理这些信息的能力匮乏，乃至被淹没在大量信息中，失去对内外部状况的判断力和敏感性；(3)缺乏长期跟踪、分析和判断信息并对其进行归纳和评价。在信息超载的情况下，信息不再是力量，而是负担。

---

① 刘志国.基于隐性知识建构的高校专业技术人才管理研究[M].保定：河北大学出版社，2013：36—38.

与信息增长形成鲜明对比的是，与我们的祖先相比，人吸纳信息的能力并没有根本性的改变。人们依然要吃饭睡觉，人类用来吸收信息的时间仍然是有限的。根据国外的报道，20 世纪 80 年代，人均纸张消耗量已经翻了三番，三类邮件的增长速度是人口增长速度的 13 倍。尽管各层次的教育和培训机制旨在改善人们吸收信息的能力，智能信息系统和专业化的信息服务机构如雨后春笋般地涌现，但信息超载仍然是困扰各类型机构的问题。信息超载主要在下述情况下发生：一是信息数量和密度急剧增加，使人处理信息的单位时间和注意力相对减少，对信息价值的判断力减弱，从信息中挖掘出有价值的情报的能力减弱；二是信息来源和类型增多，由于缺乏判断这些信息来源可靠性的经验验证，或不同信息提供不同数据或结论，使情报分析人员感到无所适从；三是人们依靠传统的手工方法处理信息的能力无法应对电子化、数字化和网络化时代的速度和规模，因而感到焦虑和困扰，这不仅影响工作效率，而且直接影响着机构的工作效率和人们的身心健康。

与信息超载同时出现的现象是知识稀缺。也就是说，与人们需要无关的信息到处都是，但真正与用户具体需求相关的信息却难以找到。在对信息资源进行管理的过程中，如果我们只关注信息资源自身的内在联系和组织结构，忽略了从信息资源到达用户的整个价值实现过程，那么，信息组织管理得再好，它的价值也是无法体现的。

在显性知识急剧增加的环境中，人们发现，隐性知识（如专家的鉴别、判断、看法，对问题的预测）变得越来越宝贵。专家们根据多年的经验和知识积累所做出和预见和判断，对显性知识的选择、甄别、过滤和分析，是使信息展示其价值的关键。也就是说，人的隐性知识在挖掘显性知识的价值中扮演了主角，是使信息为决策、为解决问题服务的关键一环。因此，在知识管理的解决方案中，显性知识管理的内容、流向和结构应该以激发隐性知识为核心。显性知识的作用宛若催化剂，用来激发人们的想象力和创造力。而隐性知识又不断注入显性知识中来提升显性知识的价值。对知识管理来说，它连接的主要是人，而不仅仅是信息资源的节点。因为新知识源自人，而不是埋藏于信息中。

第二，信息分布与流向的不确定性与用户需求多样化之间的矛盾。为了使用户能够从大量信息中快速、准确地查到需要的信息，需要建立一系列有组织有成效的信息系统和服务。这一过程必须由具有学科知识和专业经验的人才能完成，无论是图书馆信息服务工作对大量文献进行分类、标引、整合，制作文摘或数据库，还是情报分析人员对信息内容进行归纳、概述、总结和分析，都是在不同程度上使信息增值。经过加工的信息与用户的需求越贴近，信息分析中投入的隐性知识越多，信息的增值幅度就越大。信息增值的状况直接决定了新知识生产的成本和质量，对于知识密集型机构来说（如大学、政府、高科技企业、咨询公司等），信息是原材料，对这些信息进行加工和分析的专业人员是知识创造者。只有源源不断地向这些机构输入信息，才能支撑这些机构的持续性创新活动。只有拥有高质量的专业人员，才能在这些原材料中提炼和创造出真知灼见和知识精华。一旦信息的流动中止，创新活动也可能随之中止；一旦专业人员素质下降，知识的创新成果也相应减少。

第三，信息流动的广度和深度与人为障碍之间的矛盾。信息的流动速度和范围决定和影响了知识的创新速度。由于信息系统（无论是信息网络还是数据库）具有外部性，一旦信息得到交换和贸易，信息交易方由于利用信息所带来的交易成本降低或信息搜寻成本降低，会加强所有参与方的地位和影响。参与信息交易的成员越多，信息的价值就越高。信息流入的范围越大，受益的人群越多，生产和开发信息资源的成本相应就越低。一个国家或一个机构的知识创新能力，与信息共享的水平和范围密切相关。如果信息只被少数人控制或使用，信息只能部分实现其价值。同一条信息，在不同专业背景和需求的用户那里可以产生不同的知识。因此，对于一个机构或一个国家来说，提高知识生产能力的最有效方法是扩大信息的共享范围。人在与信息的互动过程中，丰富了信息的内涵，强化了人利用信息创造知识的能力，这些能力聚合在机构目标或国家目标下，会形成巨大的生产力和推进社会进步的力量。这种力量，是使机构或国家保持可持续发展的重要动力。

四、知识的产生过程

知识来源于对数据和信息的管理，信息在解释数据和决策中扮演了关键的角色。图 2-2 显示了科研人员在实验过程中产生的数据，并对这些数据进行解释或推理得到信息的过程，而这些信息又指导科研人员采取进一步措施。在图 2-2 中,标有“信息”的箭头表示反馈给科研人员的第一个循环。通过仔细地研究大量诸如此类的解释过程,或者通过收集来自大量研究的数据解释,最后归纳推理得到新的见解和新的知识。然后,这些知识又被增添到知识体系中。反过来,这些知识又可以作为解释其他数据的根据。

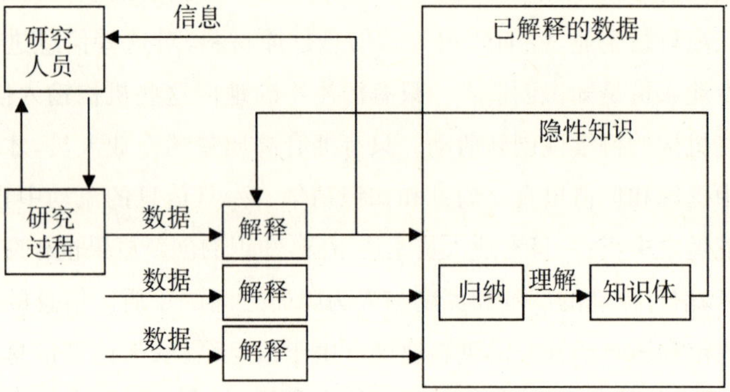

图 2-2　知识产生的过程

从信息提升到知识主要经历四个环节:

第一个环节是发现用户的现实需求和潜在需求。由于知识是与人的行动密切相关的,因此,在信息提升为知识的过程中,对信息的选择、分析和评价始终都应该紧紧围绕着人的需求。但人们在表述自身需求的时候,在初始阶段往往是含混、粗略和不清晰的。它要求信息服务或咨询人员通过良好的沟通技巧引导用户表述自己的需求,并在信息的交流中不断深化对自身需求的认识与理解,同时激发出对潜在需求的意识。这样才能使信息的选择和分析过程有的放矢,目标明确。

第二个环节是对现有的信息源进行选择和评价。由于知识主要用来服务于人们的决策和行动,主要是用来解决实际问题,因此,信息的获取更多地依赖于对实际环境和状况的考察与分析,在这个过程中,掌握第一手资料变得尤为重要。与信息管理主要处理正式出版物相比,在知识管理阶段,大量非正式出版信息、灰色信息和人际交流信息所占的比例要大得多。日常积累的原始数据也可能成为重要的分析对象。

第三个环节是过程分析和问题诊断阶段。知识工作者在收集和处理大量第一手信息和第二手信息的基础上，根据特定程序和分析方法，识别和发现问题的症结所在，并分析产生此类问题的主要原因。在这一阶段，知识工作者主要调动自身的隐性知识，包括专业技能、经验、发现问题和分析问题的能力来对现实给予解释和说明。在这一阶段，书本知识的作用是有限的，很难针对现实的具体问题给出答案。

第四个环节是将信息提升为知识的最关键的环节，也是信息增值潜力最大的环节。在这一阶段，知识工作者要在准确把握服务对象需求的基础上，针对其决策和行动提供建设性的解决方案和参考意见。这不仅是信息汇总和归纳的过程，而且是根据信息中所提供的信号和依据提出自己的创见的过程，也就是知识创新的过程。知识工作者要凭借自身的洞察力和前瞻性，对咨询服务对象所面临的问题和未来发展提出看法。这是在大量采集和分析已有客观信息的基础上提出主观的看法。从这个意义上讲，知识工作者所具有的竞争力取决于他(她)所拥有的隐性知识，而不仅仅是显性知识。

五、数据管理、信息管理与知识管理的关系

知识是对数据和信息进行管理的结果。在信息增值链上，数据管理、信息管理与知识管理既相互支持又相互依存，数据管理和信息管理是知识管理的基础，知识管理是信息管理和数据管理的高级阶段。[①] 尽管学术界和专业人员对这些概念有不同的理解，但我们从这三个层面的管理要素上仍然可以对其区分。

数据管理以计算机科学为中心，重点研究信息管理和知识管理的技术基础，包括数据库的规则、流程、控制、维护、设计、操作和安全，目的是确保数据流能够及时、准确地采集和汇总。

信息管理以管理科学为中心，将信息资源与机构的经费和人力资源共同视为机构的战略资源，重点研究在信息技术基础之上，如何有效地采集、获取、集成和利用信息资源，以满足当前和未来的信息需求。在管理对象上，信

---

① 李华伟，董小英，左美云.知识管理的理论与实践[M].北京：华艺出版社，2002：68—70.

息管理包含了信息技术和信息资源两个要素。

知识管理仍然以管理科学为核心，将信息和知识资源视为机构的核心资源。从管理对象上讲，知识管理包含了信息技术、信息资源和人力资源三个要素。在利用信息技术搭建的网络平台上，如何把人力资源和信息资源整合起来，形成知识资源的快速流动和共享，形成隐性知识（人力资源）和显性资源（信息资源）的相互转化并推动知识创新，尽可能缩短知识创新的周期，降低知识创新的成本，使机构的知识资源能够不断地创造新的价值，这是知识管理追求的主要目标。

如果我们从信息管理与知识管理的重心——追求的目标和所采取的手段上分析，可以发现它们之间存在着差异。信息管理与知识管理都强调知识的共享和利用，强调用户的需求，但程度有所不同。两者的主要差异体现在：信息管理以文献和电子信息的组织、管理、保存和服务为核心，显性知识为主要管理对象，管理的目标是实现信息整序，注重对信息外部形态的组织并使其系统化；而知识管理是以用户需求和行动决策为核心，重点关注如何让信息和知识的价值和利用最大化，使人力资源不断得到信息补给并生产出更多高质量的知识，因此它关注的核心是人的需求。

从管理的重心看，信息管理的工作重点是要解决信息流的有序化、易检性和信息资源的整合问题，因此它的主要管理对象为信息资源。从追求的目标上看，信息管理要解决的问题是将大量分散的数据通过系统搜集、加工和处理，使其成为高度相关、便于查询、检索和获得的资源，这是一个将数据提升为信息的过程。经过这一过程的过滤和处理，信息资源的增值主要体现在从散乱、无序的资源转变成结构化、有序化和系统性的资源。知识管理的重点是从具体的用户需求和决策支持出发，对大量相关的信息进行分析、综合、概括，并提出建设性的意见供接受方参考。这是从信息提升到知识的过程，信息的增值主要体现在根据用户的需要提取最有价值和最相关的情报。

从信息增值的含金量上看，信息管理和知识管理虽然在不同程度上均实现了信息的增值，但是增值的含金量有所不同。这一含金量与参与信息处理和情报分析的专业人员的知识结构、经验和素养直接相关。专业人员在这一过程中投入的隐性知识含量越高，信息增值的幅度越大。与仅仅是对信息的外部特征进行描述的工作相比，对信息内容进行提炼需要大量的经验和判断能力。在将数据提升为信息的过程中，人们解决问题的环境是相对稳定、规范、类似和可预测的。但是，在将信息转换为知识的过程中，人们所要解决的问题是个性化的、突发的、复杂的和难以预测的。因此，它要大量调用知识工作者的经验、判断力、解决问题的能力甚至是想象性，在原有知识的积累上创造性地提出解决方案。（见表 2-3）

表 2-3　信息管理与知识管理的差异

信息管理	知识管理
以信息为目的	以知识创新为目的
静态对象	动态过程
注重显性知识	注重隐性知识
显性知识的集成	隐性知识和显性知识的转化
信息资源为核心	用户需求为核心
强调信息的加工和保存	知识利用和共享为核心

与信息管理相比，知识管理另一个突出特点是以人为本的思想。这种思想从它重视隐性知识上可以体现出来。对于以知识为基础的组织机构来说，隐性知识是知识创新的关键。人们发现问题和解决问题的能力，掌握的技术技能和技术秘密，工作中的经验和判断力，决策时所具有的洞察力和前瞻性都是隐性知识的直接体现。由于大量的隐性知识没有通过文字来表达，因此在以往的管理中没有引起人们的重视。随着人们越来越多地认识到隐性知识与知识创新的内在相关性，隐性知识的价值逐渐引起人们的重视。而知识管理的核心就是要创造一种能够使隐性知识与显性知识产生互动的机制和平台，使隐性知识能够表述出来并转化成为机构所共享的知识；机构的知识库和信息交流平台也能帮助每一个人内化集体的隐性知识并不断发展和成长。从这个意义上讲，工作并不是简单地输出，而是一个不断学习、不断进行知识的输入和输出的过程。这就是学习型组织的实质。认识隐性知识的价值会使人们从一个全新的视角评价员工的价值，并将机构的信息管理与员工的工作需要密切结合起来。

知识管理的另一个贡献是扩大了人们对知识范畴的认识。信息管理的重点是正式出版的知识成果。在知识创新的过程中，这一部分是最终的结果。但整个知识创新过程是由大量显性知识、隐性知识、社会关系知识甚至隐藏知识共同构成的，它们之间交叉融合。在世界经合组织（OECD）提出的知识框架中，既包括显性知识（如可以通过书本或教育与培训获得的原理知识和事实知识），又包括隐性知识（如在实践中获得的技能知识、与人际网络有关的关系知识、定时和定位知识等）。从这个意义上讲，信息管理强调对知识成果的组织和利用，而知识管理强调知识创新过程中所有知识和信息资源的整合、相互交流和影响。

在我们所处的时代，信息是过剩的，而高质量和相关的知识却是稀缺的。信息超载已经成为人们面临的普遍难题。一方面，我们的工作和生活被大量良莠不齐的信息所包围；另一方面，当我们要发现那些真正有价值，可直接用来决策的信息时，却发现宛如大海里捞针，不知如何着手。在速度和效率决定竞争优势的市场环境下，信息增值的成本越来越高，知识的重要性也越来越突出。

六、个体隐性知识与集体隐性知识

隐性知识可以细分为个体隐性知识和集体隐性知识。个体隐性知识与人有密切的关系，它包含技术要素、认知要素、经验要素、情感要素和信仰要素。技术要素包括具体的诀窍、手艺、技巧和技能，它可以物化在生产过程中和产品与服务中。在高科技时代，这部分的知识是最宝贵和最昂贵的，在一般的书本上难以得到。认知要素是隐性知识的核心，它主要是指人的思维模式，包括人的知识结构、吸纳新知识的能力、前瞻性、判断力、发现问题和解决问题的能力。经验要素包括人在工作中的认知和身心经验，包括内在体验和外在体验两个方面。内在体验主要是指个人的经验和阅历；外在体验主要是指人的社会联系与社会网络。情感要素指人的喜怒哀乐、直觉、偏好和激情，是人性中与生俱来的，最富于变化、最有活力、最难以把握的部分。信仰要素与情感要素相比，更具有理性色彩，它更多地得益于后天的人生体验和学习，它包括了人的信仰、价值和奋斗目标。

集体隐性知识是个体隐性知识创新的基础和催化剂。它也具有上述四种要素，但是，它的表现方式和作用是不同的。机构成员长期以来所共同经历的生产过程、事件、心理和认知体验构成了集体隐性知识的基础，长期形成的约定俗成的运作方式是以一种不言自明的默契形式存在。这种隐性知识成为一种内在的，看不见、摸不着的力量影响机构运营的各个方面。机构成员之间长久以来通过相互交流和相互协作所形成的共识和默契成为集体隐性知识增长的最重要途径。

集体隐性知识的技术因素指附加在生产过程中的隐性知识、附加在产品和服务中的隐性知识、附加在研发活动中的隐性知识。它源于员工对工作的共同体验和知识沉淀。经验因素指企业员工在发现问题和解决问题中能够共享的经验和教训；认知要素包括机构内部的信息环境，知识交流的主要渠道、接受新知识的主要途径，共享知识生产和知识创造的程度和水平。信仰要素与企业文化有着十分密切的联系，它涉及企业对知识价值、人才价值的基本判断，对不同意见和创新思维的接纳程度和对失败的容忍度。机构长久以来所形成的运作方式、程度、规则、不言自明的隐性文化，构成了集体隐性文化，构成了集体隐性知识的共同基础。

集体隐性知识是群体成员在长期公共交往中逐步发展和积累起来的，它或多或少地存在于融入这个群体的人们的头脑中。在整个生产体系中，每个岗位的员工都可能从事某种程度的创新，但不需要与其他人员进行显性知识层面的沟通。因为，在这个系统上工作的每一位成员都对如何协调工作有一种隐性的全面的理解，这种长久合作所形成的默契与协调正是集体知识创新的重要环境与土壤。对于企业来说，这种集体的隐性知识越是广泛与深厚，其他企业越是难以模仿，而一些有才华的研究人员正是依托这一土壤，生根、开花和结果。而营造这样一片土壤，可能是培育人才忠诚度的关键所在。因为人才一旦离开这样一个充满集体隐性知识的环境，知识的链条就可能断裂。对于高科技企业的高层管理人员来说，要想留住人才，重点是创造集体隐性知识积累和共享的环境，使更多的人能够嵌入到这一知识链条中并在共享这些知识中获益。

集体隐性知识的形成也受到机构管理理念、管理机制和企业文化的影响，嵌入到这一知识链条中，有时候是以人们并未意识到的规范形式存在的，其中一些规则不言自明，其影响力却很大。它根植于长期以来所形成的价值体系和文化传统，受到政治体制和管理的制约，受到集体共识和目标的影响，是集体隐性知识中最深层次的东西。

在快速变化的社会环境中，企业的运行机制和人才配置也会频繁地发生变化，通过企业成员在长期交流、工作和合作中形成集体隐性知识的机会相对来说越来越少。为了有效地解决集体隐性知识的积累与共享问题，很多高科技企业利用 Intranet 平台和知识管理软件，让机构成员实时共享彼此之间的成果与经验。在这一过程中，个人的隐性知识转化成可供其他成员借鉴和共享的显性知识，而这种显性知识又可以潜移默化到个人的隐性知识当中，从而形成个人隐性知识—集体隐性知识—集体显性知识的转化过程。

集体的隐性知识需要一个明确的目标做引导，才能形成一种合力和协同力量，才能产生群体的知识创新活动并与企业的发展建立一种良性循环。高层管理人员的责任就是不断发现和确定这样一个目标，以协调企业内的各种资源，朝着这一目标共同努力。企业确定发展目标的过程是企业进行战略定位的过程，它对于企业的发展具有至关重要的影响。由于准确预测市场需求和技术发展前景的难度和风险都很大，高层管理人员的隐性知识（前瞻性和预见性、发现问题和解决问题的能力、应变能力等）成为非常宝贵的资源。

能够激发集体隐性知识生产和传播的条件包括：(1)给隐性知识的创造提供尽可能大的空间；(2)为提供不同学科、不同专业背景和不同经历的人提供各种交流机会，使大家能够共享彼此的经验和隐性知识；(3)创造群体知识生产和发明的机会，使更多的人能够共享其中的隐性知识，在其中个别成员离去的情况下，这种集体的记忆仍然得以保存；知识团队共享的隐性知识越多，研发过程就越难以复制，知识流失的可能性就越少；(4)记录一切可以转化为显性知识的隐性知识，使尽可能多的隐性知识有案可查。

七、隐性知识在知识资本中的价值

(一)知识资本与智力资本

英文文献对知识资本这一概念有不同的表述。美国《财富》杂志编辑、《智力资本》一书的作者 Tom Steward 使用的是 Intellectual Capital。西班牙

ESADE战略管理教授、著名的信息经济学家Max.H.Boisot则使用了知识资产(Knowledge Assets)一词。除此之外，我们在各种英文文献中还可以看到知识产权(Intellectual Property)、无形资产(Intangible Assets)和知识资本(Knowledge Capital)等概念。尽管这些概念用词不同，但含义是相互关联的。

对于这些词的翻译，国内的学者存在着不同的看法。袁庆宏坚持在其著作中使用智力资本一词，在其《企业智力资本管理》一书中，作者认为："智力资本强调的是组织中一种潜在的应用知识与技能创造价值的能力，是一种聚合知识载体的能力，而不是知识本身。而采用知识资本的译法，很容易与知识的含义混淆。"

笔者认为，智力资本与知识资本反映了一个事物的两个方面，它们之间是相互补充、相互依靠和互为因果的关系，而不是相互替代的关系。智力资本(Intellectual Capital)强调人或者企业的智力和智慧以及利用这种智力进行知识创新的能力，强调的是知识的隐性方面和知识创新。而知识资本(Knowledge Capital)指凭借人的智力创造的知识成果和产品，强调知识的显性方面(如专利、许可证和品牌等)。无论是智力资本管理，还是知识资本管理，都应该涵盖知识创造能力和知识成果这两个方面。能力是隐性的，成果是显性的，能力只有转化为成果，其价值才能得到证明和实现。而知识成果的取得，是在不断强化自身能力的基础上实现的，这是一个辩证统一的关系。从这个意义上讲，知识管理的概念涵盖了知识创造过程和知识创造成果两个方面，着眼于分析两者之间的相互促进、相互制约和相互转化的关系，其中涉及了管理机制、人、信息技术平台和知识资源组织等方面的要素，但核心要素是人。从这一概念所隐含的范围，我们也可以洞察出知识管理所要解决的两个主要问题：一是培育和形成新知识不断产出的环境、机制和人；二是将已有的知识加以组织并不断创造新的价值。企业和个人既要具备创新知识的能力，又要具备将这一能力转化为具体的知识成果的能力。

(二)知识资本中隐性知识的构成

知识资本对组织的竞争优势和可持续发展能力具有越来越重要的作用。随着产品和技术的生命周期越来越短，产品和技术所能带给机构的竞争优势也越来越短。而知识资本与机构的核心能力是密切相关的，它在组织的持续创新和持续发展中占据重要地位。

知识资本的构成也存在着显性与隐性两个方面。我们从学者们对知识资本不同的分类架构中也可以认识到这一点。知识资本的显性方面反映了企业已经拥有的知识产品和成果，而隐性方面则反映出企业能够不断创造和生产这些产品和成果的能力和机制。因此，知识资本的显性与隐性方面代表着知识生产能力、过程和成果之间相互依托、互为因果的关系。

知识资本的显性方面代表了资本构成可见的和最终的成果形式，是一种相对容易识别、管理、评估和量化的资源，以 Johannessen 和 Olaisen 对知识资本的分类最为典型。他们认为，知识资本包括：(1)市场资本——品牌、客户、销售渠道、许可证协议；(2)基础设施资本——企业文化、金融结构、数据库和通信系统；(3)结构资本——专家、技术人才、高质量的劳动大军；(4)知识产权资本——商标、专利、版权、注册设计、合同、贸易秘密、声誉、网络、技术许可证等。

知识资本的隐性方面是由机构人员所具备的能力和核心运作程序构成的，它代表着知识资本中最关键、最有活力和最深层的部分，是企业知识创新和知识资本产出的源泉，是知识资本不断扩大和增值的重要基础。

T.Stewart 在其著名的《智力资本》一书中，着重从企业的能力和企业制度上分析了知识资本的三个部分组成，它们是：(1)人力资本——企业内个人的知识、技能和解决问题的能力；(2)结构资本——提升竞争力的信息系统和工作程序(ICT)；(3)客户资本——与客户、供应商和合作伙伴的关系，客户对产品的认知度。

Saint-Onge 在其《隐性知识：智力资本战略的关键》一文中特别强调知识资本的实质是一种能力，即企业满足市场需求，为客户提供解决方案的能力。这种能力分别表现为：(1)人力资本——个人为客户提供解决方案的能力；(2)市场资本——深度(市场渗透深度)、广度(市场覆盖广度)、市场黏度(客户忠诚度)和为客户盈利的能力；(3)结构资本——企业满足市场需求的能力。

笔者认为，智力资本的隐性部分集中体现在：(1)人力资本——高层管理的前瞻性、中层管理的协调和沟通能力、基层员工的创造积极性；(2)结构资本——机构对环境的应对能力和协调能力，运作的灵活性和有效性，集体知识共享环境和学习能力;(3)市场资本——消费者对产品与服务的认知过程,对产品的感觉和评价;(4)知识产权资本——促使新知识和新技术不断产生的机制和组织手段,知识积累和增值的过程。

隐性知识主要是通过企业的交流系统、组织结构、决策过程和企业文化对知识资本的生产和增值过程产生影响。企业交流系统主要是指不同等级、不同部门、不同地区和不同行业之间的信息交流渠道是否通畅,是否不断激励持续创新活动。例如,来自企业基层的有关消费者对产品的抱怨,市场或竞争对手的最新变化等信息能否直接、快速地反映到企业高层、研发部门或管理层,决定了企业优化产品的速度和决心。

组织机构主要决定各个岗位成员所要具备的能力、承担的责任和彼此之间的关系。如果能力、责任不明晰,人际关系非常僵硬,人力资本的快速和有效调配就非常困难。在这种环境中,创新的思想很难产生。

决策过程是一项复杂的信息过滤和传递过程。在这一过程中,显性知识和隐性知识要经过多次转化。对于基层决策来说,对显性知识的依赖可能较大,但越是到高层决策,隐性知识的比重就越大。现代企业的竞争,最关键的是战略层面的竞争,战略决策过程中,隐性知识是否能够得到充分的表述和传播,对决策的质量会产生重要影响。

企业文化的主体也是由隐性知识构成的。当然,企业目标、训诫和相关的文化阐述可以从显性层面对企业文化做出一定表述,但对这些目标和口号的理解,在很大程度上需要隐性知识。员工对企业价值观、追求的目标、规则的共识和认同,是集体隐性知识中重要的组成部分。

(三)隐性知识是知识创新的源泉

隐性知识是创新的原动力,创新过程实际上是一个不断发现问题和解决问题的过程。野中郁次郎认为,知识存储于人们的头脑中,在知识创新的过程中,人扮演着最重要的角色,计算机和网络仅仅是工具和渠道。人们利用它的目的是要借助其巨大的信息处理、存储和传播能力来扩展和延伸人的脑力。当人们无法区分信息与知识的差距时,资源投入的重点是信息技术设备。但真正有价值的知识还是来源于人的大脑。

与显性知识相比,隐性知识很难管理。这是由于创造和共享知识是一个无形的活动，它既难以被监控，也很难强迫人们去做，只有在人们自愿合作的环境下才能得以实现。野中郁次郎认为，知识创造是不可能管理出来的。创造这一概念与传统管理科学中的“控制”是相反的，创造一个环境，知识会自然冒出来。为员工们提供一个思想可以自由飞翔的宽松的空间，让大量的创意不断脱颖而出，而不是试着去控制它们、约束它们，这是现代管理者所要经历的重要的观念转变。对于企业管理者来说，员工的经验、判断力、思想和生活方式都是新知识的重要来源。从知识价值链的角度看，员工在一个工作环境中积累的隐性知识是企业的财富，也是企业创新的源泉。

在创新的过程中，隐性知识的传播范围非常有限，很难从书本上直接得到，往往要在实际工作的直接接触中才能得到，越是显性化程度低的信息，传播范围越是有限，但价值也越大。在我国现行的企业管理中，还有很多机制制约员工的创新积极性，员工在创新活动中所积累的隐性知识没有积累、保存并得以广泛利用和传播，这可能是企业在人力资本上最大的损失。对于主要凭借知识资本生存和发展的高科技企业来说，大多数员工都是受过高等教育的知识工人，他们的主要工作是凭借自己的知识和能力将信息转化为知识。这类公司的有形资产非常有限，他们所拥有的无形资产（知识资本）大大超过有形资产。高科技企业的增值主要是靠机构成员之间的交流和与客户之间的信息交流，企业追求的目标是在最短的时间内，用最低的成本实现最快速度的知识交流和共享。要达到这一目的，计算机网络平台是最佳途径。企业通过建立知识管理平台、网络虚拟团队（Intranet 或是 Extranet）等扩展网络价值链的方式，实现知识资源的整合与共享。在这一过程中，企业将它的客户、合作伙伴都视为企业的资源。因此，关系知识变得更为重要。这种关系知识既可以来自机构内部，也可能来自机构外部（消费者、供应商或政府机构等）。因此，构造关系、管理关系、利用关系和培育关系的忠诚度成为知识管理的重要内容，也是企业竞争优势的核心所在。最近 IT 企业大力推出的客户关系管理解决方案和软件正是为高质量、个性化和快速的客户关系管理提供支持。

第三章　大学隐性知识活动

大学是典型的知识密集型组织，大学的隐性知识主要表现为由教师、科研人员掌握的技术、经验等个体隐性知识和大学文化、惯例等集体隐性知识，也称为大学的管理特性。[①] 隐性知识是大学完成其所承担的社会职能的基础和保障，大学完成社会职能并实现发展主要通过隐性知识的转移和建构等活动。

一、大学隐性知识的类型和特征

根据知识管理中隐性知识的定义，结合大学组织独特的特点，从而认识大学隐性知识的类型和特征。

(一)大学隐性知识的类型

郁义鸿在《知识组织与传统组织的知识化》一文中提出，"社会的力量——按大部分国民生产总值和大部分就业情况来衡量——越来越多地存在于知识领域。"大学是一个特殊的社会组织，英国《经济学家》杂志把大学称作"知识的工厂"。大学作为知识的宝库、人才的聚集地，其历史地位随着时代的变迁发生了位移：农业经济时代，大学游离于经济社会之外；工业经济时代，大学处于经济社会的边缘；知识经济时代，大学将被推向经济社会的中心。这一观点是对大学地位的变化和发展所做出的符合历史发展的概括，有其内在的科学性。大学历史地位、社会作用的变化和管理理论及实践的演变

① 张卫良编著.大学核心竞争力理论与实践研究[M].青岛：中国海洋大学出版社，2006：98—102.

和学科的多样性使得大学的隐性知识比企业的隐性知识的覆盖面广、承载量大、专业化强等。

3.层次级别

大学教师和学生的数量多且其知识水平达到一定程度，他们对生活的价值感悟、工作的总结体会、教学科研的思维模式与企业人员的操作性技巧等隐性知识比较起来更加严谨、深刻。另外，企业的运作过度专业化、职能化（或部门化），员工只是在某个特定职能部门工作和交流，隐性知识难以被其他部门的人员接触和接受，交流的减少和部门间的冲突会带来隐性知识层别的下降；而大学的学科相对集中且利益冲突不是十分严重，它们之间的交流、碰撞和融合会产生新的隐性知识，增加隐性知识的含量和提升其层次级别。

4.目的和功效

从企业隐性知识产生的源泉我们可以看出，企业的隐性知识主要是为满足企业的运作，其成果和功效主要是产生新技术和为企业创造利润。而从大学的教育、科研、服务社会三大功能来看，大学隐性知识的运作目的具有更多的公益性，其成果和功效主要是生产知识资本（学术理论研究）和培养人力资本（塑造高素质人才）。

5.转化影响因素

追求利润是企业的唯一目的，企业的赢利性使其考虑隐性知识的转化影响因素时主要是建立在单一人性假设（“经济人”“社会人”“自我实现人”等）基础上，过多采取短期行为。针对大学知识分子独特的心理特征，如果将丰富的人性单一化、片面化、静止化，就会造成人性的割裂和异化。因而对于大学隐性知识的转化影响因素，应充分考虑到人性的差异或多重人格，有针对性地采取灵活措施。

明确大学隐性知识的类型和特征为大学隐性知识的转化做了必要的准备和铺垫，但对于大学管理者、决策者来说，更重要的是明晰大学隐性知识的流程，准确把握其过程和动态，分析其传递、显化和共享等流动形式。

二、教学、科研、社会服务中的隐性知识活动

现代大学普遍承担着教学、科研、社会服务三大功能，三大功能主要由教

师和学生执行完成。教师和学生利用自己的知识特别是隐性知识，围绕三大功能展开活动，把自己掌握的隐性知识传递、转移给他人。因而大学的隐性知识活动主要表现为隐性知识的转移、传递活动，大学的三大功能在隐性知识的转移、传递中完成。①

(一)教学过程中的隐性知识活动

1.教学活动中的隐性知识转移

在教学的过程中，教师和学生双方构成了隐性知识传递、转移和共享的三个定向的互动流通，即教师—学生之间、教师—教师之间、学生—学生之间(如图 3-1 所示)：(1)任意一组之间的隐性知识转移可以是隐性知识的潜移默化、明示和内化三个模型并行，也可以是以单一模型行进；(2)隐性知识的转移可以是三种模型的顺序转移(潜移默化—明示—内化)，也可以是非正常顺序转移；(3)隐性知识的转移可以是原有隐性知识的转化，也可以是在转化过程扩展后新隐性知识的转化。

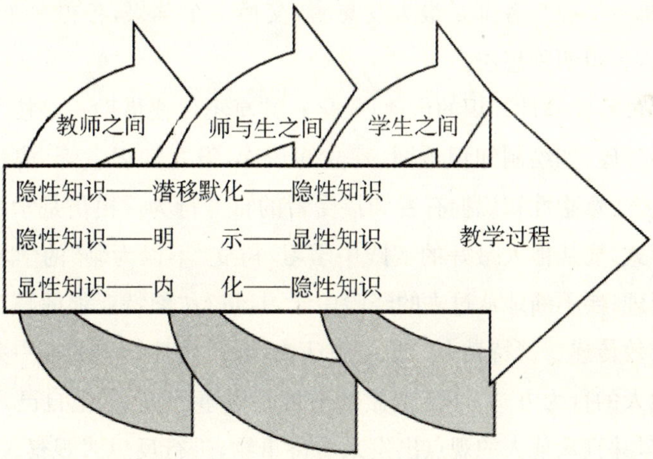

图 3-1　教学过程中隐性知识的转化图

教学过程主要体现教师与学生、教师与教师、学生与学生之间的互动交

① 赵西萍.企业知识管理影响因素概念模型研究[J].研究与发展管理，2004，(3)：53—57，68.

流以达成隐性知识共享。教学过程并不是简单地完成知识的传送工作，里面包含知识的创新，通过教师与学生双方的努力，将书本知识转化为学生的隐性知识。培养学生的各种能力、情感和思维方式其中包括着大量的隐性知识，教师与学生之间主要是教师隐性知识对学生的传递和显化（从隐性知识到隐性知识和从隐性知识到显性知识）。教师在以往特定情景中产生的特定经验等隐性知识尽管难以进行复现性的实证分析，也可能尚未抽象到显性知识的水平，但是这些特定经验、行为、价值态度等往往最终决定教学的方向和效率，对教师本人的发展、教育环境的营造和对教育对象——学生的培养来说都十分可贵。因为教学的目的不在于学生能记住和重复多少课本上的内容，而是要帮助他们形成和实现适合他们个人的思维方法和认知策略，使他们终身受益。反之，教师也可以从各个学生的学习态度、理解感悟、价值取向等来证实和扩充自己的经验、技巧等隐性知识。同样，教师之间在教学研讨、交流中，学生之间在共同学习生活、相互活动交流中，都存在和流通着大量的隐性知识。若这些隐性知识得以传递、显化和共享，则会对教师教学水平的提高、学生学习能力的培养和人生价值观的塑造给予莫大的帮助。因为就个人而言，每一个参与者都是最大受惠者，交换一个苹果，各得一个苹果；交换一种想法，各得两种想法。

教学过程中隐性知识的传递、显化和共享不仅要借助一些技术层面和制度层面的措施，如绘制知识地图、建立知识库、设立知识主管、构建知识平台等，更应该注意隐性知识拥有者和接受者的自身行为。模仿是学习的一种最基本的形式，要从他人最好的实践中学习，树立"不以为耻"的学习观念和进行标杆管理；要不断地从过去的经验中学习，进行"桑特亚那回顾"，从而达到知识的有效传递。德特勒夫·哈尼施认为，获得隐性知识的唯一办法就是密切观察他人的行为方式，注意他做的事情和做事的方式，把自己当作他人来进行思维，并且从他人的观点出发来看待事物，进行反思式观察。因此，隐性知识的传递和转化作为知识螺旋式上升的关键步骤，要求隐性知识拥有者和接受者双方自身的积极参与，要求个人的主动投入。从这个角度上讲，大学教学中"师傅带徒弟"的方式，如研究生教育的模式应该深化并扩展到大学对各类学生的教育中去。

目前隐性知识的共享一般主要通过潜移默化、言传身教等既要意会又要言传的方式进行，导师制无疑是一种较好的形式。但是目前，我国导师制习惯上应用于研究生层次，虽然少数学校也有在本科层面尝试着实施导师制，但是因为种种原因开展的效果并不是很好。事实上，本科生从高中跨入大学，从被动接受知识到主动获取知识，无论是思维方式还是学习方式都面临着极大的转变，这本身就需要老师积极的引导和帮助。随着招生规模的扩大以及大学教师编制数的限制，每个老师要给上百名学生上课，这种授课模式导致师生之间在课堂上不能很好地交流，众多学生得不到老师的直接指导和帮助，从而影响学习质量。

研究生在进入某一学术领域的过程中，会接触到两种主要的隐性知识：一种是从这一学术领域的长期经验中产生的隐性知识，这是一种实际的、几乎是下意识的知识，是该领域的精英完全掌握的能力；另一种隐性知识是研究生自己在研究生期间的科研实践中获得的如自觉力、想象力、研究技巧、合作能力等。这些隐性知识是新团体同化的重要内容，是个体获得的隐性知识。师生之间的融洽交流与合作便于师生的隐性知识达到共享，具体表现为，在师傅带徒弟的过程中，师傅与徒弟之间形成一种默契，师傅的认识方面的人际关系、价值观等通过潜移渐渐被徒弟接受（甚至自己不知道），从而达到师傅认识方面的隐性知识与徒弟认识方面的隐性知识有很大的相同之处，即一种共享。而师傅的技能、技巧等方面的隐性知识也通过类似的途径影响徒弟，甚至徒弟被影响而将隐性知识转化。就目前来看，研究生的导师制在隐性知识共享方面还是卓有成效的。

除了教师和学生之间，在教师之间隐性知识共享方面，教师通过不断地进行观摩教学以及自己的领悟与体会，并在此基础上结合自己的知识背景和个性特点，形成了自己的教学技巧和教学风格。每个教师在管理学生方面也会形成自己的管理方法，但是我国高校教师之间的相互观摩教学制度以及教学导师制等均很不完善，没有达到制度化、系统化的程度，教师间关于教学技巧、管理方法方面的交流更是少之又少。

另外，国际国内的学术会议每年都举行，相对来说，高校教师参加国际学术会议的机会比较少，参加国内学术会议的机会比较多。当然，出去参加学术会受到人力、物力、财力、时间等各方面的限制，不可能每个教师都有机会去参加这样的学术会议。信息网络的发展，使教师只能得到一些显性知识，而这些显性知识也是经过整理之后形成的。

2.教学活动中隐性知识转移的影响因素

首先，在知识共享的过程中，师生双方由于知识存储的数量、质量以及思维方式的不同，学生不可能完全接受老师所提供的知识，在理解方面可能存在偏差或者不能理解，长期的不能理解会使学生产生厌倦情绪。而且师生之间隐性知识的共享与潜移默化需要师生之间的一种默契，这就需要师生之间的长期相处以及友好的感情及知识的交流。但是在现实的学习过程中，由于班级编制等一些现实的环境问题，教师与学生的相处时间甚少，这就在客观上给师生间隐性知识的共享造成了阻碍。

其次，由于隐性知识自身的模糊性以及难以表达的特征，使得无论多么优秀的言传者，也不可能把自己的隐性知识完整无缺地、恰如其分地表达出来，因此即使老师们很想把自己的知识、经验与同事共享，把自己的毕生所知毫无保留地传授给学生，也是有很大难度的。

再次，教师在进行隐性知识共享时会有一定的心理障碍。在组织的竞争环境下，关键性的隐性技巧、诀窍和经验可以为拥有者带来特殊利益。如果将自己的隐性知识与他人进行共享，就会丧失自己原有的竞争优势。竞争者处于自身利益的考虑，不愿意进行知识共享。从心理学角度来讲，每个人都有对声誉和权利的追求，独特的知识或者经验是他们维持声誉和权利的保障。一旦这种保障消失了，那么他们也就失去了维持这种需求的条件。这种心理，导致知识很难共享。一些教师甚至是有名望的教授，对知识共享有强烈的抵触心理，认为知识共享实际上就是承认自己在某一方面的不足，或者是惧怕失去自己在某一方面的专家地位。知识共享是一种利他主义行为，然而在我国传统文化中，知识公共化是很薄弱的，素有中医世家、武功单传等传统，这也导致我国很多的传统技艺、经验失传；另外，知识接受者不愿意接纳来自外部的知识这是人所共知的。自古就有“文人相轻”的思想，大家都固守自己的知识而冷眼旁观他人，一方面可能惧怕被认为无知而不愿共享，另一方面可能是自视权威不屑共享，这就更加阻碍了隐性知识的交流。

(二)科研过程中的隐性知识活动

1.科研过程中隐性知识的转移

大学通过科学研究，进行新的基础科学和技术科学的知识创新，并把创新的知识运用到教学和社会服务中去，以促使大学获得自身的竞争优势和发展，进而推动国家和社会的进步。而知识创新并不仅仅是对客观信息进行简单的加工处理，更重要的是发掘员工头脑中潜在的想法、直觉、灵感和智慧等。因此，在进行知识创新的科研过程中不仅要运用隐性知识，而且要转移隐性知识。科研以个人和团队两种形式来完成，因而在科研过程中隐性知识的转移表现为科研实施进程中个体与个体、团队组织之间的流动和科研成果(隐性知识已部分转化为显性知识)在社会个体和组织间的传递和共享。个体与个体、团队组织之间的流动有科研人员个体之间从隐性知识到隐性知识或从隐性知识到显性知识的流动与转化，有科研人员个体隐性知识向科研团队知识的流动与转移、科研团队隐性知识向科研人员个体知识的流动与转移。科研成果(隐性知识已部分转化为显性知识)在社会个体和组织间的传递和共享有科研人员个体和科研团队的隐性知识通过社会化模式或外部化模式向社会其他个体和组织知识的流动与转移，有社会其他个体和组织隐性知识向科研人员、科研团队的流动与转移。如图 3-2 所示。

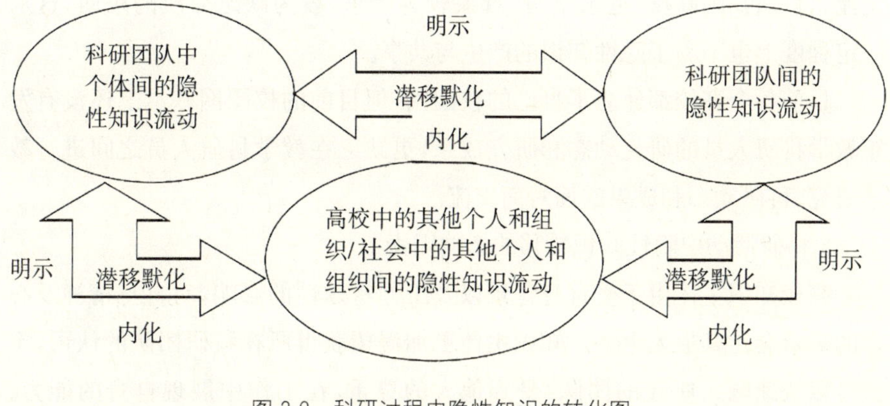

图 3-2　科研过程中隐性知识的转化图

在科研过程中，我们除了要注意从个人角度理解隐性知识的传递、显化和共享外，更应该关注科研团队在隐性知识的传递、显化和共享过程中所起的作用。团队是为满足创造性、灵活性和高水平绩效的新型组织的需求而设计出来的，团队中具有不同价值观的人们可以为组织带来新的视角和观点。团队规范在鼓励其成员工作卓越的同时，还创造了一种增加工作满意度的氛围，而且往往工作团队的工作绩效明显高于个人的工作绩效。工作团队的这些特征和优势使得其团队成员为了实现目标而相互协作、相互信任，打破"戒备性思维方式"，从而使得工作团队和团队成员的隐性知识能够流动、吸收和利用。这样可把任务（工作）分配给任务小组，培养专业人员的自豪感和专业精神，通过创建团队来设计隐性知识的流通、显化。

当前，大学中不同研究方向的研究人员往往隶属不同的行政单位，普遍处在各自为战的状态，缺少了解及沟通的平台和渠道，相互之间的交流合作存在一定困难，当研究需要时，由于相互缺乏了解而无法寻找到合适的合作同伴。另外，现阶段高校中真正意义上的科研团队为数不多，多数科学研究工作还停留在研究人员自下而上的自由式探索阶段，充其量是科研人员为了申请项目临时组成的科研小组或课题组，这样的团队成员之间缺乏必要的了解和信任。隐性知识之间的传播共享主要通过不同科研团体、不同思想之间的碰撞交流，一个科研项目的完成，不仅涉及一个领域的学科知识，更是多种学科交叉进行的结果。不同的知识主体在合作与冲突中，自身隐性知识得以交流。目前我国高校"近亲繁殖"现象较为严重，较为缺乏异质的东西，这从一定程度上也不利于隐性知识的产生与共享。

目前各个高校都建立了自己的校园网，但目前的校园网基本上还没有发布教学科研人员的研究动态和研究成果，更缺乏在教学科研人员之间进行教学研究、科研动态和成果的面对面交流。

2.科研活动中隐性知识转移的影响因素

高校知识主体由于受自身背景以及工作特殊性的影响，对自身精神及心理的需求会比其他人更多。知识主体更加渴望获得所在科研团队的认可，希望可以快速融入所在的团队，受到他人的尊重，在工作中展现自身的能力。知识在高校的地位相当特殊，在一定意义上知识既是高校生产活动的工具，又是生产的最终产品。在这种运用知识、生产知识的过程中，知识主体的知识拥有量、获取以及传播能力在一定程度上决定着高校目标以及知识主体的目标、人生价值的实现程度，因此高校的各个知识主体以及整个社会必然对知识相当重视，拥有隐性知识的人首先受到人们的尊重。而共享隐性知识的主体更可以增加威望，得到他人的认可和尊重。

另外，在反复的交流共享过程中，知识主体的频繁接触会形成一种良好的人际关系。其在实现自身价值的同时推动了隐性知识的共享；而频繁的交流和接触，使组织的凝聚力在无形中增强，反过来更形成了良好的人际关系，更促进了知识的共享。这样就形成了隐性知识共享的良性循环。[①] 对高校的主体而言，知识共享的过程也是自我实现的过程。

知识共享的最大意义在于提高大学的整体知识水平。但是这种共享往往有利于集体，并不一定有利于个人。知识的形成与知识的转化需要经济支撑，即存在知识成本，高校中的课题研究往往需要研究人员付出巨大的艰辛劳动，尤其是自然科学研究人员，他们耗费大量的精力，有的甚至付出生命，这种付出不是单纯的薪水就能够补偿的，当他们的付出无法获得相应的补偿的时候，他们就会拒绝把这些知识传授共享给其他人，学校也就无法得到这些知识，更不用说知识共享了。再者，高校教师员工的知识并不像企业的知识那样具有明显的企业适用性和商业价值，这导致高校内缺乏知识共享的积极性，进一步加大了共享难度。

科研团队可以采取精神和物质两个方面的激励措施来提高团队成员隐性知识共享的积极性。一方面设置共同目标产生强大的精神力量，使成员积极地贡献自己的智慧经验；另一方面采取“按知识贡献分配”的原则，使成员得到公平的补偿。

由于高校隐性知识共享的直接环境是高校，因此高校中对知识共享的最重要的因素是高校的和谐的文化氛围。在知识共享的过程中，良好的文化氛围以及人与人之间和谐温情的人际关系都对人们知识共享的积极性有很大的推动作用。良好的校园文化是实现知识共享的必要条件，是决定知识有效共享的决定因素。良好的校园文化包括：奉献精神，消除个体自私化观念，让每个教职员工、学生都毫无保留地进行知识交流；推进学术批判和学术宽容，

---

① 刘志国，崔健.企业科技创新与隐性知识共享[J].现代情报，2005，(11)：180—181，184.

提倡百家争鸣，让每一种学术思想、新技术、新理论在批判中完善、在争鸣中升华；打破师生关系等级观，提倡在学术面前人人平等，让学生在学术问题上自我表现，敢于向教师学术权威挑战；提倡协作精神，互相信任，鼓励教师与教师、学生与教师之间的协作，建立教师与教师、教师与领导、领导与领导之间的互相信任。

(三)服务社会过程中的隐性知识活动

1.服务社会过程中隐性知识的转移

与世界各国大学功能扩展的趋势一样，我国大学的功能也在不断扩展，由教学中心到教学、科研两个中心，再到教学、科研和服务社会三个中心。从经济学角度看，大学对知识经济的功能是开发人力资本和人才资源，为经济发展提供足够的人力资本、科学技术和智能支持；从教育产业化的角度看，高等教育不但生产人力资本，同时产生知识资本。在知识经济社会，大学不可能再是封闭的“象牙塔”，大学为社会提供人力资本、知识资本和科学技术的过程就是其隐性知识本身发挥作用和转化后作用的过程，同时大学的组成成员和组织自身也从社会中不断地吸取隐性知识并把其他知识内化成自己的隐性知识。它既可以是教师、学生作为个体与社会的个人和组织之间隐性知识的互动，也可以是大学中的各个部门、工作小组、学校自身(作为一个整体或单位)与社会的个人和组织之间隐性知识的互动以及他们之间的交叉互动，如图 3-3 所示。

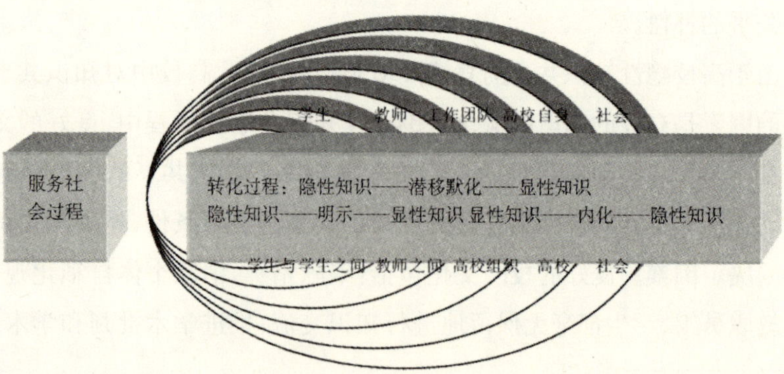

图 3-3 服务社会中隐性知识的转化

服务社会的过程是一个庞杂的系统，是大学隐性知识对外流动、显化和共享进一步扩大范围的过程，是大学扩展原有隐性知识、产生新隐性知识的重要源泉和途径，是大学隐性知识流通的最终目的和结果。在这个过程中，隐性知识不断延续、交叉、整合、增加和重生，呈现出非简单叠加和非定向流动的特点，这就要求大学不仅要处理好内部隐性知识在其部门、团队和成员中的流通，而且要采取一定措施促使大学与社会之间的隐性知识流通。处理好大学与社会的关系，适应并满足社会需要，其中关键是加强大学的教学、科研与生产实践的结合，不断加强和深化各种形式的产学研结合等。这是知识经济社会对大学的必然要求，也是大学在知识经济社会中其中心地位的体现和应该发挥的作用。

隐性知识有特定的情境性，每个高校及社会团体经过自身的长期积累形成了自身特有的隐性知识，包括精神理念、风格、文化、价值观念等。高校之间、高校与社会之间应加强交流合作，相互取长补短，促进自身隐性知识的增长。

2.服务社会过程中隐性知识转移的影响因素

隐性知识共享是隐性知识在不同的知识主体之间的传播和流通，本质上是一种交换活动。作为交换活动，它的前提是交换物的产权清晰，这样才能进一步明确交换的成本和收益。产权交易理论认为，产权的主要功能在于它确定了人们生产劳动和产品的分配规则，并能够确保新利润归于创新者。产权界定的意义在于尽可能地避免外部性（所谓的外部性，即从事生产活动的当事人给他人或社会带来的利益或负面作用），从而可以尽量避免搭车行为。因此，要使隐性知识顺利进行共享，首先要对隐性知识的产权进行明确的界定，但是由于隐性知识所具有的内隐、无形的特点，使我们对其进行产权界定产生了很大的障碍。产权界定困难就会导致在共享的过程中产生成本、收益不均的现象，很多付出了相当精力和时间的知识主体没能获得相当的回报，而一些人却在共享的过程中不劳而获他人的劳动成果。这种不均衡的情况会影响知识主体共享知识的积极性和主动性，产生知识掠夺和“强权”占有的混乱局面。因此当隐性知识的产权不明晰导致收益不确定时，没有哪个知识主体愿意共享自己的隐性知识。

除了高校环境，社会环境也会作用于高校隐性知识的共享过程。历史上社会对高校隐性知识的共享一直处于一种无视状态，这是因为在一定历史时期内，人们没有意识到隐性知识的存在，更没有意识到隐性知识的共享会对人类社会产生什么样的影响。我们现在所谈到的社会对隐性知识共享的影响是隐性知识被意识到以后的事情。知识经济兴起以后，整个社会对知识的态度发生了巨大的转变，人们对知识的重视使得社会对高校更加重视。这种来自社会外界的压力促使高校对自身的知识更加重视，为了提高自身的竞争力，他们深刻挖掘自身的潜力，产生更多的知识，追求更多的知识，隐性知识也在其中。隐性知识共享是获得隐性知识的途径之一，所以只有推进隐性知识共享，高校才能获得更多的隐性知识。

(四)教学、科研、社会服务中隐性知识的互动关系

教学、科研、社会服务中大学隐性知识传递、转移、共享的流程不是独立和分割的，而是彼此联系和相互交融的，构成一个动态的互动模型：它是以教师、学生、组织(大学中的工作小组、大学的职能部门及大学自身)这三个隐性知识的承载体构成一个核心链或流动圆，隐性知识围绕三者在教学、科研和服务社会的过程中相互传递、显化和共享，如图 3-4 所示。

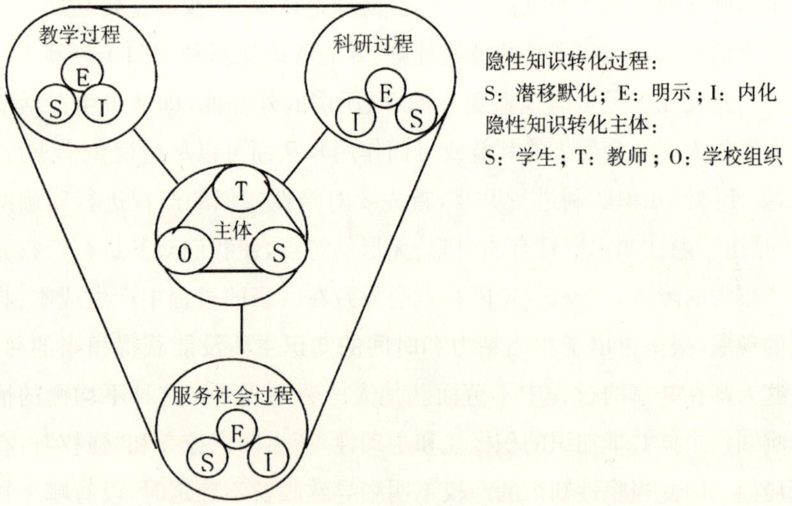

图 3-4 教学、科研、社会服务中隐性知识的互动关系

第一，大学隐性知识在教师、学生和大学组织之间是一个互动的过程，而不是单向地简单运转。各个教师、各个学生和大学组织之间（T 教师—S 学生、S 学生—O 大学组织、T 教师—O 大学组织……T 教师—S 学生—O 大学组织……），和他们各自内部之间（T 教师—T′教师、S 学生—S′学生、O 大学组织—O′大学组织）存在难以计算的多向性流动，可以是一个“传染源”到一个或多个“宿主”，也可以是多个“传染源”到一个或多个“宿主”；可以是单节流动，也可以是多节贯穿。第二，在每个流动过程中，隐性知识的传递、显化和共享是一个互动的过程，正如前面的几个图表所示。第三，三个流程之间隐性知识的传递、显化和共享是一个互动的过程。大学的教学、科研和服务社会三个功能并不是孤立的，比如一个教授可能既要从事教学工作又要从事科研工作，同时还可能承担某个社会其他组织的项目，各个过程的隐性知识得以综合和借为他用。大学的隐性知识就如齿轮上的“传输带”一样，流动过程中没有哪一部分是不动的，否则无法进行流通。

三、大学教师的隐性知识活动

在三种隐性知识主体中，大学教师是最核心、最基础和最重要的，所以探讨大学的隐性知识活动就必须分析大学教师的隐性知识活动。通过分析大学教师隐性知识在整个大学隐性知识架构中的地位和表现形式、大学教师隐性知识转移活动模型以及大学教师隐性知识转移的影响因素等可以更全面地了解大学教师的隐性知识活动。

（一）高等学校教师隐性知识结构和表现形式

组织的内部结构由个人、少数团体和组织整体三部分构成，而个人在部门和组织中占核心地位，人不仅构建了部门、组织的结构，而且操纵了部门、组织的运行。由于隐性知识是高度个人化的知识，存在于个人的大脑和行为中，因此大学的隐性知识主要表现为大学人员的隐性知识。大学的人员主要由教师、学生、管理人员、后勤保障人员组成。依据隐性知识的数量和层次级别，他们各自的隐性知识呈现出不同的状态。

从隐性知识的数量上讲，由于大学后勤保障人员和管理人员在人数上的有限性，即使他们中单个人的隐性知识数量可观也难以形成规模上的效应；相对而言，教师（单个人的隐性知识数量可观且人数较前两者来说具有优势）和学生的隐性知识覆盖面较宽、涉及领域较广、知识容量多。

从隐性知识的层次级别上讲，由于大学的高层次教育属性，必然要求大学管理人员和教师具备较高知识、能力、经验等，相对而言他们的隐性知识经过专业的、科学的验证则较为系统或体系化；而学生（知识的含量和结构暂缺以及经历的匮乏）和后勤保障人员（大学对其知识理论水平要求相对不高）的个人的隐性知识则相对杂乱和零散，层次级别与前两者相比处于较低层面。

以隐性知识数量和级别为维度，大学人员的隐性知识呈现一个矩阵的结构，如图 3-5 所示。在矩阵中，大学教师的隐性知识不管是在知识数量上还是在知识的级别层次上都处于较高方位，这也与大学教师的自身水平和大学教师在大学中所扮演的角色（知识的拥有者、传播者和创造主体）相对称。因此，笔者首先把对大学隐性知识的研究放在大学教师的隐性知识研究上，这并不是说其他人员的隐性知识以及以部门和大学自身为依托的隐性知识不重要，而是期待此研究能为其他的后续研究做好一个铺垫，从而构建大学隐性知识的管理系统。

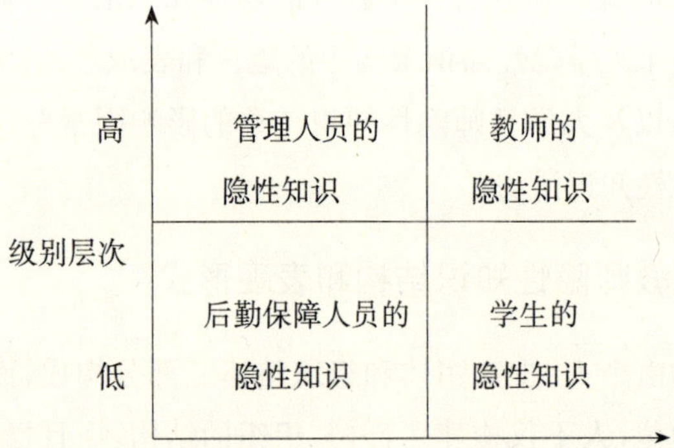

图 3-5 大学人员的隐性知识矩阵

大学教师是大学三大功能（教学、科研和服务社会）的主要承担者和实施者，也是大学功能发挥效果的依据和屏障。因而，大学教师的隐性知识主要在其执行大学职能的过程中得以体现，表现为教学过程中的隐性知识、科研过程中的隐性知识和为社会服务过程中的隐性知识。其中教学过程中的隐性知识主要表现为教师的教育观念、教学思路、教学方法、教学心得及经验等；科研过程中的隐性知识主要表现为他们独特的思维方式、灵感直觉、研究方法与途径、未公开的研究感悟等；为社会服务过程中的隐性知识主要表现为个人的价值取向、行为模式等。如表 3-2 所示。

表 3-2　大学教师隐性知识的表现形式

教学过程中的隐性知识	教师的教育观念、教学思路、教学方法、教学心得及经验等
科研过程中的隐性知识	思维方式、灵感直觉、研究方法与途径、未公开的研究感悟等
社会服务过程中的隐性知识	个人的价值取向、行为模式等

(二)高等学校教师隐性知识转移活动模型

知识管理的模型是以知识活动为基础的，不同的知识管理专家、学者和组织在建立知识管理模型时对知识活动的分类和取舍是不一样的。Wiigk 认为知识管理的基础建立在知识创造、表达、应用和传递四个活动上，并在此基础上支撑三个支柱：第一根支柱主要描述了知识的取得与编码，第二根支柱主要描述了知识价值的衡量与处理，第三根支柱主要描述了知识的使用、分布和控制等功能。该模型扼要地指出知识管理应该要瞄准的主要范围。美国 APQCD 的知识管理模型认为，知识管理过程主要包括知识的辨别、组织、适应、应用、分享、收集和创造等。在知识产生、确定、获取、传递(转移)、共享、利用(应用)以及知识的储存与维护等知识管理的核心流程中，"应用""传递""产生"和"储存"四种核心活动最为调查对象所认可，其中知识的转移和获取是知识创新的前提，知识的广泛传播是学习型组织创新的基础，也是提高组织核心能力的关键因素之一。因此本书把大学教师的隐性知识转移作为管理模型的基础。

对于知识转移问题，野中郁次郎提出了 SECI 模型(如图 3-6)：(1)社会化，指隐性知识向隐性知识的转化，单个个体直接与其他个体共享隐性知识；(2)外化，指隐性知识转化为显性知识；(3)组合化，指显性知识向显性知识的

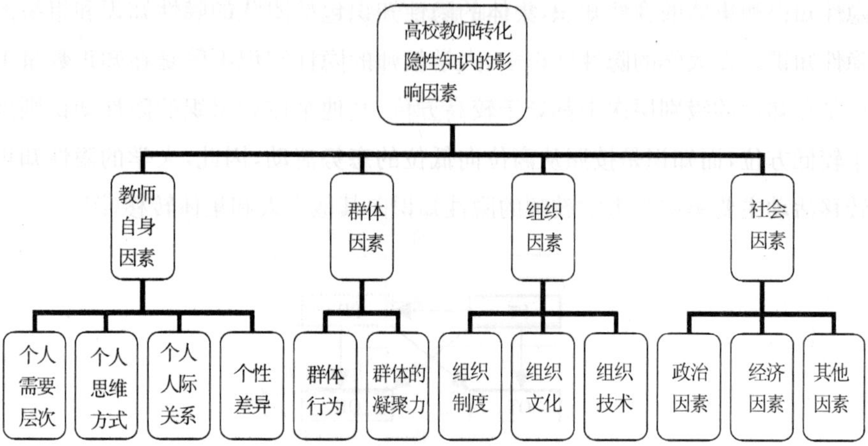

图 3-11　大学教师隐性知识转化的影响因素

1.影响大学教师隐性知识转化的个人因素

(1)大学教师的个人需求

以马斯洛为代表的人本主义心理学学派认为,对人的研究不仅要研究人的客观行为,更要研究人的主观感受,必须在考虑人的情感、欲望和理想的基础上理解人的行为。马斯洛提出了生理需要、安全需要、社交需要、尊重需要和自我实现需要的"人类基本需要层次理论"。人的基本需求一般呈现上述的顺序,但在现实生活中也不能过于拘泥地理解这种顺序。马斯洛指出,在某些满足基本需求的先决条件遇到威胁时,人们就会做出类似基本需要受到威胁时的那种反应:人们会保卫那些条件,因为没有了它们,基本需要的满足就无从谈起,或至少受到了严重的威胁。

隐性知识的形成是个人的经验、对事物的感悟和深层次的理解等方面的长期积累和创造,是难以被编码和模仿的,是个人知识优势的基础。对大学教师个人来说,隐性知识可以使其获得超额利益,得到学校学生和其他教师以及社会的认可与尊重,避免失业威胁以及满足个人的内心成就感和其他需要等。因此,大学教师为了保全各种需要得以满足和满足需要的条件不受威胁或破坏,往往不希望自己拥有的隐性知识被他人轻易掌握,使得大学教师的隐性知识具有垄断性倾向。如果大学教师将其隐性知识传递、转化和共享,那么隐性知识的垄断性也就被打破,由隐性知识带来的各种需要也随之动摇和消失。把握大学教师的个人现有需要并采取相应措施是将其隐性知识转化的前提条件。

(2)大学教师的思维方式

用来计划和实施行动的认知规则和逻辑，就像储藏在大脑中的“主控程序”，决定着人们的所有行为。大学教师基于科学训练的知识素养、眼光，逐渐养成思维的深刻性和批判性，他们善于独立思考，绝不会满足于表面的知识，能够根据客观条件冷静地分析问题，绝不人云亦云。大学教师的独立思维特性虽有利于个人隐性知识的深化和科研成果的实现，但容易形成他们只认可和关注自我的思维模式和方法，忽视了他人的隐性知识和增加了自我隐性知识转化和共享的困难，同时造成了阻碍学习和交流的戒备性思维方式(“单向学习”的人在“双向学习”遇到问题时推卸责任)。隐性知识的转化需要隐性知识转化双方的双向交流，特别是隐性知识的拥有者在转化过程中的方式和方法。戒备性反应却使大学教师在出现问题时把症结从自己转移到其他人身上，而不考虑从自身的角度来改变行为从而促使学习和交流的进行。

(3)大学教师的人际关系

行为科学理论的创始人之一、澳大利亚人梅奥依据著名的“霍桑试验”深刻地揭示了人际关系对人的影响。他认为生产率的提高乃是由于一些因素，如士气、劳动集体成员之间满意的相互关系等。正如勒特利斯贝格尔提到的人的动机因素，他认为一个人是否全心全意地为一个团体服务，在很大程度上取决于他对自己的工作、自己的同事和上级的感觉如何。大学教师是否乐意将其隐性知识转化，在一定程度上被他的个人人际关系的感觉所左右。良好的人际关系会增加其对他人的信任和交流，提高其转化隐性知识的自主性和能动性，从而加快隐性知识的转化。大学教师由于专业的关系，对自己所处的领域特别关注，形成了自己学科特有的语言符号系统，往往容易忽视他人的研究领域和劳动，造成人际关系的疏远。大学教师之间冷淡的人际关系是隐性知识转化的无形障碍，极大地抹杀了他们转化隐性知识的积极性。隐性知识的转化需要双方无拘束的交流和良好的互信，这就要求大学教师了解他人的观点，从自己的角度看问题的同时也从他人的角度看问题，从而建立和谐的人际关系，为隐性知识的转化扫除障碍。

(4)大学人员的个体差异

①个性差异

基于有关研究，著名学者勒温提出了一个行为函数：$B=f(P,E)$，其中：B 表示行为，P 表示个性，E 表示环境。勒温认为行为是个性和环境的函数，即一个人的行为是由他的个性及其所处的环境共同作用的结果。人的个性是先天的生物遗传因素和后天的社会影响、社会实践活动相互作用与融合的产物，而由于个人的遗传和实践活动的不同以及主观努力的倾向不同，造成了个体的个性互不相同。大学教师的不同个性必然对其隐性知识的转化产生不同的影响，比如，有的人热心交往，善于交流与言谈，更加直白与坦率；有的人不善交际，倾向于单独思考，更加含蓄和拘谨。从隐性知识的转化途径和方式上来讲需要更多的人际交往，而从转化的有效性上讲，在人与人交往的过程中，用比喻和象征性的语言、隐喻、类比等含蓄方式是将隐性知识显性化的有力工具，虽然隐喻常常有多种含义，带来了差异和冲突，但这种冲突激发了创造过程。

②能力差异

大学教师由于从事着不同学科和领域的教学与研究，使得他们的专业领域和知识结构差异很大，隐性知识的转移方往往需要花费许多时间、精力向知识的接受方进行解释，而接受方很可能仍无法理解。当知识转移方发现自己的努力没有效果后，就可能不会乐于继续转移知识，并且很可能在以后的工作中对自己的知识加以保留。另外，由于个体能力的差异，使得个体对隐性知识的价值判断不同。如果员工对共享知识的潜在价值难以形成共同的认可，就会对员工的知识共享行为产生一定的倾向性引导，使他们不再乐于共享其隐性知识。

以上的四个因素在大学教师转化隐性知识的过程中相互影响、相互依存，是一个综合作用的过程和结果，而不是简单的累加。我们可以用函数关系来表达影响大学教师转化隐性知识的个人因素之间的关系：$X_1=G(N,T,S,C)$。假定影响大学教师隐性知识转化的各个个人因素为自变量，分别为自变量 N(需要层次)、T(思维方式)、S(人际关系)、C(个性差异)的话，那么 X_1 则为影响大学教师转化其隐性知识的综合个人因素。

2.影响大学教师转化隐性知识的群体因素

大学教师在执行大学的职能过程中转化其隐性知识不仅是个人的行为过程，而且也是一个社会过程。它涉及一个从个人、所在的工作群体或部门、作为一个整体的组织及更广泛的外部社会相互之间及其内部各种关系的互动与沟通。而在这个社会过程中，团体行为就是各种相互影响的力的一种错综复杂的结合，它们不仅影响团体结构，而且修正个人行为。大学教师在现实生活中由于各种原因（自愿加入或组织规定）属于不同的群体，如某一学科的教学团体、某一项目的科研团体等。下面从群体的行为和凝聚力两方面探讨大学中的团队因素对大学教师转化隐性知识的行为所产生的影响。

（1）群体行为

群体中个体的行为并不等同于单个个体行为的简单叠加，而且个体在群体中的行为与他们独自一人时的行为十分不同。所罗门·阿希（2002）提供了最有影响力的实验范例：让被测试者指出给出的三条线中哪一条与所指定的目标线段长度相同，当被测试者在不受群体成员的影响下独立进行评判时，出错率不会超过1%；但将被测试者安排在一个由另外六人组成的群体中（六人为主测人的同谋），在他们给出一致的错误判断后，被测试者再进行评判时，出错率增至37%。被测试者为了和大家保持一致而未做出正确的评判，这说明群体能够凭借其大多数意见的一致性对其成员的行为施加强大的压力。当大学教师所属的群体趋于平等性和开放性的一致行为和态度（如相互尊重与学习、互相交往与交流思想等）时，各个教师的隐性知识在群体内部和群体在与外部个人和组织交往的过程中易进行转化；而群体的一致性趋于专制和封闭时，群体和谐规则和群体压力使其成员保持沉默，教师则在群体内部对其隐性知识不敢或不愿显示，群体在与外部个人和组织交往的过程中对其隐性知识进行隐藏。

（2）群体凝聚力

凝聚力强的群体，其成员的隐性知识在群体内部易于转化，但该群体成员的隐性知识与群体外的个人和组织之间隐性知识的转化却相对较为困难。强凝聚力的群体成员为了维护群体的利益、自尊、优越感等，往往排斥外部人员、外部群体以及可以提高他们对问题的理解的信息，担心他们会侵犯自己和所在群体的利益，或者认为自我和自己所在的群体是最优秀的，其他人和群体的水平有限。因此，强凝聚力群体的成员对外部人员、外部群体隐藏其隐性知识，同时他们对外的交流和学习不足使得他们产生新知识的速度减慢。改变这一状况又涉及我们上述所谈到的群体行为因素，由于“群体行为的一致性与其凝聚力呈正相关”，只有使群体一致性的行为在对外趋向于开放性时才会改善强凝聚力群体的成员的隐性知识与群体外的个人和组织之间的转化水平。弱凝聚力群体的成员的隐性知识转化则主要受个人因素的影响。

由此可见，大学教师所在的教学、科研等群体的各自凝聚力的强弱程度不同，使得大学教师在教学、科研、为社会服务过程中转化隐性知识的自我努力程度以及隐性知识被转化的数量、级别及程度等也会有很大的差异。我们假设影响大学教师转化隐性知识的群体因素为 X_2，其变量分别为自变量 BC（群体行为）、CC（群体凝聚力）的话，那么它们之间的关系则可以用下列函数关系来表达：$X_2=K(BC,CC)$。

3.影响大学教师转化隐性知识的组织因素

由于人的个性是通过同其他人的社会接触才建立起来的，而不是只靠其自身独立建立的，因而每个人都需要同环境建立适当的联系，并保持二者之间的平衡。同时组织变化的过程也是构成组织的人的行为变化的过程。作为构成组织系统的每一位成员，其行为方向的确定以及由此带来的成员之间的关系就由组织的相关因素来决定，而有的因素只具有边际利益，在此我们着重讨论组织的结构、技术条件和文化三个重要的因素。

(1)大学组织制度

在隐性知识成为组织运作和竞争的核心资源时，组织结构的设计就必须考虑能否有效地转化隐性知识。那种认为人在没有先例可循的情况下能够训练有素地丰富、支配和管理不断发展的知识中心的观点未免要求过高。然而传统的学校内部组织结构是按照常规管理的要求设计的科层结构，韦伯认为，官僚制犹如一个巨大的铁笼，将人固定在其中，压抑了人的积极性和创造精神，使人成为一种附属品，只会机械地行事，成为没有精神的专家、没有感情的享乐人，整个社会将变得毫无生气。而隐性知识只有在人与人之间的直接交流、接触中才得以传递、转化、共享和新生，因而需要改变大学的组织结构，打破大学教师与其他成员的等级差别，使得任何一个教师的信息、意见、建议、想法等能通过简化了的组织结构在组织中得到广泛的传播和反馈，从而有利于大学教师与其他成员之间能以创造性的方式进行合作和共处。

此外，大学中的教师职称评定制度、绩效评价制度、薪酬体系等一系列的制度体系都会影响教师的工作积极性，从而使得他们在传递和显化自己的隐性知识的过程中有着种种顾虑。比如，如果报酬仅仅与在职时间、职务等非业绩因子相关，大学教师只得到那份相应的工资，他的努力程度就会下降。健全合理的组织制度和组织体系是大学隐性知识转化的内部保证。

(2)大学的组织文化

组织文化是组织成员所共有的总的行为方式、共同的信仰及价值观，它在很大程度上决定了组织成员的看法及对周围世界的反应。当遇到问题时，组织文化通过提供正确的途径来约束组织成员的行为，并对问题进行概念化、定义、分析和解决。Mikoskiniemi 认为，一个组织在知识共享和组织学习上成功的主要原因在于组织文化。如果你的员工不相信他们可以或者应该自由交流，再好的技术都不能捕获他们的知识或帮助他们吸收知识。如果组织成员之间、成员与群体之间是一种敌对的、互不信任的文化氛围的话，转化隐性知识的意愿、行为就会受到打击和限制；而开放的、善于接受意见的以及具有强烈参与意识的文化则会为隐性知识的转化提供融洽的氛围和强大的推动力。

(3)大学组织的技术工具

知识管理就是以技术为基础，获取、整合、创造知识的过程。隐性知识管理系统至少要包括开放的交互操作式计算平台、通信网络、用于生成知识的分析工具、用于协同工作的群件工具、网络内容管理工具及进程管理工具等部分的要件。

信息技术和网络技术的迅猛发展，使人们工作的方式、获取信息的途径和学习的方法发生了巨大的变化。随着现代通信设备和网络技术在大学的普及，大学教师隐性知识的转化速率得到了极大的提升。信息技术和全球化网络的形成导致大学环境只能用“瞬息万变”来概括，而大学教师必须能够不断根据变化的环境和条件进行学习和创新，保持其隐性知识的生命力。

除了可预期的好处外，技术同时也给大学教师转化隐性知识带来了一定的负面影响。由于传真、电子邮件和电话交谈是即时发生的，它们虽然节省了时间，但它们需要快速应答，这加大了交流双方的压力，造成知识传递的不完整性，而且技术减少了人与人之间的交往，这对于传播、转化个性化的知识——隐性知识而言无疑是不利的。另外一个意想不到的结果就是技术会带来“知识过剩”和隐性知识双方选择的迷向。

以上三个方面是影响大学教师转化其隐性知识的最主要的组织因素，它们的健全与完善程度以及相互之间是否匹配，直接决定了大学教师转化其隐性知识能否有良好的转化平台和转化机制以及转化成果。我们假设影响大学教师转化隐性知识的组织因素为 X_3，其分变量分别为 OS（组织制度）、OC（组织文化）、OT（组织技术）的话，那么它们之间的关系可以用以下函数关系来表达：$X_3=L(OS,OC,OT)$。

4.影响大学教师转化隐性知识的社会因素

任何一个组织和个人都是社会有机体的组成部分，都不可能脱离社会中的其他组织和个人而单独存在和发展，因而不管是大学自身，还是大学中的组织、团队和个人在转化其隐性知识时，都必须在不同程度上考虑大学外部的各种因素和力量，并对其加以确定、评估并做出反应。

大学外部的因素通常指政治、法律、经济、社会文化、科学技术等。比如由政府制定的、调整教育领域社会问题和社会关系的教育政策（在大学隐性知识的转化上的政策支持度和财政投入额等），无疑为大学教师隐性知识的转化提供了后盾和保障。经济发展的需要是大学教师隐性知识转化的方向标，经济发展水平所能提供的各种便利条件和资金支持是其强大的动力。社会伦理与习俗是其转化行为的潜在软约束等。这些因素对处于该环境中的所有组织和个人都会产生影响，在本书的第五、六章有更详细的论述，在此不过多阐述。

5.影响大学教师转化隐性知识的各因素之间的关系

由以上的论述我们可以看出，影响大学教师转化其隐性知识的因素是由教师本身、教师所在的群体、组织和社会四个因素共同作用的结果。由于人的不可分割性，因而这四个影响因素在发挥作用的过程中不是孤立的，而是相互影响的倍率关系，而且每一个因素对转化的正作用或负作用都将在整体上给大学教师转化其隐性知识带来倍率效应。因此，我们用乘数函数关系“Ⅰ”来表达影响大学教师转化其隐性知识的因素之间的关系：

$$Y=f(X_1 \cdot X_2 \cdot X_3 \cdot X_4) \qquad \text{I}$$

其中：X_1、X_2、X_3 在前文已经表述，这里 Y 表示影响大学教师转化其隐性知识的总因素，X_4 表示影响大学教师转化其隐性知识的社会因素。我们在前文中已经获知 X_1、X_2、X_3 等因素又由其各自分支因素所影响，而 X_4 也是其他组织和个人所受到的影响因素，在此不计。即：函数表达式组

$$\begin{cases} X_1=G(N,T,S,C) \\ X_2=K(BC,CC) \\ X_3=L(OS,OC,OT) \end{cases}$$

将 X_1、X_2、X_3、X_4 代入函数表达式“Ⅰ”，则可演变成函数表达式“Ⅱ”：

$$Y=f\{G(N,T,S,C) \cdot K(BC,CC) \cdot L(OS,OC,OT)\} \qquad \text{II}$$

假定 X_1、X_2、X_3、X_4 所涉及的各自的自变量与其之间是一种权重同一的乘数关系，以及 X 所牵涉的自变量 X_1、X_2、X_3、X_4 与应变量 X 之间亦是一种权重同一的乘数关系，则公式“Ⅱ”或公式“Ⅰ”最终演变成公式“Ⅲ”的形式：

$$Y=N \cdot T \cdot S \cdot C \cdot BC \cdot CC \cdot OS \cdot OC \cdot OT \qquad \text{III}$$

也就是说大学教师转化其隐性知识的意愿和行为是上述因素共同作用的产物。只有教师本身、其所在的群体、组织以及社会各因素满足了大学教师隐性知识转化所需要的条件且它们相互之间形成了互通与和谐，大学教师的隐性知识才能得以顺畅转化并发挥其价值的增值效应和知识的创新效应。

第四章　大学隐性知识管理与核心竞争力

随着经济全球化的不断深入，我国的高等教育正面临着愈来愈激烈的国际竞争。我国大学要在竞争中立于不败之地，就必须增强自身的竞争优势，提升核心竞争力。大学核心竞争力的本质是隐性知识，因此提高大学的隐性知识管理能力是提升大学核心竞争力的有效途径，是形成大学不可模仿的竞争优势的关键。

一、大学核心竞争力相关概念诠释

(一)核心竞争力的内涵和特征

1.相关概念界定

(1)竞争

竞争(Compete)是指一种发生在个人(或团体、国家)间的争胜行为。经济学意义上的竞争是指经济主体在市场上为实现自身的经济利益和现实目标而不断进行的角逐过程。[①] 凡是存在两个以上利益主体就会形成竞争，因此竞争是一个极为普遍而又被赋予复杂内涵的概念。竞争的表现形式多种多样，存在于自然界，也存在于人类社会的政治、经济、军事、文化、教育等各个领域。竞争的本质是优胜劣汰，因此，竞争既是一种激励机制，也是一种淘

---

① [美]迈克尔·波特著.国家竞争优势[M].李明轩，邱如美，译.北京：华夏出版社，2002：66—68.

汰机制。竞争的意义是不言而喻的，它有利于推动经济社会的快速发展，有利于文明秩序的形成和社会进步，有利于造就、发现、择优使用人才。任何竞争行为都存在三个要素：一是竞争的主体，指的是谁和谁进行竞争；二是竞争的对象，指的是竞争什么；三是竞争的结果，指的是最后如何分配利益。

(2)能力和竞争力

能力(Capabilities)源于 Capable，指的是主体所具有的完成某项任务的本领。心理学意义上的能力指的是顺利完成某一项活动所必备的心理条件，可分为一般能力(即智力)、特殊能力，或分为现实能力、潜在能力。竞争力(Competence)一词有“胜任”的意思，含比较意味。美国竞争力委员会主席乔治·M.C.菲什认为，竞争力是指企业具有比竞争对手更强的获取、创造、应用知识的能力，它是在竞争过程中表现出来的制胜能力，因此竞争力一定伴随着竞争结果的出现。

但另一方面，能力与竞争力又相互联系。竞争力是能力的一种，具有指向性、目的性，并能在现实中发挥作用。这种能力可以满足竞争需求，并获得竞争优势。对于组织而言，能力是组织在某领域生存发展的前提和基础，是必要条件；而竞争力则是组织在竞争舞台上脱颖而出、获得竞争优势的关键，是充分条件。能力更多的是以操作为中心的，竞争力则是以战略为中心的；能力是竞争力的基础，竞争力是能力的表现。

(3)竞争优势和持续竞争优势

竞争优势(Competitive Advantage)的概念来源于英国经济学家张伯伦(E.Chamberlin)在 1939 年出版的著作《垄断竞争理论》。此后，霍弗和申德尔(Hofer & Schendel)将竞争优势的概念引入到战略管理领域。但是，真正对竞争优势这一概念进行全面分析的是迈克尔·波特。迈克尔·波特在《竞争优势》一书中指出，“竞争优势归根结底来源于企业为客户创造的超过其成本的价值。价值是客户愿意支付的价钱，而超额价值产生于以低于对手的价格提供同等的效益，或者所提供的独特的效益补偿高价而有余。”在《国家竞争优势》一书中，波特把竞争优势归纳为六个方面：价格优势、质量与品种优势、技术优势、进入障碍优势、人力资源优势和组织优势，而这六种优势又可归结为低成本竞争优势和差异型竞争优势。低成本竞争优势是指通过降低成本来赢得领先优势，从而获得比竞争对手更多的收益。差异型竞争优势也就是

③动态性。核心竞争力是组织内知识、能力、资源、文化等长期积累的结果,处在动态的发展过程中,需要不断地创新和提高。

④综合性。核心竞争力不是某一单个知识、技能、技术,也不是某一方面的能力,更不是单个人的知识和技能,而是组织中多种知识、技能、文化、制度的有机整合。

(二)大学核心竞争力的内涵和特征

1.大学核心竞争力与企业核心竞争力的异同

大学核心竞争力是从企业移植而来的,要理解大学核心竞争力的内涵,必须分清大学核心竞争力和企业核心竞争力概念之间的差别,这是理解和把握大学核心竞争力内涵的前提。

对大学和企业进行比较可以发现,大学具有"类企业"的特性[①],即大学具有经济的属性,而企业也具有教育的属性。也就是说,大学尽管是学者集聚的社团、学术创造的殿堂、文化传承创新的圣地,但同时也是一个生产机构。大学教育的过程就是一个对原料(学生)进行加工生产从而创造价值的过程,这与企业对原料进行加工而产出产品的过程相似;大学的产品(毕业生)能否受到客户(家长和用人单位)的欢迎,关键取决于产品的质量(毕业生的能力、素质等)以及长期形成的品牌和声誉,这与企业的产品是否受用户欢迎取决于其质量和品质的道理相同;同时,大学也处于同行相互竞争的环境中,竞争的对象包括生源、师资、资金、项目等。正因为大学与企业具有相似性,因此,将企业核心竞争力概念引入到高等教育领域,无论是在理论上还是在实践上都是可行的,也是必要的。

但是也应该看到,大学与企业毕竟是异质性组织,大学核心竞争力与企业核心竞争力在本质上也具有明显的差异性。其主要表现在三个方面。一是价值上的差异。企业创造的价值主要是经济价值,而大学创造的主要是社会价值;企业以利润为价值追求的旨归,而大学则以人才培养、科学研究、社会服务和文化引领为旨归;企业价值的实现具有即时性,而大学价值的实现具有滞后性。二是目标上的差异。因为价值的不同,所以企业竞争的目标是

① 王利芬.大学知识管理与大学核心竞争力提升[M].北京:团结出版社,2009:56—58.

你死我活、超越对手，而大学竞争的目标则是百舸争流、共生互赢。三是功能上的差异。企业的核心竞争力主要是为企业谋生存，进而促进企业持续发展，而大学的核心竞争力主要是提高质量，进而为社会创造更大的价值；企业把人作为劳动对象和工具，在谋取利润的同时也发挥着创造国民财富、丰富人们物质生活的作用，而大学最终以人为出发点和落脚点，发挥着培养人、塑造人，丰富人们精神世界的作用。因此，大学核心竞争力与企业核心竞争力在本质上有所不同。

2.大学核心竞争力的内涵

为便于理解大学核心竞争力的内涵，本书从竞争的三要素，即竞争主体、竞争对象和竞争结果方面进行分析。

首先，从竞争主体来看，大学核心竞争力是大学融合校内外各种知识、资源的能力，即核心竞争力＝知识＋资源＋能力。大学的资源十分丰富，但对核心竞争力起作用的主要是战略资源，包括有形资源和无形资源，前者如人力资源、财物资源、学科资源，后者如校园文化、组织管理、学校品牌等，它们都是形成大学核心竞争力的必要条件，但并不一定都构成核心竞争力。大学是知识的“集散地”，大学的资源尤其是无形资源，都可以称之为知识资源。而对知识资源的获取、整合、转化和应用就构成了大学的能力系统。没有知识、资源和能力，大学核心竞争力就是无源之水；但大学核心竞争力又不是单纯的知识、资源或者能力，而是知识、资源和能力的有机融合。从这个意义上讲，知识管理对大学核心竞争力的生成、培育和更新至关重要。

其次，从竞争对象来看，大学核心竞争力是大学对知识资源的整合和创新能力。大学是“控制高深知识和方法”的学术机构，以高深专门知识为基础和以学科为核心是大学不同于企业等其他社会组织的地方，因此大学之间的竞争本质上是知识资源的竞争。大学都有丰富的知识资源，但不同大学对知识资源的管理能力不同、整合和创新能力不同。有的大学特别是历史悠久的大学善于整合知识资源，具有很强的创新力，在人才培养、学术研究、学科建设、管理机制、文化凝练等方面形成了优良的传统和鲜明的特色，因而具有很强的核心竞争力。而不善于整合知识资源、不善于创新的大学，即使办学条件再优越，也无法形成真正的核心竞争力，最终必然会在竞争中落败。特别需要指出的是，对知识资源的整合能力和创新能力是形成核心竞争力的关键。

再次，从竞争结果来看，大学核心竞争力是大学的最终获益能力，即持续竞争优势。大学核心竞争力是一种“积累性学识”，是大学在长期的教学、科研和社会服务等活动中不断适应外界环境变化所形成的内生能力，和一般竞争力相比，它所关注的不是大学显性的物力和财力，而是在激烈的竞争环境中最终获得的制胜能力，即持续竞争优势。这种竞争优势具备独特性和持久性，是竞争对手无法短期效仿和复制的。这里特别强调核心竞争力的独特性和持久性，因为如果不是独特的，那就与一般竞争力无异，竞争对手也会很容易学习和模仿；而只有独特性也不够，因为短暂的独特性并不能保证大学形成持续的比较优势。

如果我们将上述三点分析结合起来，用一个公式来直观表达的话，就是：大学核心竞争力＝(知识＋资源＋能力)×(整合力＋创新力)＝持续竞争优势。这个公式表示，知识、资源和能力是大学核心竞争力形成的基础和前提条件，而整合力和创新力是大学核心竞争力形成的关键和主导因素，而且对核心竞争力具有倍增效应，持续竞争优势则是大学竞争的结果和核心竞争力的效应形式。

因此，大学核心竞争力是大学在长期履行人才培养、科学研究和社会服务职能的过程中，通过整合和创新校内外各种知识、资源和能力，不断适应外界环境变化，从而使自身获得持续竞争优势的独特能力。

3.大学核心竞争力的特征

借鉴学术界现有研究成果，本书认为大学核心竞争力的特征包括知识性、价值性、异质性、整合性、动态性和创新性，如图 4-1 所示。

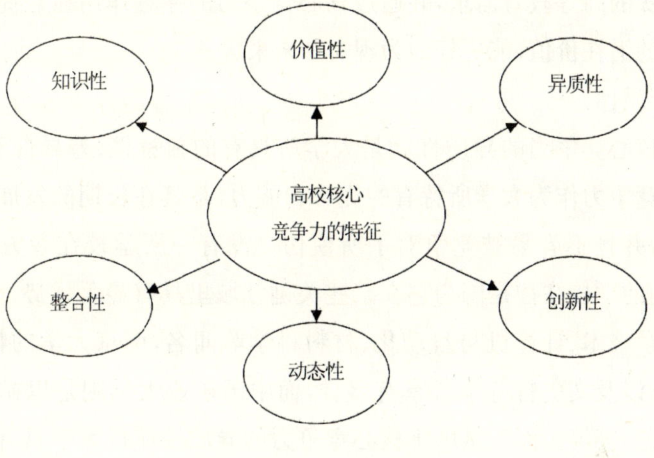

图 4-1　大学核心竞争力特征

(1)知识性

大学本质上是传播、研究和创造高深知识的组织，知识活动是大学的基本活动，教学、科研、学科建设、校园文化都是知识活动的具体形式，大学的其他物质活动也都是围绕教学、科研工作开展的，为知识活动服务的。大学核心竞争力本质上是核心知识竞争力，因此知识性是大学核心竞争力的首要特性。知识可以分为两类：显性知识和隐性知识。管理学家伊夫·多兹认为，竞争力不能触知，也不能度量。因此核心竞争力必须以隐性知识为基础。因为隐性知识不易被模仿，具有模糊性和独特性，符合核心竞争力的基本要求。

(2)价值性

大学核心竞争力的价值性包括两层含义：社会价值和用户价值。首先，大学存在的目的是通过履行人才培养、科学研究和社会服务三大职能来推动民族的振兴，推动社会的发展，提升国家的核心竞争力。大学的生存和发展也依赖于能否最大限度地满足社会发展的需求。因此，大学核心竞争力也必须最大限度地满足这种需要，从而实现自身的社会价值。其次，大学的价值还体现在能否满足用户(学生和家长)的需求上。正如温特·理查德所言，高等教育的“宗旨是要满足消费者的兴趣、需要、要求和期望，并为此承担起相应的责任和义务”。大学核心竞争力应当能够使大学在人才的技能和价值方面比竞争对手更具有优势，为“用户”提供优质的高等教育服务，满足其多样化和多层次的高等教育需求，并通过核心竞争力的渗透作用显著提高和创造“用户”新的潜在价值，能更好地为现实和未来服务。

(3)异质性

大学核心竞争力的异质性就是大学所具有的独特性、差异性和个性化。大学核心竞争力作为大学所特有的优势和能力，是其在长期的发展过程中积淀下来的，并且不容易被竞争对手所模仿。没有一所学校在各方面都很出色，但成功的学校往往是因为它在某些关键领域里具有显著优势。如清华大学以核科学技术、计算机与自动化、材料科学等闻名，南京大学的物理学、天文学、化学以及文史哲等学科享有盛誉，而中国矿业大学则是以矿业工程等学科为特色，等等。而正是由于核心竞争力的异质性使得大学具有更大的生存价值和发展价值，并为形成持续竞争优势奠定了基础。

(4)整合性

大学核心竞争力的整合性表明了大学形成持续竞争优势是由多种知识、资源和能力整合而成的。大学具有各种各样的资源，比如人力资源、学科资源、文化资源等，资源本身并不是核心竞争力，但一旦经过有效的整合，就能使这些资源发挥最佳效益，从而达到培育和提升核心竞争力的目的。因此，核心竞争力也是一种知识、资源的整合力，这种整合力本质上是管理力的一部分。大学核心竞争力的整合性具有两层含义：一方面，大学核心竞争力需要综合各种能力、整合各种资源才能形成；另一方面，大学核心竞争力的“整合”本身也是一种能力，这种能力本身就具有独特的“情境性”，而这种独特性是难以模仿和复制的。

(5)动态性

大学核心竞争力是大学持续竞争优势的根源，对内能有力地支持大学向更具生命力的领域拓展，提升大学自身的综合实力，增强自我发展能力；对外能较大程度地满足大学“用户”当前和潜在的多样化的教育需求，不断创造新的教育需求增长点。由于大学的办学定位和学科专业建设总是与社会环境和科技发展紧密相关，随着外界环境和科技的发展变化，大学的发展目标和学科建设会随之发生变化，因此大学核心竞争力也会呈现出发展的阶段性。同时，大学核心竞争力本身也是各方面资源不断优化组合的过程，是一个动态的发展过程，必须随实际情况的改变而修整和完善，适时进行升级转换。

(6)创新性

创新是大学的内核和灵魂，大学之所以能保持恒久的竞争优势，根源就在于不断地创新。创新使大学具有鲜明的活力，能够不断地为提升核心竞争力增添新鲜血液，使其在激烈的竞争中树立起品牌和特色。大学核心竞争力的创新性集中表现在两个方面：一是人才培养的创新性，主要是指培养的学生具有创新精神和创新能力，能够适应现代社会发展的需要，这也是大学核心竞争力的外在体现；二是学术研究的创新性，学术研究本质上就是一种创新活动，没有创新，学术也就失去了生命力。不断创新是大学学术活动的终极目标，也是大学核心竞争力的内在诉求。

总之，剖析大学核心竞争力的内涵和特征，主要是为了弄清大学核心竞争力"是什么"的问题。通过以上剖析可以发现，大学核心竞争力以大学的隐性知识为基础和核心。而厘清这个问题，有助于更好地理解其结构、把握其本质，并为提出培育和提升大学核心竞争力的策略奠定基础。

二、大学核心竞争力的构成要素

(一)大学核心竞争力的结构

要分析大学核心竞争力的构成要素，首先要剖析大学核心竞争力的结构。大学核心竞争力是一个复杂的能力系统，也是多种要素的结合体。核心竞争力的各个要素以一定的结构形式存在着，并系统地、有机地、相互支撑地发挥作用。[①] 根据不同大学的情况，核心竞争力可能有不同的组合形式和结构模式。

根据学者们的研究，大学核心竞争力主要有以下几种结构模式：一是层次结构模式，认为大学核心竞争力按照层次由低到高由资源禀赋能力、组织结构能力、环境制度能力、学习能力和创新能力构成；二是"自组织运动方程"式，认为大学核心竞争力由科学技术维度、管理维度、文化维度、组织形式维

① [美]阿特巴赫著.比较高等教育：知识、大学与发展[M].人民教育出版社教育室，译.北京：人民教育出版社，2001：165—168.

度四大能力子系统以自组织方程式构成动力学模型；三是能级系统模式，认为大学核心竞争力按照能级的不同，从内核到外层形成一个同心圆结构；四是战略资源模式，认为核心竞争力是一种战略整合能力，处于能力系统的最高层次，并嵌入在其他两个层次中；五是 UC＝f[硬件，软件]模式(U 指 university，C 指 competence，f 指 force)，认为大学核心竞争力由硬件要素和软件要素构成，硬件要素主要包括师资力量、资本存量、科学研究与开发能力、区位能力、结构优化程度、聚集力等，软件要素主要包括文化要素、制度要素、管理要素、开放要素、秩序要素等。应该说，这些结构模式都有它的合理性，并为大学核心竞争力建设提供了蓝本。

本书认为，大学核心竞争力的结构和要素与其本质和特征相互依存、相辅相成，深入剖析这些要素，能使我们对大学核心竞争力有更深刻、更全面的认识。因为大学核心竞争力是建立在以知识为基础的战略资源之上的能力系统，包括作为基础条件的资源层和居于核心地位的能力层。考虑到大学的主要职能是人才培养、科学研究和社会服务，这些职能既是战略资源发挥作用的中介和桥梁，又是大学核心竞争力形成的依据和载体，因此，本书构建了由基础层、职能层和核心层组成的大学核心竞争力结构模型，如图 4-2 所示。

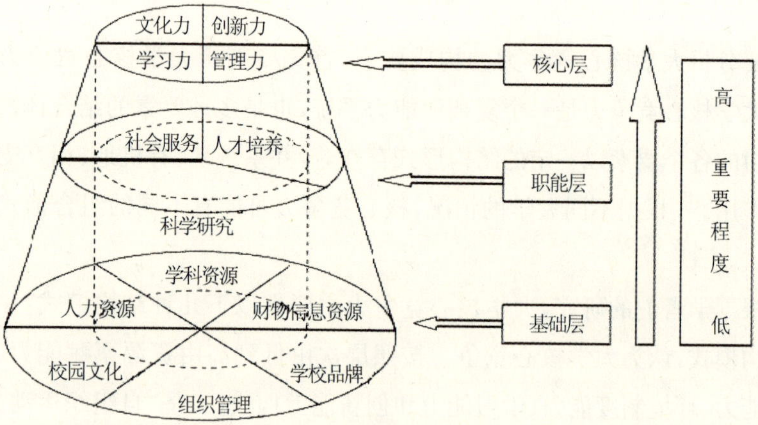

图 4-2　大学核心竞争力结构模型

图中虚线构成的同心圆表示不同层次的嵌入关系，即核心层嵌入在职能层和基础层中，表示核心能力系统既离不开大学的三大职能活动和战略资源，同时又对三大职能活动和战略资源产生聚合效应；职能层嵌入在基础层中，表示大学的职能活动既以战略资源为依托，又对战略资源起到统摄作用。反过来看，大学具备战略资源和三大职能活动，不一定就必然形成核心竞争力。战略资源只有经过整合、优化、创新，才能在教学、科研和社会服务的过程中显示出核心竞争力。

基础层、职能层、核心层在重要程度上是由低到高的关系。下面，对大学核心竞争力的结构层次分别进行阐述。

1.基础层：大学的战略资源

大学的战略资源是指大学所拥有的能形成核心竞争力的资产，分为有形资源和无形资源两大类，前者包括人力资源、学科资源、财物信息资源，后者包括校园文化、管理资源和学校品牌。大学的教学、科研、社会服务三大职能活动以及管理活动都是以人力资源为主导，以学科资源为依托，以财物资源为基础，以校园文化为灵魂，以组织管理为保障，以学校品牌为动力来运作的。

第一，人力资源。大学的人力资源包括教师、管理人员和服务人员，他们是大学的办学主体，也是培育大学核心竞争力的主导。大学核心竞争力是以人为基础建立起来的，并在一定程度上体现为人的竞争力。学校的竞争优势和制胜源泉往往表现为人力资本的实力，所以很多大学都把高层次人才的引进、培养和使用作为重中之重。特别是由大师和一流学者构成的优秀教师队伍，是影响一所大学核心竞争力的重要衡量指标。哈佛大学在教师质量和水平问题上近乎“苛刻”，强调只有达到国际水准的教师才能在哈佛立足，而只有拥有一流教师的大学才能称之为一流大学。近年来，我国大学也纷纷实施“人才强校”战略，采取超常规举措引进和培养高层次人才，为学校的发展凝聚人才优势。清华大学老校长梅贻琦先生所说的“大学者，非大楼之谓也，乃大师之谓也”，即体现了大学的根本在大师和一流学者。一所名师辈出、学者云集的大学，不但能创造出前沿的学术成果，而且其特有的价值取向和思维风格会内化为组织成员的价值追求和学术品格，形成优秀人才脱颖而出的良性循环，因而就能形成远远超过同类大学的核心竞争力。

第二，学科资源。学科是知识体系的基本单元，是构成大学的基本元素，也是大学形成核心竞争力的依托。大学的核心竞争力从某种意义上讲也就是一所大学区别于其他大学的办学特色，而办学特色最终体现在学校的学科特色上。一所大学有没有核心竞争力，关键是看它的学科有没有绝对或者相对优势。纵观世界一流大学，无论是哈佛大学、斯坦福大学、麻省理工学院还是牛津大学、剑桥大学，都是因为拥有一流学科而闻名于世。一所学校的学科优势如何，直接反映这所学校在全国乃至世界大学中的地位。判断学科优势的标准有三点：一是学科是否适应世界科学技术发展的规律和趋势；二是学科是否适应经济社会发展的需要；三是学科是否拥有杰出的学科带头人、学术梯队和良性发展机制。一个学科一旦顺应了科技潮流，适应了社会需要，并形成了良性发展机制，就能汇聚一大批该领域的高水平学科带头人和学术骨干，培育优秀学科团队，形成合理的学术梯队，进而推动该学科良性发展，形成学科特色。一个学科的异军突起，又能带动和影响其他学科的发展，并在整体上提升学校的办学水平和办学声誉，使学校赢得核心竞争力和持续竞争优势。因此，整合学科资源、加强学科建设是培育和提升大学核心竞争力的基本途径。

第三，财物信息资源。大学的财物信息资源包括校园面积、校舍建筑、设施设备、图书资料、办学资金、信息网络等。财物资源是大学发展的物质基础，对财物资源进行有效管理是一项复杂繁重的任务。大学的物力投资很大，所形成的巨额资产是大学得以持续发展的前提和保证，所以财物资源及其有效管理是提升大学核心竞争力不可或缺的因素。信息资源，包括文字信息和现代化的信息系统、信息拥有量、信息运行速度等，是现代大学办学的必备条件。现在，世界各国都把学校信息化的发展程度作为考核大学和进行排名的重要因素。大学储藏的大量电子书籍、信息数据库和各种声像材料以及方便快捷的信息查询系统，为师生从事教学、科研工作以及知识转移、知识创新提供了良好的平台。可以说，对现代大学而言，完备的信息系统以及有效的利用效率是提升核心竞争力最为基本的要求。否则，大学核心竞争力就无从谈起。

第四，校园文化。大学的校园文化是它的历史传统、精神气质和独特个性有机融合的产物，主要包括物质文化、制度文化和行为文化以及办学理念、核心价值观和大学精神等心态文化。一所学校在长期发展过程中积淀的厚重文化底蕴、核心价值观和大学精神以及独特的办学理念是一种宝贵的无形资产，是大学的隐性知识，时刻蕴涵于大学组织内部，因其具有难以模仿性和独特性，成为凝聚人心、培养个性、型塑品格的灵魂，也成为核心竞争力的根本要素。纵观世界一流大学，其核心竞争力的形成无不是文化长期积淀的结果，而独具特色的文化个性和精神品格也强化了其核心竞争力。如哈佛大学"与真理为友"的文化个性，使它致力于追求优质的高标准的学术质量，致力于把学生培养成社会事业的领导者，致力于文学艺术、科学和专业知识的发达和进步。而耶鲁大学追求保守的文化个性则形成了其独具特色的文化凝聚力，使其跻身世界一流名校之列。大学的制度文化是大学办学理念和办学传统的外化形式，是大学历史传统的积淀，也是大学组织运行的基本保证。新制度经济学认为，制度是一种稀缺性资源和独立的生产要素，是决定和影响组织效率与效益的关键因素之一。对大学而言，制度也是一种稀缺性资源，因为制度决定了大学运行机制的力度、吸纳资源和整合资源的能力，决定了大学的发展动力和办学特色，即把静态性资源要素整合，使其转化为办学动态中的效率和效益。大学的物质文化是校园文化的基础和载体，也反映了学校的办学传统和育人理念。

第五，组织管理。大学的组织管理活动是大学得以正常运行的基本保障，也是构成大学核心竞争力的重要因素。在任何组织内部，所有单个要素是否发挥作用及其作用大小都取决于该组织的组织能力和管理水平。没有一流的组织能力和管理水平，就谈不上制定科学的办学理念和发展战略，就不可能对战略资源进行有效的整合和创新，因而也就不可能形成真正的核心竞争力。提高管理能力和水平，关键是制定科学的管理制度。大学的管理制度特别是良好的管理体制、高效的运行机制和科学的管理模式是形成大学核心竞争力的有效标志和有力保证。

第六，学校品牌。大学的品牌主要是指大学在社会和公众心目中的认可度和美誉度，包括学生及家长选择大学的倾向性、社会公众的认可度、用人单位的美誉度等。如同品牌对于企业的发展至关重要一样，品牌对大学而言也是一笔宝贵的无形资产。品牌是大学在长期的办学实践中逐步形成的，质量是品牌的基础，没有质量就没有品牌。大学的品牌从根本上讲就是大学的人才培养质量、科学研究质量和社会服务质量等方面的现实体现。一个大学一旦建立一个很好的品牌之后，潜在的需求者就更愿意上这个大学。也就是说，一个大学培养的人才越优秀，后继的人就越愿意上这个大学。这就是它的品牌的价值。大学的品牌不但可以赢得高质量的生源，也能吸引高水平的师资和充足的办学资金，从而为学校的持续发展注入强大的动力，赢得超过其他大学的竞争优势。

2.职能层：大学的社会职能

第一，人才培养。人才培养是大学最基本的职能，也是高等教育产生以来就有的功能。一所学校的创立和发展，其最终使命就是培养人才和向社会输送人才。它是衡量大学办学水平和为社会服务能力和成效的重要标志，是大学核心竞争力的重要载体和依托，也是衡量大学核心竞争力强弱的外在表现形式，主要包括人才培养的层次、数量和质量三个方面。人才培养的层次主要指培养研究生、本科生的比例以及留学生在研究生中的比例。人才培养的数量和质量是国民经济发展和国民收入增长的重要因素。人力资本之父舒尔茨在20世纪60年代创立的人力资本理论中，将资本区分为物质资本和人力资本。人力资本是体现在人身上，以人的知识与技能为基础的资本。而大学是人才培养的摇篮，因此大学培养的人才的数量和质量对国民经济有着重要的影响。提高人才培养质量的关键是教学，为此，大学必须重视教学，保证教学质量。教学的目的无非是将已有知识传授给下一代，从而让青年一代快速地获得人类世代积累的知识。杜威认为，教学和训练的主要目的或目标是使青年一代获得教材中的有组织的知识体系和完备的技能，教师是传授知识技能和实施行为规则的执行者。因此，教师要重视知识传授工作，使教学内容和教学方法紧跟时代发展步伐，适应现代科技发展变化，保证学生知识获取的完整性和时效性。教师对知识的理解和阐释程度以及学生对知识的接受和消化程度决定了知识传授的效果和教学质量，也直接影响着人才培养质量和大学竞争能力。

第二，科学研究。科学研究是大学的另一个重要职能，也是评判大学核心竞争力的主导性要素。大学必须高度重视科学研究，因为从某种意义上讲，科学研究的水平就代表了大学的整体水平，决定了大学的学术水平和学术地位，决定了大学为社会服务的能力和贡献，并影响和决定大学培养人才的素质和水平。因此，科学研究已经成为现代社会中一项不可缺少的事业，它彰显着人类文明，促进着社会进步，提升着人们的智慧水平和生存质量。

反之，如果削弱或不重视科学研究，将会给大学造成无法弥补的损失，最终必然导致大学整体办学质量的下降。苏联大学就是典型的例子。由于苏联的科研机构和教学机构是分离的，科研工作主要在“科学院”中进行，而大学则主要从事教学。这种教学和科研相分离的格局具有彼此削弱的效应：一方面大学的教学不能及时反映科学的最新成果，教学内容陈旧落后；另一方面由于教学活动不能及时应用新知识，使得学术研究和知识创造活动后继乏人。科学研究活动受人、财、物三个方面的影响，其中学术队伍是构成大学科学研究的重要人力因素，特别是两院院士、长江学者特聘教授、硕博士生导师等对科学研究的质量具有重要影响；科研机构、仪器设备、建筑设备等是重要的物力因素，是科研工作的基本保障；科研经费作为重要的财力因素，它的数量与层次反映了大学师资队伍的学术素质和整体的研究能力，是大学学术水平的标志和综合实力的体现。

第三，社会服务。社会服务是大学科学研究职能的延伸，也是大学必须履行的社会责任。大学是一个社会中最庞大的知识生产机构，拥有众多的学科门类。这种具备齐全学科门类的知识生产部门能对社会各种需求做出最快的反应，并提供各种知识产品服务社会。大学不仅通过培养学生作为劳动力间接服务于社会，而且直接通过咨询、委托课题、合作等方式向社会提供知识，推动社会的发展。大学为社会做的贡献越多、服务能力越强，社会给予大学的支持和回报就越多，大学的核心竞争力也就越强，这是一个良性循环。特别是在知识经济时代，大学正成为社会的“轴心机构”，在人类所有的社会机构中，没有哪一个会像大学一样如此重要和富有影响。而大学所做出的贡献和发挥的作用也使得对它的评价名至实归。正如克拉克·克尔（Clark Kerr）所言，“大学在维护、传播和研究永恒真理方面的作用简直是无与伦比的；在探索新知识方面的能力是无与伦比的；综观整个高等院校史，它服务于文明社会众多领域方面所做的贡献也是无与伦比的。”[①]

3.核心层：大学的核心能力

大学的能力也是一个复杂的系统，主要包括资源筹集和环境适应能力、科研能力、人才培养能力、社会服务能力以及学习能力、管理能力、创新能力、

---

① 陈超.大学文化建设理论与实践[M].重庆：重庆出版社，2013：220.

文化影响力等，但地位有所不同。资源筹集和环境适应能力是基础能力，每一所大学都应具备基本的资源筹集和环境适应能力，否则无法办学。科研能力、人才培养能力和社会服务能力是大学的专业能力，也是大学社会价值的体现。大学的专业能力固然重要，但还是要依赖核心能力才能得到显现，它们是构成核心竞争力的下位能力，不是本位能力。大学的核心竞争力最终来源于自身的学习能力、管理能力、创新能力和文化影响力。学习力、管理力、创新力和文化力是大学在教学、科研和社会服务等具体职能活动中整合战略资源而形成的核心能力，相比大学其他能力而言，它们具有持久性和独特性，是构成大学核心竞争力的核心要素。

(二)大学核心竞争力构成要素解析

前面对大学核心竞争力的结构进行了分析，下面重点剖析一下大学核心竞争力的核心要素，即学习力、管理力、创新力和文化力的内涵。

1.学习力

国外有学者认为："学习力是一个人学习动力、学习毅力、学习能力的总和。"从知识经济的角度看，学习力是把知识资源转化为知识资本，以获取和保持持续竞争优势的状态和过程。学习是一个过程，是不断认识世界、把握规律、提高解决问题能力的过程；学习是一种方法，是使人或者团体更聪明地工作、更快乐地生活的方法；学习是一种修养，是对待工作、对待生活、对待社会的一种态度，是人全面发展的一种境界。从这个意义上讲，学习力就是生命力，就是一个人、一个组织、一个民族、一个国家的持久的核心竞争力。大学学习力是大学获取知识并把知识资源转化为知识资本，以获取持续竞争优势的能力。大学核心竞争力的来源是知识，而学习是获得知识的主要途径，没有学习力就没有核心竞争力。大学的学习力是大学为了形成其核心竞争力，围绕信息和知识采取各种行动的能力，是大学对信息和知识的及时认知、全面把握、迅速传递、达成共识，做出正确、快速调整，以利组织更好发展的能力。学习力是应变的根本，因此只有重视学习，大学才能具有竞争优势。

2.管理力

大学管理力是指大学建立在对教育本质、办学规模、时代特征和自身特点深刻认识的基础上，最大限度地发挥人力、物力、财力、信息资源的作用，优化组合知识资源从而提高管理效能、保持竞争优势的能力。管理力是大学对自身的定位力、判断力以及对未来发展的一种规划力，它贯穿大学整个发展过程，使大学的运作表现为一种管理意识和管理行为。管理力的强弱和水平既决定了大学的环境资源条件能否优化组合、高效运行，又决定了大学整个系统能否按照办学目标将组织、资源等条件集中于学科建设和学术能力的提高上，体现在办学水平、办学质量和办学效益的提高上。管理力强的大学，通常会表现出一种卓越的行为风格和管理效率，能使有限的资源发挥出最佳效益，使大学在激烈的竞争中赢得先机。管理力对大学的发展而言，既是一种现实提升力，又是一种未来发展力，是保障大学短期效率和长期效益的核心竞争力。

3.创新力

大学创新力是指大学有效利用和优化配置各种创新资源，通过知识创新、技术创新、成果转化创新、管理创新等各种创新活动，培养高素质创新型人才，产出高水平科研创新成果，形成具有竞争优势的人才培养、科研、创新领域的综合能力。按照熊彼特的解释，"创新是建立一种新的生成函数"，在知识经济时代，就是指对知识的创造性融合。创新是一所大学与时俱进的内在动力，创新力能使大学结合自身资源情况，发展自身的核心专长，这些核心专长具有更高的独特性和不易模仿性，当这些核心专长转化为大学的三大职能时，大学便获得了超过同行水平的人才培养、科学研究和社会服务的能力。创新力是组织学习力和管理力的延伸和升华，能为大学培育和提升核心竞争力提供源源不断的能量和巨大的驱动力。由创新力带来的竞争优势更为明显和长久。

4.文化力

大学文化力是融合在学校内质中并能对组织成员产生潜移默化影响的一种特有的精神动力。文化是人类价值观念在实践过程中的对象化，是人类创造的文化价值，经由符号这一介质在传播中的实现过程，而这种实现过程包括外在的文化产品的创制和人自身心智的塑造。因此，文化既是人的产物，又对人具有塑造作用。由大学校园文化形成的文化力具有独特的导向功能、凝聚功能和激励功能，具有其他任何能力所无法比拟的独特优势，它对学校的办学模式、运行机制、管理制度、校园环境以及师生员工的价值观念、行为方式等产生深刻的影响，并让它们独树一帜，形成不同于竞争对手的文化氛围和共同价值观。它的无形性和渗透性使对手难以复制和模仿，它的长效性和稳定性使之成为学校一笔永久的精神财富，成为推动学校改革、建设和发展的不竭源泉。一所大学的核心竞争力是与它的历史、文化、传统、精神、气质等因素联系在一起的，是难以模仿、转移和拆散的，因此成为特定大学获得长期竞争优势的重要因素。

(三)大学核心竞争力构成要素的内在关系

大学核心竞争力构成要素中，学习力、管理力、创新力、文化力既各成体系又相互作用，有机结合成大学整体核心竞争力，并对大学竞争优势产生影响。[①] 如图 4-3 所示。

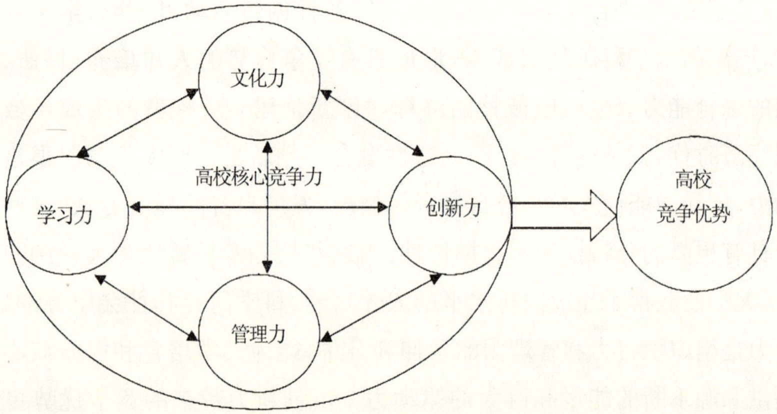

图 4-3 大学核心竞争力构成要素的内在关系

图 4-3 中，文化力位于大学核心竞争力的顶端，对学习力、管理力和创新力具有统帅作用。大学特有的历史文化传统，特别是大学精神和核心价值观对师生员工有一种特殊的感召力，并为他们在不知不觉中习得，体现在日常工作和学习生活等行为举止上，体现在管理制度和管理行为上，能激发学习

① 许方球，刘洪德，瑜登科，等.企业知识管理与核心竞争力的关联分析[J].情报杂志，2009，(1)：106—109.

力和创新力的产生，引导管理力的增强。所以，培育科学的大学精神，凝练核心价值观，并把它们渗透到校园文化中，对大学培育核心竞争力具有重要意义。

学习力是大学获得核心竞争力的基础。大学核心竞争力是通过组织学习逐渐形成的，学习的结果使大学的知识得到积累，从而为创新力的产生奠定知识基础，为管理力的提升提供保证，为文化力的升华提供精神能量。正是在学习力不断增强的基础上，大学的管理力、创新力和文化力才不断积聚和凝练成大学的核心竞争力。

管理力是大学核心竞争力的支撑。大学办学过程中的各个系统、各种要素、各类资源、各种能力及其运行过程都离不开高效的组织、协调和管理整合。没有高效的管理力，大学的知识资源就不可能发挥最佳效益，组织学习和组织文化就会成为一盘散沙，缺少向心力和凝聚力，创新力也会遭到扼杀。管理力的作用就在于从组织和制度层面为大学核心竞争力保驾护航，提供一种秩序力。

创新力是大学核心竞争力的最终表现，也是大学竞争优势的直接体现。创新力的形成离不开浓郁的组织学习和知识共享的文化氛围，也离不开高效的组织和制度保障体系，而学习力、管理力、文化力的强弱最终还要通过创新力得以体现，特别是通过创新成果得以体现。大学的根本目的是培养人才和创新学术，大学核心竞争力的强弱最终要通过人才培养和学术研究的创新性成果才能显现。创新力承载了学习力、管理力和文化力中的精华部分，为大学的人才培养和学术研究提供源源不断的能量。所以，大学的核心竞争力最终体现为创新力，体现为大学的创新成果。大学能否获得持续竞争优势，关键取决于创新力的强弱。

总之，大学核心竞争力是建立在战略资源基础上的，是以教学、科研和社会服务为载体的，是学习力、管理力、创新力、文化力相互作用的能力体系。其中竞争四力相互作用、有机整合，构成核心竞争力的核心要素，并推动核心竞争力动态发展。它们对内提升大学人才培养、科学研究和社会服务的质量和水平，对外则拓展成创新成果、形成核心专长，为大学赢得持续竞争优势。

三、大学隐性知识管理与核心竞争力的内在关系

(一)隐性知识与核心竞争力

知识管理的出发点是把知识视为最重要的战略资源,把最大限度地掌握和利用知识作为提高核心竞争力的关键。大学知识管理是指通过有计划、有目的地构建大学内部知识网络与外部知识网络进行学习、共享、整合、创新,有效地实现显性知识和隐性知识的互相转换,并在转换过程中创造、运用、积累和扩散知识,提高大学的学习能力、应变能力和创新能力,从而最终提升大学核心竞争力的管理活动。知识共享和知识创新是两个最重要的环节。大学知识管理的目标是实现知识共享、推进知识创新,并最终从战略上形成大学的核心竞争能力和持续竞争优势。

1.实现知识共享

知识共享是指个人的知识财富(包括显性的和隐性的)通过知识交流为组织中其他人所共同分享,从而转变为组织共同的知识财富。对大学教师来说,教学和科研中积累的知识、经验和体会如果经常得以交流和共享,不仅能使其他教师受到启发、少走弯路,提高教学和科研水平,也能使自己在听取他人意见、吸收他人营养的基础上改进不足,使经验得以升华、知识得到增值。否则,知识得不到共享,会使学校死气沉沉、缺乏生机和活力,最终必然影响学校的持续发展和竞争能力。

但是,知识交流和共享并不能自动实现,要实现知识共享必须借助于一定的技术手段、制度保障和文化氛围。具体而言,实现大学知识共享要做到以下几点:

第一,克服知识共享障碍。阻碍大学知识共享的因素是多方面的,既有自然障碍,也有社会障碍和制度障碍。自然障碍主要是由隐性知识的特性所造成的,因为隐性知识是很难用语言表达的,只能靠交流者的沟通和理解来认知。社会障碍或者人为障碍主要是由知识垄断造成的,因为知识拥有者为了保护个人利益或避免失去竞争优势,往往会限制知识的扩散和传播。制度障碍主要是由大学的组织结构和管理制度造成的,因为目前我国大学实行的

还是强调行政权力的等级管理制度，这种科层制的等级制度和强调“行政权威”的管理方式显然不利于知识的交流和共享。为克服知识共享的种种障碍，首先，要打破金字塔式的等级结构，建立知识网络，变等级管理为网络管理；其次，要合理利用知识产权保护规则，建立互惠性的知识共享信用体系，让所有人都愿意贡献自己的知识，同时所有人都能从中受益；再次，要创建学习型大学，增强大学师生员工的学习能力和接受、理解、应用新知识的能力。

第二，建设知识共享文化。大学校园文化是大学内部师生员工共有的价值观念和习惯体系的总和。知识的交流和共享需要相应的文化氛围，因此，培养知识共享文化是决定大学知识共享成功与否的重要因素。这就需要营造尊重知识、尊重人才、尊重学术的良好氛围，形成学术自由、知识分享和团结协作的共同价值观和行为规范。首先，要克服“文人相轻”“学术霸权”“论资排辈”的倾向，建立组织学习的共同愿望，防止研究者各自为政、互不沟通甚至内耗太厉害以致严重损害群体知识创新；其次，要加强大学人力资源的开发管理，加大教育的智力和财力投资，努力为师生员工创造优越的学习条件，形成浓厚的学习气氛；再次，要为营造知识共享氛围创造必要的条件，如组织召开个体经验交流会、周末沙龙、茶话会、联欢会等。

第三，建立知识共享激励机制。建立知识共享机制主要是从制度层面保障知识共享的实现。首先，要建立教师贡献经验知识或应用知识的奖励措施，建立完善的知识评估和绩效机制，鼓励教师参与知识共享，并让他们认识到知识共享对自身带来的收益；同时要把知识共享与教师的考核、晋级、评优、进修等有机结合起来。其次，要注重激励机制的科学性和可行性。在激励重点上，大学对教师的激励应该物质激励和精神激励并举，而以关注个人价值和个体成长为主；在激励方式上，强调个人激励、团体激励和组织激励有机结合；在激励时间效应上，把短期激励和长期激励结合起来，强调激励手段对人才成长的长期正效应。

第四，完善知识共享基础设施。大学知识共享基础设施是大学将其教学、科研机构与广大知识劳动者紧密联系在一起的信息网络。通过这个网络的协同与互动，知识得以生产、传播和应用，人们从中可以很容易地获取和应用需要的知识。基础设施建设是大学实施知识共享的先决条件。为此，首先要构建数字化校园，建立以网络技术为支撑的知识共享系统，建设安全、高效、便捷的网络平台，为师生提供获取信息和知识交流的平台；其次，要完善数据库和知识库，加强对知识的收集、加工、存储、检索、传递和反馈等全过程管理，实现知识的高效积累、流动和共享，满足师生员工的知识需求；再次，要积极发展外部知识网络，如合作伙伴网络、外部专家网络、需求用户网络和政府部门网络等。

2.推进知识创新

创新(innovation)的本意是指更新、制造新的东西或改变。美国著名经济学家熊彼特在其1912年出版的《经济发展理论》一书中最早阐述了“创新”的概念。他说，所谓“创新”，就是建立一种新的生产函数，即把一种从来没有过的关于生产要素和生产条件的新组合引入生产体系。他认为，在一个“周而复始的经济”中，企业没有可能形成竞争优势。企业的竞争优势只能在不断的创新中形成、维系和增强，企业优势是创新的结果，创新则是企业优势的源泉。此后，许多经济管理学家都对创新问题进行了研究。

知识创新作为一个理论上的概念则是最近十多年的事。1991年，美国麻省恩图维国际咨询公司总裁、著名战略专家戴布拉·艾米顿(Debra Amidon)将知识创新定义为：“通过创造、引进交流和应用，将新思想转化为可销售的产品和服务，以取得企业经营成功、国家振兴和社会全面繁荣。”1996年该公司开始实施一项“知识创新开发工程”，为组织开展知识创新提供咨询、指导和培训。在我国，对知识创新较为普遍的看法是：知识创新是指通过科学研究获得新的自然科学和技术科学知识的过程，其目的是追求新发现、探索新规律、创立新学说、创造新方法、积累新知识。

高校作为科学研究的基地、创新人才培养的基地和社会重大创新性成果的来源地，在知识创新中扮演了重要角色。知识创新是高校知识管理的重要目标。高校知识创新主要是通过教学、科研和社会服务中的知识转化过程实现的。知识转化包括社会化、外部化、组合化和内部化四个环节。知识的不断转化过程，也就是知识螺旋式的创新过程。

社会化，即从隐性知识到新隐性知识的转化过程。在大学主要表现为学生在和老师一起做实验或一起搞科研、做调查过程中，模仿和学习老师在此过程中表现出来的方法、技能和思维方式；也可表现为学校中成员，特别是教学团队和科研团队在互相交流中受到启发、获得灵感，从而引起共鸣，孕育出种种想法和思路，实现隐性知识的转移，创造新的知识。

外部化，即从隐性知识到显性知识的转化过程。在大学主要表现为通过科学研究把教师在教学和研究中积累的隐性知识用文字、语言、符号等形式表述出来，并通过发表论文、出版专著、撰写调研报告等形式将知识显性化，以此实现知识的传递、交流、复制和共享。知识的外部化过程是将个人的隐性知识转化为学校的显性知识，从而增加学校的知识存量，实现知识创新的一种基本形式。

组合化，即从显性知识到新显性知识的转化过程。在大学主要表现为将各种知识相互连接，转化为更为系统的知识，并不断实现知识库的更新。比如将散见于学术期刊、学术会议或著作中的各学科知识分别进行整理、分类、归并，使之成为一个完整的知识体系，并实现知识的联网和共享。知识的组合化是提高知识的利用价值、为创造新知识提供保障的重要过程。

内部化，即从显性知识到隐性知识的转化过程。在大学主要表现为学习知识的过程，即师生将获得的系统化的显性知识内化为自己的知识的过程。这种内化了的显性知识通过不断实践就会与个体本身的隐性知识相融合，从而不断拓展、丰富个体原有的隐性知识。知识的内部化是个人通过学习不断积累和丰富学识、提高知识创新能力的基础，也是大学培养创新人才、提高科研水平的一项重要工作。

3.提升核心竞争力

因为知识创新是大学知识管理的重要目标，而知识创新的最终目的就是提高组织的核心竞争力，所以大学知识管理的第三个目标就是提升核心竞争力。

随着我国改革开放的深入，特别是加入世界贸易组织后，高等教育行业与其他行业一样，不仅面临着激烈的国内竞争，而且面临着日益激烈的国际竞争。我国高等教育需求正在高速增长，且对教育质量的要求日益提升。大学能否办出水平和特色，关键取决于有没有核心竞争力以及核心竞争力的强弱。大学作为一种典型的知识密集型组织，其基本特征在于：知识是组织运作的核心资源；组织创造价值的核心资产是知识；而相应地，组织应将对知识的管理作为其管理活动的焦点。大学能否有意识地将对知识的管理作为其管理活动的焦点以及是否有效地推进知识管理，对于其核心竞争力的高低具有决定意义。

大学核心竞争力的表现可以采用不同的指标，但教学、科研和学科体系等无疑是最重要的影响因素。而无论是教学还是科研，无论是科研成果的多少还是成果推广应用的效益，其最根本来源是知识，特别是作为学科体系领域中的专业技能这种隐性的经验类知识。虽然最终体现在各项指标上的是核心竞争力的外在表现，但它们都是知识价值的体现，是大学组织的成员将知识应用于教学科研上的结果。因此，决定大学核心竞争力的潜在因素就是大学组织对知识价值进行发掘与应用的能力，也就是知识创新的能力。

在大学中有效地实施知识管理，能够整合教师的显性知识和隐性知识，促进知识的采集与加工、交流与共享、创新与增值，提升教学和科研水平，从而提升自身的核心竞争力。这种能力越强，大学就能培养出更多的高质量的毕业生，就能创造出更多高质量的科研成果，就能取得更大的经济和社会效益。因此，不论大学所确定的战略目标是什么，目标的实现都只有依赖于大学核心竞争力的提升。而更重要的是，任何战略的实施都将依赖于有效的知识管理。

从国际高等教育竞争情况来看，凡是在知识的获取、共享和创新方面能力越突出的大学，就越能形成竞争优势，也就越有显赫的国际地位。

阿特巴赫从比较高等教育的角度，提出了国际知识网络中"中心大学"和"边缘大学"的概念，并对这一问题进行了阐释。他指出，中心大学指出方向、提供样板、开展研究，将自己置于学术系统的金字塔的顶端，起着领头的作用，而这一金字塔的底部则是那些处在"边缘"的大学，它们照搬国外的发展模式，很少生产具有原创性的成果，一般不涉足知识的前沿。阿特巴赫认为，中心大学是知识的创造者，几乎都无一例外地位于中心国家，即那些人均收入高、技术发展水平高、学术传统深厚的国家，那些使用某种主要的世界语言并且拥有知识生活的所有基础设施的国家；而边缘大学基本上是知识的传播者，传播知识的途径主要就是培养学生以及从某种程度上讲重复进行在中心已进行过的研究，第三世界的大学在全球范围内毫无例外地都是边缘大学。它们指望工业化国家特别是美国、法国和英国的大学为他们提供模式。几乎没有几所第三世界的大学曾培养出高水平的学者和研究专家，因为它们往往缺乏为创造高水平学术成就提供帮助的基础设施，如图书馆和实验室。而

且，它们通常不大倾向于学术成果。

之所以造成这种局面，阿特巴赫认为，主要还是知识创新使然。他以美国为例进行了解释。他说，不到一个世纪以前，美国的学院和大学还毫无疑问是欧洲特别是英国的知识殖民地。在美国很少进行有创造性的研究，如果仅仅在美国学习是不可能达到研究和学术的顶峰的。通过采用德国新出现的注重科研和研究生教育的学术模式、在教育上投入大量的资金、培育能通过应用研究和发展而满足国家及地方需要的学术系统，并逐步地建设学术基础设施，经过半个世纪美国终于能够建起具有重大影响的学术系统。

阿特巴赫的大学"中心—边缘"观点尽管有偏颇之处，但其剖析又是发人深省的。我们应该认识到，大学的核心竞争力从根本上讲就是知识的创新能力；知识创新又在很大程度上取决于知识管理的理念、方式和手段。因此，知识管理是大学核心竞争力之源，核心竞争力是大学知识管理的最终目标。

（二）核心知识竞争力：大学核心竞争力的本质

从关于核心竞争力本质的剖析中可知，大学核心竞争力具有明显的知识属性，是一种"积累性学识"，是大学在长期的教学、科研和社会服务等活动中不断适应外界环境变化所形成的、对以知识为基础的资源的管理和创新能力。大学的能力归于大学的独特资源和对这种独特资源的独特的配置和使用能力。知识经济时代，知识无疑是最具战略性的资源和资产，任何其他的有形物质资源都无法和它比拟。同时，任何物质资源一旦离开了拥有知识的人的有意识、有目的的作用，是不能产生任何生产力的。而知识不同，它具有稀缺性，特别是大学内部的隐性知识，更具有独特性和难以模仿性，从而成为大学的核心知识所在。大学对知识资源特别是核心知识资源的管理和创新能力，决定了核心竞争力的强弱。因此，大学之间的竞争实质上就是核心知识的竞争，大学核心竞争力本质上是核心知识竞争力。同时，对核心竞争力的管理就是对核心知识的管理，大学核心竞争力最终要通过知识管理才能有效地培育和提升。所以，知识和知识管理是大学核心竞争力的最终逻辑归宿和源泉。

1.大学的知识属性

首先，大学是从事高深知识的传播、创造和应用的学术组织，是以知识为操作材料的知识集合体。伯顿·克拉克指出,只要高等教育仍然是正规的组织,它就是控制高深知识和方法的社会机构,学者们通过不同方式与知识打交道,或者是保存和提炼知识,或者是传授知识,或者是直接应用知识,或者是发现和形成新的知识成果,不管形式如何不同,但知识材料,尤其是高深的知识材料,处于任何高等教育系统的目的和实质的核心。不仅历史上如此,不同的社会也同样如此。因此,建立在知识基础上的大学三大职能活动也就成了大学之间竞争的重要载体和基本要素。

其次,知识是大学竞争优势的根源,不仅因为大学内的知识尤其是一些隐性知识难以被竞争对手所模仿,而且还在于大学的知识存量和认知能力所形成的知识结构决定了一所大学可以有不同的发现未来的机会、配置资源的方法。大学现有的知识存量和认知能力的结合,也就是"知"和"识"的结合,决定了大学内各种资源效能发挥的程度不同,资源配置和创新的能力也不同,从而在市场竞争中体现出不同的竞争优势。

2.大学核心竞争力的知识属性

从普拉哈拉德和哈默关于核心竞争力是"一种积累性学识"的最初定义中可以看出,核心竞争力本质上是组织长期积累的知识,或者说主要是关于某种能力的知识,本质是隐性知识。劳伦斯·普鲁萨柯也认为,唯一能给一个组织带来竞争优势,唯一持续不变的就是:知道什么,如何利用所拥有的知识和以多快的速度获取知识。格雷·哈默则从知识管理的视角指出,核心竞争力毫无疑问地包括隐性知识和显性知识。巴顿是从知识论视角分析和研究核心竞争力的著名学者,他认为核心竞争力就是能给组织带来竞争优势的知识体系,包括四个维度:一是组织成员所掌握的知识和技能,包括组织的专有知识和员工的学习能力;二是组织的技术系统,是组织员工头脑中隐性知识的系统组合;三是管理系统,包括知识创造方式和知识控制程序;四是组织的价值观系统,包括组织成员共有的价值观和行为规范。因此,核心竞争力是一个相互联系、相互依存的知识系统,其中价值观系统贯穿其他系统的始终。如图 4-4 所示。

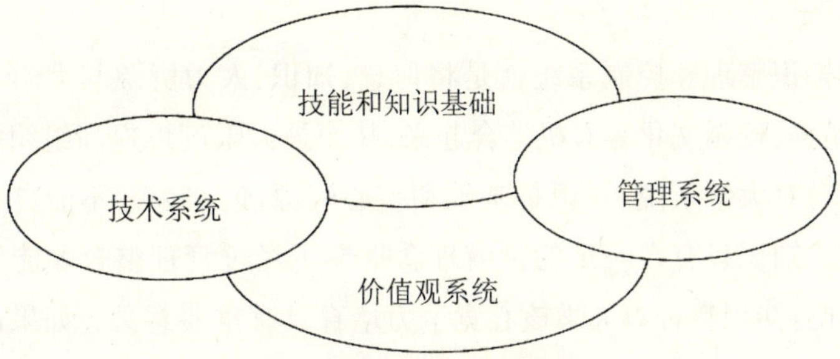

图 4-4　核心竞争力知识体系

因为大学本身就是从事高深知识加工的学术组织，因此大学核心竞争力更是一种能带来竞争优势的知识体系。如果借用巴顿的核心竞争力知识体系来分析的话，大学核心竞争力也包括四个维度：师生的知识和技能、大学技术系统、大学管理系统、大学价值系统（主要指大学精神和办学理念），如图4-5所示。前两者构成“知识储备库”，后两者构成“知识整理和控制系统”。

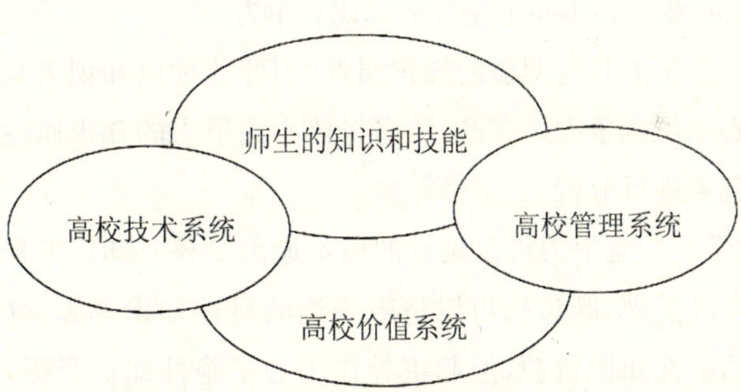

图 4-5　大学核心竞争力知识体系

大学知识储备库以不同形式存在于大学内部组织中。大学知识包括显性知识和隐性知识。显性知识的交流和共享依赖于完备的技术系统，如计算机网络系统、图书储备系统等，这些知识的获取和积累对于大学核心竞争力的形成具有重要的保障作用。隐性知识是师生所拥有的特殊经验知识和洞察力，它们的共享依赖于大学的管理体制、价值观念和文化传统。隐性知识的共享对人们的认识和实践活动产生了重要的影响，是大学核心竞争力形成的根本。

大学知识整理和控制系统就是将信息、知识、人力资源与大学的办学理念、大学精神、校园文化等有机整合起来，从而最大限度地提高组织绩效和核心竞争力。对大学来说，知识是基础和核心资源，但知识并不能自动形成核心竞争力。知识只有在一定的价值理念指导下经过管理整合才能发挥它的功效。因此，知识整合对大学核心竞争力培育具有重要意义。如果说知识共享是将知识、经验进行最大范围的传播，使知识、经验的价值得到最大程度体现的话，那么知识整合则是将分散的知识、资源进行优化配置，使之发挥最大效益。一般而言，大学的知识整合力包括对学校的远景规划能力、人财物等校内外资源的调控能力、知识资源的开发和转化能力等。

从大学核心竞争力的知识体系可以看出，知识库是实体性知识，知识整理和控制系统是过程性知识，从某种意义上说正好体现了"知"和"识"的统一："知"是一种存在，而"识"是一个过程。因此，大学核心竞争力从根本上讲是实体性知识与过程性知识相统一的成长协调系统。

3.大学核心竞争力本质上是核心知识竞争力

大学核心竞争力具有明显的知识属性，因此这种以知识为基础的竞争力可称之为核心知识竞争力。在此，我们将核心竞争力的知识属性与大学的知识属性结合起来进行分析。

首先，大学核心竞争力得以延续的根本原因是核心知识的异质性。大学核心竞争力含义模糊，既包括可以清晰表达的显性知识资源，也包括难以表达的和意会的隐性知识资源，但起主导作用的是隐性知识资源，主要表现为理念、制度、思维方式、大学文化等。因为显性资源易被模仿，而隐性知识则不易被复制，因此隐性知识更具有核心作用，可称之为核心知识。尽管大学确认自身在某一方面比竞争对手做得好是可能的，但是要识别为什么会做得好、竞争对手可能会如何复制等通常是不容易的。这种"模糊性"或"隐含性"其实就是隐性知识的异质性和独特性，这也恰恰是历史悠久的世界著名大学在今天依然保持强大生命力的原因。

其次，大学核心竞争力是一个复杂的要素体系。一方面，大学核心竞争力是大学中相互关联的知识、资源、能力相互融合的产物，是一个复杂的能力体系。从结构看，包括基础能力、运行能力和创新能力等；从要素看，有理念能力、战略能力、学科能力、师资能力、管理能力、文化能力等；从社会价值看，有人才培养能力、学术研究能力、社会服务能力等。另一方面，大学核心竞争力形成过程也是一个复杂的长期过程，也就是说，核心竞争力是多部门、个人与组织资源的相互作用产生的。因为这些相互作用在大学发展史上常常与特定的历史情境相关，因而可能是绝无仅有的；而且和不同时期、不同个人的素养、能力等密切相关。因此，能对大学核心竞争力起主导作用的必然是核心知识要素的组合，以及整合这些核心知识要素的能力。

第三，核心知识对大学核心竞争力的产生具有倍增效应，从而形成持续竞争优势。知识往往具有递增效应，不是像物质资源那样出现递减，而核心知识往往具有倍增效应，特别是知识的创新往往会产生巨大的连锁效应，不但会促进核心竞争力的提升，产生持续竞争优势，而且会汇聚更丰富的资源，为下一轮知识创新积聚能量。通过不断的知识创新产生核心知识，大学就能始终处于良性发展的位势。同时，大学核心竞争力不是一种静态的能力，而是处于相互联系和动态发展之中，大学越是充分运用其核心竞争力，其竞争优势越是明显。

因此，大学之间的竞争实质上就是核心知识的竞争，大学核心竞争力本质上是核心知识竞争力，核心知识的整合和创新是决定大学兴衰的根本。同时，对核心竞争力的管理就是对核心知识的管理，大学核心竞争力只有通过知识管理才能有效地得到培育和提升。

总之，在知识经济条件下，知识管理和核心竞争力这两种管理理论殊途同归，即通过知识管理培育和提升核心竞争力和竞争优势。它们具有内在的一致性：核心竞争力在“知识”和“知识管理”这里找到了其理论的源泉和根据，知识管理也只有紧紧围绕“核心竞争力”才能真正体现“管理”的价值。

（三）耦合：大学隐性知识管理和核心竞争力的关系

“耦合”是一个物理学概念，是指两个或两个以上的体系或运动形式之间通过各种相互作用而彼此影响以致联合起来的现象。大学核心竞争力与知识管理具有内在的一致性，它们通过要素之间的相互作用而具有耦合关系。

1.大学知识管理的过程要素与核心竞争力的耦合

大学核心竞争力是一种核心知识竞争力，如果从知识流动和知识转移的角度分析，也就是知识学习、知识整合、知识创新以及知识共享的能力。这一知识流动的过程也就是知识管理的过程。因此，大学为了提升核心竞争力，就必须强化对知识管理流程的管理，不断促进知识流动，使知识在流动中得到共享、实现增值、获得更新，从而最终达到提升大学核心竞争力并获得持续竞争优势的目的。知识管理的过程要素，即知识学习、知识整合、知识创新与知识共享四个主要环节，其与核心竞争力的耦合关系如图 4-6 所示。

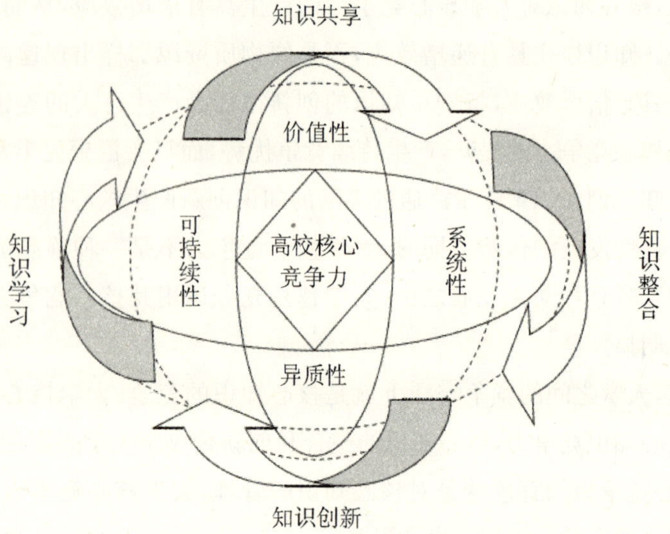

图 4-6　知识管理过程要素与高校核心竞争力的耦合

图 4-6 中，知识学习、知识共享、知识整合、知识创新形成一个前后相连的循环，并分别对大学核心竞争力产生影响。

首先，知识学习有利于大学获得核心竞争力的可持续性。大学是一个显性知识和隐性知识的集合体，大学的知识存量决定了大学资源配置和知识创新等活动的能力。大学的显现知识主要体现为可供查阅的知识以及可供传授的知识，它们是大学实现知识积累、扩大知识存量的基础。知识积累和知识存量可以延续和扩展大学的竞争优势。而无论是实现知识积累，还是扩大知识存量，都是知识学习的结果。因此，为维持大学核心竞争力，大学必须加强知识学习，提高驾驭知识的能力。只有当学习的速度大于知识变化的速度时，才能确保大学竞争优势的可持续性。

其次，知识共享有利于确保大学核心竞争力的价值性。知识共享是指打破不同知识所有者的壁垒，通过一定的平台和方式使知识在一定范围内充分地流动和碰撞，从而为他人分享使用。大学的显性知识很容易实现共享，而隐性知识隐藏在师生的头脑中，具有难以沟通的特征，知识共享的难度相对大一些。但是隐性知识的共享又具有重要的意义，是大学核心竞争力价值性的基础。对大学而言，知识共享需要一定的平台，比如各种跨部门、跨学科、跨团队的合作交流项目，师生之间的学术沙龙活动，以及各种学术性的社团活动等。通过共享，知识得到广泛传播，实现了增值，并转变为组织的共同财富，从而确保核心竞争力具有持久的价值。

第三，知识整合有利于保证大学核心竞争力的系统性。大学在发展过程中都会形成不同的知识体系，这种体系是一个多元要素的结合体，并不都是有序的，个体知识和组织知识也不是完全融合的。因此需要通过知识整合，将分散的、局部的知识整合成系统的、全局的知识，真正将个人和组织的局部优势转变为整体优势，实现 1+1>2 的整体效能。应该说，在大学知识管理过程中，知识整合是一个关键环节，如果说知识共享使师生的知识得以快速和广泛传播的话，那么知识整合的意义在于将分散的知识整合成组织的知识，使大学知识系统达到有序状态，保证核心竞争力的系统性。

第四，知识创新有利于大学实现核心竞争力的异质性。知识创新是保证大学知识体系不断更新和创造的关键，知识创新的过程也就是显性知识和隐性知识相互转化的过程，即知识的社会化、外部化、组合化和内部化的动态过程。相对而言，显性知识比较容易获取和掌握，而隐性知识由于是高度个人化的知识，其转化依赖于组织结构的优化、创新机制的完善和组织文化的支持，因此大学应该在知识创新的组织保障和氛围营造上下功夫，开发利用隐性知识，把师生员工头脑中的创新思路、经验和技能等转变为大学独特的知识资源，从而确保大学核心竞争力的异质性。

2.大学核心竞争力的构成要素与知识管理的耦合

大学核心竞争力是一个复杂的多元系统，包含多个层面，主要包括学习力、管理力、创新力、文化力等。大学核心竞争力构成要素与知识管理的耦合关系如表 4-2 所示。

表 4-2 大学核心竞争力构成要素与知识管理的耦合

大学核心竞争力构成要素	与知识管理的耦合关系
学习力	反映了知识获取的能力
管理力	反映了知识聚合的能力
创新力	反映了知识转化和创造的能力
文化力	反映了校园文化通过知识共享产生的作用力

首先,学习力反映了大学获取知识资源的能力。学习的目的是为了获取知识,学习的过程也就是知识管理的过程。知识获取是知识管理的基础,在知识经济时代,如何在最短的时间内获得更多的信息、了解各学科专业最新的学术动态或最前沿知识,对提高教学、科研水平至关重要。要有效地获取知识,必然要借助一定的学习手段,通过个人学习、团队学习、组织学习三个层次,使组织的知识不断地得到共享和流通,从而扩大组织的知识基础。

其次,管理力反映了大学整合知识资源的能力。大学知识整合就是运用科学的方法对不同来源、不同层次、不同结构、不同内容的知识进行综合和集成,使单一知识、零散知识经过整合提升形成新的知识体系。知识整合对大学来讲,绝不是现有知识的简单相加,而是一个知识融合的过程。只有经过真正意义上的知识整合,知识资源才能发挥最佳效益。知识整合是知识管理的重要任务,决定了知识资源优化配置的效果。

第三,创新力反映了大学知识转化和创造的能力。知识管理通过隐性知识的社会化、隐性知识到显性知识的外化、显性知识的组合化,以及显性知识到隐性知识的内化,实现知识的转化。这一转化过程就是知识的螺旋式创新过程。知识创新是大学知识管理的重要目标。大学培育创新力的过程,就是不断推进知识创新的过程。

第四,文化力反映了大学校园文化对师生员工的影响力和作用力。大学校园文化具有鲜明的个性特征,既具有精神催化功能,又具有智力提升功能,并随着学校的成长而动态地发展变化。在知识经济时代,大学文化力的培育需要有国际化的知识视野,充分吸引人类文化的优秀成果特别是先进的高等教育理念,并通过知识共享和创新的过程,转化为大学师生员工的价值理念和行为准则。因此,树立知识管理理念,营造一个和谐、民主、平等、自由、活跃的校园文化氛围,对培育和提升文化力具有重要的意义。

第五章　大学隐性知识管理的外部环境分析

素质的本质是隐性知识。知识经济时代，提高大学教师的素质是大学隐性知识管理工作的重要目的，也是当前大学需要优先解决的重要课题。知识建构原理认为，学习是个体主动建构自身知识的过程。大学管理者越来越深刻地认识到，唯有致力于对大学隐性知识的有效管理，才能把分散于大学教师、学者(隐性知识的传递者)个体头脑中的零星知识整合为强大的集体智慧，从而提高大学成员整体的知识分享和创新能力。对于大学来说，要提高教师、学者对知识建构的认识水平和积极性，顺利地进行知识管理，首先就需要对影响隐性知识建构的环境因素进行分析，了解相关问题，并针对问题提出策略，从而使大学教师、学者的隐性知识得到最大程度的共享。在本章和下一章的内容中，我们将从外部环境和内部环境两个方面来系统地分析影响大学与隐性知识管理相关的环境因素。

一、与大学隐性知识管理相关的外部环境

外部环境因素是指大学外部存在的影响大学隐性知识管理的各种要素，也称为宏观环境因素。外部环境因素的影响通常是泛指的，不一定涉及某一具体个人，一般也不直接影响大学教师个人的行动和决策。[①] 从总体上说，外部环境对大学教师的影响比大学内部环境因素作用小，但这些因素同样不容

① 刘志国.基于隐性知识建构的高校专业技术人才管理研究[M].保定：河北大学出版社，2013：65.

忽视。外部环境因素主要包括经济、政治、文化和技术等方面。

(一)经济环境

经济环境是影响大学隐性知识管理诸多因素中最基本、最重要的因素。在历史上的不同时期,经济因素对大学及其成员的行为都产生过不同程度的影响。中世纪西方大学维持学校运转的费用低,教会为大学提供了稳定的经费,此时大学是超功利的,经济因素对大学及学者的行为影响不大。18世纪,近代自然科学开始进入大学,随着大学需要购置的设备越来越多,大学所需经费大幅增加,这为经济影响大学管理提供了可能性。又由于近代自然科学的引进,大学的规模开始扩展,大学和学者在经济发展中发挥的作用越来越大,这又为经济影响大学管理提供了必要性。正因为如此,企业界开始以经济手段干预大学的管理。大学和学者为了生存,也不得不加强与企业界的联系,不得不根据企业的需要开设课程、研究课题。19世纪以后,大学的经济功能更加凸现,同时大学所需经费迅猛增长,以至于非大财团或国家已经无力支持大学。大财团及国家基于自身的利益,逐步把大学纳入市场体系,大学开始走向"企业化"。19世纪的美国,由于工商业的急速发展,大学董事会中的董事几乎是清一色的企业家或工商巨子,大学董事会与企业董事会几乎毫无二致。这使得大学教师沦为企业的雇员,大学成为一种"受雇于人的大学"。只要董事会中的企业家不满意,随时可以解雇大学教师,由此造成了大量侵害教师权利事件的发生。例如:1895年,著名的美国学者贝米斯因为反对企业家独占而被芝加哥大学解聘;1897年,经济学家安卓斯因为主张允许银币的自由铸造而被布朗大学解雇;1900年,学者罗吉斯因为反对帝国主义而被西北大学免职;著名学者罗斯因为反对输入苦力被斯坦福大学解职。这些均是经济干预大学的典型例子。

20世纪后期,随着世界经济的快速发展,经济因素越来越成为影响大学管理的主要因素。当前,从世界范围来看,国际一流大学基本都集中在经济发达国家,就是由于这些国家良好的经济发展水平,使大学有更充足的资金吸引、培养和使用人才,为大学教师充分施展才华提供了良好的办公环境、研究设施及生活待遇等物质基础。而经济不发达的国家和地区,由于不能为高级大学教师提供优越的生活和工作条件,直接导致人才的外流。

(二)政治环境

政治环境与经济环境一样影响着大学的发展,政治环境是指总的政治形势,它涉及社会制度、政治结构、党派关系、政府政策倾向和人民的政治倾向等。作为社会文化事业的大学,直接、间接地都要在一定的政治环境下生存、运行和发展。大学以学术自治的理念为根基,而政府多数时候以大学主要的管理者和举办者的角色而存在,政府干预与大学自主之间的冲突,是影响大学发展的重要因素。①

在历史发展的不同时期,政治环境对大学的影响有着具体的差异。在西方,学术超然于现实,学术机构相对独立于政府和社会,自古希腊以来就已形成明确的传统。在中国,由于大学和政治历来保持着紧密的联系,所以政治需要往往会成为大学每次改革与发展的出发点和主要依据。中国的近现代大学诞生于国内外矛盾异常激烈的清朝末年,大学从建立伊始就成为统治阶级的附属机构。② 在近代高等教育发展的 100 余年中,我国大学并没有实质意义上的自主权。在民国初期开展了大学改革,为中国高等教育的发展注入了生机和活力,但终因受制于军阀和国民党政府的专制统治而匆匆谢幕。1949 年中华人民共和国成立以后,大学虽然改变了半殖民地半封建社会的性质,但仍未能摆脱计划经济的束缚和中央政府高度集权的管理,仍然附属于政府。随着改革开放的深入发展和社会主义市场经济体制的逐步转型,政府逐渐放开了对大学高度集权的管理,在控制手段和方式方法方面有所变化,但大学仍然有着浓厚的政治色彩和属性。直到 1985 年,《中共中央关于教育体制改革的决定》的公布,使我国大学发展进入了全新的变革时期。之后,随着 1992 年《关于国家教委直属高校深化改革、扩大办学自主权的若干意见》、1993 年《中国教育改革和发展纲要》、1998 年《中华人民共和国高等教育法》等一系列政策和法规的相继出台,我国大学被赋予了越来越多的自主权限,政治对大学自主权的影响得到了规范和限制。随着时代的发展,教育的重要性日益凸显,大学在实现国家利益中的作用越来越大,大学的公共性特征逐

---

① 董云川.论中国大学与政府和社会的关系[M].昆明:云南大学出版社,2004:9.

② 方妍.高等教育强国背景下政府与大学关系重构研究[M].武汉:武汉大学出版社,2012:86.

渐增强,政府也越来越多地介入大学教育领域之中。

(三)文化环境

文化是属于意识形态的东西,包含社会普遍的价值观念、信仰和行为规范。文化环境历来都是影响大学学者的重要因素,因此文化对组织的工作方式和人们的行为具有很大的能动作用。社会文化主要通过影响大学文化而影响大学教师的信仰、价值观念和行为方式。中世纪的主流文化是宗教文化,学院文化在教会势力的压力下成了宗教文化的附庸。在中世纪的大学中,凡是言论与教义相悖的学者均遭厄运,学者的学术行为受到了宗教文化的强力干预。文艺复兴之后,人文主义文化开始占据社会主流文化。人文主义文化与宗教文化分离,倡导理性精神,使得新的文学艺术、新的哲学与科学在大学之外繁荣起来而成为时代的主流文化,并对落后的基于经院哲学的学院文化进行干预,使之从宗教权威的束缚之下解放出来,大学学者才获得了进行学术研究的权利。17 世纪以后,随着理性的进一步张扬,科学文化在社会中取得了主流地位,并进一步发展成为技术文化。技术文化是基于功利主义的文化,它在商品经济的强力推动下空前膨胀,以至于学院文化几乎成为技术文化的附庸,追求实用成为学者学术研究的主要目的。当前,消费文化风靡全球,这种文化的特点是追求感官刺激,热衷于腥、色、膻。消费文化对大学的影响非常明显,一些"学者"为了迎合读者的低级趣味,搞起了所谓的"文化产业",学术的尊严、学者的自立受到消费文化的冲击。

在中国,社会文化对学者的影响更为明显。中国文化是一种务实的文化,中国传统的认识论认为,实践比理论更重要,故中国的学术文化传统有着鲜明的实用性特征。实际上,中国一直存在经世致用、重视功利、实用理性的文化心理结构,学者缺乏西方的纯理性的理想主义精神。学者能否得到社会的承认,取决于他在政治层面的成就,这就使得中国的学术从来没有取得相对独立的地位,学者没有一块属于自己的独立栖身之所。"学而优则仕""学得真本领,货于帝王家",知识、理论、学术都不过是进入仕途的敲门砖。千百年来,中国的学者进出于政、学之门:穷则独善其身,达则兼济天下。学者所追求的学问只是实现为官的工具。因此,中国传统的学术价值也是功利主义的。在学者的价值观里面,学术只是手段,没有独立的存在价值,学问只有落到政治层面才有意义，学问中所蕴含的附加政治功能要比自身的学术功能更能体现学问的价值。直到今天，这种实用主义的价值观和文化传统仍然是影响大学教师和学者个人发展和人才培养的重要因素。

（四）科技环境

在现代社会大系统中，教育与科技是两个相互独立又密切联系的子系统。大学作为高等教育机构，其发展不仅受到政治、经济和文化环境的制约，也会受到科技环境的影响。科技环境是影响大学科技人才知识生产和科技创新的一系列共享要素的集合。良好的科技环境能够提高大学科技活动效率，也能促进科技成果的转化和应用。科技环境因素具体包括科技政策、科技投入机制、科技基础设施、科技人才培育环境、科技成果保护环境和科技成果转化环境等。

科技政策是指国家或地区政府为了本国或本地区的科技发展而制定的有助于科技资源优化配置的政策措施。科技政策可分为国家科技政策和区域科技政策。国家科技政策包括国家发展科学技术的方针、战略、步骤，是宏观层面的，有助于区域间大学资源和知识的有效整合和优化配置；区域科技政策一般是指地区政府所制定的旨在促进本地区的科技与经济协调发展的一系列政策方针，是相对微观和具体的，主要包括科技人才政策、科技投入政策、科技成果转化及产业政策和科技奖励政策等。优良的科技政策可以实现为大学吸引高科技型人才、推动大学知识创新发展的目标。

科技投入机制是指科技投入过程中相关的各构成要素之间相互作用、互为因果的联结关系、工作方式和运行原理。它主要体现在科技投入主体、科技投入总量、科技投入结构、科技投入方向及科技投入资本来源等方面。良好的科技投入机制是大学等主体进行科技活动的强有力资金保障，有助于提高大学知识运转的效率，加快科技进步步伐，进而推动区域内大学的发展。

科技基础设施是指大学教师和学者进行科技活动所需的硬件设施和信息支撑平台，其中硬件设施包括重点实验室、工程技术研究中心等科研场所，以及作为实验、观测研究和技术服务的各类科学装置和仪器设备；而信息支撑平台则主要是指作为科技信息保障的科技文献库，如图书馆馆藏图书、电子科技信息和网络科技信息等。[①] 作为大学教师和学者进行知识活动的基本条件，科技基础设施对大学知识管理而言至关重要。

科技人才培育环境是指影响科技型人才或潜在科技型人才进行智力投资、知识积累和知识更新，从而实现自身人力资本增值的软硬因素。软因素是指有助于调动大学技术人才进行教育投资的政策、制度、激励机制、理念及社会氛围等；硬因素则是指有助于人才获取知识和分享、交流知识的平台。科技人才培养是大学的一项重要任务，科技人才培养环境是大学知识管理中加快知识积累和知识更新的重要保障。国内外科技发展实践证明：大学知识的积累和创新速度与科技人才的质量、数量有关，而科技型人才的质量、数量与科技型人才的培育环境关系紧密。一般来说，科技型人才的培育环境越好，大学知识管理中知识获取的途径和知识分享、交流的机会就越多。

最后，科技成果保护和转化环境是大学知识产权保护体系和大学科技成果转化的基础环境。知识是大学的主要产品，完善的科技成果保护环境有助于调动大学教师和学者从事知识活动和科研创新的积极性，保护知识成果著作者的合法权益，进而推动大学这一知识产业的发展。而科技成果转化环境主要包括科技成果转化平台、科技中介机构服务水平、科技成果市场化程度以及科技成果转化投融资机制等构成因素。良好的科技成果转化环境会促进大学的科研成果向现实生产力的转化，缩短知识成果商业化、产业化的周期，加快大学科研资金的回笼，从而加快大学科技活动的创新进程。

二、外部环境与大学隐性知识的互动机制

现代大学的形成和发展并不是孤立的，总要受到上述外部经济、政治、文化、科技环境的影响和制约。要推进现代大学隐性知识管理工作，除了要对这些外部因素进行深刻的认识和把握外，还要重视对外部环境与大学隐性知识管理的关系和互动的机制进行研究。充分利用这些互相作用和推动的机制，实现大学和大学外部环境因素的协调发展，助力大学教师及学者的知识构建和传递工作。

---

① 杨双琪.利用图书馆 2.0 深化教学支持服务[J].科技情报开发与经济;2009,(19):26—27.

(一)经济环境与大学隐性知识的互动机制

大学与经济发展的关系,一方面表现为经济发展对大学的发展起着决定性的制约作用,一方面表现为大学在经济发展所需的高级专门人才培养中的决定性作用。

首先,宏观经济环境的变化对大学和学者的知识行为具有重要影响,经济现代化是社会和教育发展的首要条件和物质基础。如果离开一定的经济发展水平盲目发展大学,必然会使大学发展失去目标和方向。经济发展的水平决定着大学发展的规模与速度,为大学发展提供经济后盾。其制约作用表现在,国民经济高速增长时期,大学能获得更多的政府拨款,更容易获得银行的贷款和各种捐款,在人才管理上也更有资金保证。而在经济低迷、停滞甚至衰退时期,大学所能获得的政府拨款或银行贷款可能都无法保证,会直接影响学校在基本建设和人才管理中的投入能力和投入力度,对大学教师和学者的培养和使用也会产生决定性的影响。

其次,经济环境影响大学人才培养和使用的供求变化。一般来说,社会经济的发展水平决定着教育的需求强度和发展水平,经济结构中的产业结构和技术结构决定着所需人才的类型结构和层次结构,进而影响着大学人才培养类型结构和层次结构的变化与调整。经济发展水平不仅决定着社会主流人才的类型,而且决定着大学发展的规模与层次。现代社会的经济增长越来越依赖于科技进步和人力资源的开发,大学在人才培养和输送中的意义重大,就这个意义而言,现代经济的增长要求大学适度地超前发展,以更好地实现经济结构转型中的良好对接。

不同的经济模式对大学人才管理制度也具有重要的影响。在中国实施计划经济时期,大学实行的也是计划人事政策,大学教师和学者的流动完全是政府行为,个人拥有的自主权很小。实行社会主义市场经济以来,大学教师和学者拥有更大的自主权,大学之间、大学和其他社会组织之间的人员流动已经越来越普遍,大学也开始越来越多地用经济手段来处理人力资源方面的问题。在计划经济体制下,高等教育的管理方式是围绕完成计划来确定的。由于计划往往缺少地区之间的差异性,多注重的是全国统一性,因而在机构设置、人员编制以及如何管理等方面必然是全国"一盘棋"。但是,这种机械的管理方式必定制约高等教育的发展。在市场经济体制下，高等教育机构的设置、人员编制、工作内容和形式的确定与选择等方面的决策依据不仅仅在教育自身，而且要从市场经济的要求出发。它要求高等教育做到“一个分离”“一个统一”，即：高等教育要实现举办者与管理者分离、学校教育结构与国家及区域经济结构相统一。高等教育的国际化是以经济全球化为背景的，人才的全球化流动是必然的。而经济发展的不平衡和差距，又必然导致发展中国家优秀人才向发达国家的流失。如何在“人才大战”中取得优势，要求中国高等教育必须纳入市场竞争机制，加速包括人事管理制度、分配制度和运行机制在内的配套系列体制的创新和改革。

在经济环境影响大学的同时，大学也能产生经济效益，反过来影响经济的发展。知识经济时代，经济越来越多地依靠大学来推动和发展，大学在两者的关系中越来越处于主动甚至主导的地位。二战以后，影响和决定经济增长的关键因素已经不再是物质资本，而是技术创新、技术型人才和创业型人才。现代社会经济发展以科技革命为先锋，而大学扮演的正是这一先锋角色。大学作为知识经济时代经济增长的主要贡献者，其贡献主要体现在以下几个方面：首先，大学促进了高科技工业园区的形成和发展；其次，大学为经济的发展培养和提供创新型的人才；最后，大学可以带动其所在地的经济发展。大学的发展不仅可以提升所在地公众的受教育水平，同时创新的知识、高素质的人才也会带动经济发展，提升整个地区的核心竞争力，对经济环境的改善有着巨大的能动性。

(二)政治环境与大学隐性知识的互动机制

政治环境因素对大学隐性知识的作用，首先表现在政治的稳定是大学教师和学者成长和知识管理发展必不可少的前提条件。和平安定的社会政治环境，人民安居乐业，可以为科学创造和人际协作提供有利条件；相反，如果社会动乱，基本的社会秩序和生活秩序都无法保证，科学研究和人才的成长就根本无从谈起。第二次世界大战期间，美国处于相对安定时期，科学技术在美国获得了迅速发展，涌现出许多杰出的人才。据统计，战前美国“诺贝尔奖”获得者仅 16 人，战后到 1981 年美国获得诺贝尔奖者达 113 人，跃居世界首位。在我国“文革”期间，政治上的动荡、人才政策上的偏差和错误，使许多高级人才受到打击、摧残，贻误了一代知识人才的成长。党的十一届三中全会以来，社会安定，政通人和，大大促进了人才成长，因而涌现出了大批成就卓著的人才。

其次，政治的民主化是大学学术自由和学者权利的保障。没有民主政治，就没有学术自由，学者的学术权力就会失去保障。以美国为例，20 世纪初，美国纽约州认为某公立学校有煽动行为，便任命一个委员会进行调查。委员会在其后的“报告”中明确指出：“在进入公立学校时，教师就承担了某种责任，同时也必然会放弃某些知识上的自由。如果他不赞成现存社会制度或我们的政府结构，他可自由地持有那些思想，但他必须放弃他的公职。”这仅是政治干预大学教师管理的开始。在二战发生前后及冷战时期，政治因素对大学人事管理的干预更加厉害。从 1939 年开始，基于战时国家安全的保护及所谓的防止“共党分子的渗透与颠覆”，美国政府提出了大学教师的“忠贞问题”。国会决议，不支付不效忠美国的人的薪金，不雇佣对政府不忠的人员，并规定：在美国大学中任教的教员，一律举行宣誓，表示对美国政府的忠诚。在麦卡锡反共闹剧中，凡是在公立大学任教的教员，如果被认为忠贞有问题，曾参加颠覆性团体或拒绝做忠诚宣誓者，均有被解雇或不予聘用的可能。许多教授因为是亚裔或同情社会主义而被指控为共产党并遭到解雇。2001 年“9·11 事件”后，美国政府出于安全考虑，不仅对公民的言论自由做出严格的限制，而且对学者的跨国学术交流横加干涉，对亚裔学者赴美开展学术活动设置重重障碍。

政治权力干预大学管理的原动力在于国家利益实现的需要，以及通过政府对大学事务的干预强化大学的公共性特征。同时，大学发展过程中也存在需要政治力量介入的空间，体现最为明显之处在于大学对政府资源的依赖。积极的政治影响有助于大学公共性的实现。首先，政府对高等教育的公共财政资助有助于大学教学科研的发展。美国的强大科技创新能力就是建立在政府巨额资助的基础之上的。其次，政治干预有助于教育公平的实现，促使尽可能多的人拥有平等的享受高等教育的权利是政治环境影响大学人才培养的合理性基础之一。最后，政治干预有助于保护学生的合法权利和防止大学自主权的滥用。而在超出上述范围之外的干预，不仅不能带来积极的干预效果，相反很有可能对大学公共性的实现产生消极作用，阻碍高等教育的发展。

政治对大学教师和学者的影响主要是通过颁布有关教育和知识分子管理的政策和法律来实现的。以我国为例，新中国在成立之初，提出了“百花齐放，百家争鸣”的学术自由方针，极大地鼓舞了知识分子的热情。但随着“左”倾错误的蔓延滋长及1957年的反右扩大化，社会对知识分子的态度逐渐转变为怀疑与否定，相继提出了知识分子的“皮毛说”和“改造论”。这种“左”的思想错误严重地抑制了学者的学术自由权利，知识分子人人自危。直到十一届三中全会以后，邓小平同志提出“尊重知识、尊重人才”，指出知识分子是工人阶级自己的一部分，才极大地调动了知识分子的积极性和创造性。

现代大学的功能包括人才培养、科学研究和社会服务三个方面，政治环境通过不同的途径对大学的社会功能进行控制和制约。政治对大学人才培养的控制体现在政府通过各种方式影响和控制公民的政治社会化过程，使大学培养出来的人才具有社会主流核心价值观，进而稳定国家制度和社会结构；政府对大学科学研究的控制体现在对大学学术自由度的约束，同时国家利益还是衡量学术研究价值大小的重要尺度；政府对大学社会服务的控制体现在通过资金投入和政策制定引导大学科技成果向生产力转化，使大学成为社会服务系统中的重要一员。

在政治环境控制和影响大学发展的同时，大学也具有客观存在的政治影响功能。大学不仅对政权的形成有重要的作用，对政权的巩固和发展也具有同样重要的作用。在现代社会中，大学在国家之间的竞争中占据着重要的战略地位，尤其在知识经济时代和信息时代，国家之间竞争的焦点在于人力资源的开发和利用，因而一个国家的教育特别是高等教育状况基本上决定了这个国家的发展状况。大学对社会政治的作用主要表现在三个方面：一是对受教育者进行政治教育，传播政治思想和观点意识；二是培养专门的政治人才和法律人才；三是扩大受教育机会，促进高等教育的平等，进而促进社会政治的民主。大学是灌输国民意识、打造政治文化共同体的重要阵地，对政治的稳定具有不可替代的作用。大学不仅是政治精英、思想精英、知识精英、管理精英等各方面高层次人才的“生产基地”，同时也是知识生产、传递和创新的场所。大学的发展与国家政治利益和竞争实力休戚相关，大学能为社会提供只有它具有的、其他组织和机构无法提供的杠杆和力量。

(三)文化环境与大学隐性知识的互动机制

社会文化环境通过影响大学文化进而影响大学的发展。这种影响是一种间接性的作用方式。社会文化是大学文化产生的基础和本源,大学是传播知识和文化的社会组织机构,隐性知识的产生和传递过程特别依赖于一种有利于共享和学习的文化环境,来促成大学成员间的自愿合作。[①] 平等自由、民主开放、求知求真的社会文化可以培育出尊重知识、崇尚真理、乐于分享、信任互惠、交流合作的大学文化,进而对隐性知识在大学的传播产生巨大的推动力。而封闭自守、政治本位、经济本位的社会文化环境催生的大学文化必然是利己主义、权利驱动、利益驱动的大学组织文化,将必然制约大学知识管理实践和大学人才培养事业的发展。中国清朝末年的"西学东渐""救国存亡"的文化意识,衍生出主张以民族文化为主体、融汇中西的文化观,形成了中体西用的大学文化精神,迈出了学习西方资本主义国家科学技术的第一步。由于逐步引进了西方先进的教育理论理念和教学方式方法,当时社会文化所提倡的通才教育推动了当时高等教育的改革和进步。而在中华民国成立的最初十余年间,由于军阀混战、通货膨胀和政治腐败,虽然当时有不少有识之士为发展高等教育奔走呼号,但当时大学的发展和进步都十分有限。到蔡元培担任中华民国第一任教育总长时,虽然封建主义思想并未从社会文化中完全消除,但科学和民主的文化已经深入人心。蔡元培弘扬的爱国务实的大学精神文化和"思想自由,兼容并包"的学术自由思想,给大学文化的发展带来了一种新气象,并对现代大学的发展带来了积极的影响。另外,社会文化对大学发展产生消极影响的阶段是"文化大革命"的十年。"文革"中,中国的大学发展受到了空前的冲击,停滞不前,甚至出现倒退。改革开放以后,大学开始进入恢复、发展、改革、加速的时期,也取得了一系列的成就,大学自治、学术自由、教授治校等大学理念开始回归,我国大学也逐渐形成了具有中国特色的大学文化。

此外,社会风尚对大学教师的价值取向和职业选择也具有重要影响,表现为社会对知识分子的认可和重视程度、对人才和成功的评价标准等。作为

---

① 夏敏,朱爱军.现代大学制度与大学文化[M].沈阳:辽宁人民出版社,2005:45.

知识传播者的大学教师，在教育活动中形成了一系列具有其大学文化特色的价值观和行为规范（具体包括教育观、学生观、教师行为准则和组织制度等），这些教师组织文化在大学的发展中有着重要的意义。良好的社会风尚和文化氛围能产生出良好的大学文化氛围，进而形成良性的知识产生、共享、传递、创新的知识生产链条。文化环境对大学隐性知识管理的发展影响巨大。利他主义的道德风尚，崇尚沟通、互相信任的文化氛围对大学知识管理的发展能起到良好的推动作用，而不完善的组织文化则会打消大学成员的知识生产和共享的积极性，对教师间和师生间的隐性知识活动产生制约。“文革”期间，知识分子地位低下，不被尊重，很多人以做知识分子为耻，大学教师的成长无从谈起；而改革开放以来，随着国家对教育的逐步重视，特别是“尊重知识、尊重人才”成为一种社会风尚后，已经有越来越多有才华的人加入到教师的行列中来。因此，只有在全社会真正形成“尊师重教”的风气之后，教师的合法权益才能得到维护，关于教师的政策待遇才能落到实处，教师的队伍才能稳定并得到逐步发展。良好的社会和大学文化环境，使教师个人的隐性知识能够持续地转化为组织共享知识，有助于大学成员间形成共同愿景，在其指引下，最大限度地分享隐性知识。隐性知识的共享能实现知识拥有者和知识需求者之间的双赢，并推动大学人才培育等各项事业的进步。

大学要适应社会文化环境、服务社会，在这种适应和服务中寻找自己的生存、发展的空间和机遇。[①] 同时，大学应该拥有自己的相对独立性。大学是一个特殊的社会组织机构，它对社会文化应该始终保持一种审视和批判的态度，保持知识分子的学术良知，针砭时弊，不能一味地迎合社会。大学还应该拥有一种文化前瞻性，不仅要成为继承和传播民族优秀文化的重要力量和交流借鉴世界进步文化的重要桥梁，还要能够引领社会和人类文明的走向，为未来的发展指明方向。大学在继承和借鉴已有文化精华的基础上，还要能够与时俱进，根据时代和社会的发展需要，不断地推动大学文化向前发展。大学正是在这种既要适应、服务社会，又要批判、引领社会的矛盾运动中生存和发展的。这两个方面，构成了既对立又统一的矛盾的两极，贯穿于大学文化和社会文化发展过程中，并形成矛盾又统一的互相作用模式。实践中，大学

---

① 杨双琪.打造区域公共文化服务品牌的思考[J].合作经济与科技，2014，(10)：112—113.

在这种矛盾统一中履行着其优化育人环境、提高人才培养质量、增强大学的核心竞争力的文化使命，在促进民族文化和先进文化建设发展等方面都发挥着重要作用。

(四)科技环境与大学隐性知识的互动机制

科学技术环境的发展直接影响大学教育的发展，可以说有什么样的科技环境，就会有什么样的高等教育发展水平。科学技术的发展，会促使大学教学和管理发生相应的变革，其中最为直接和明显的是对大学知识传播活动和大学管理模式的影响。

大学是传授科学知识、培养创造能力的机构，科学技术本身在大学中就是作为教育内容而存在的，科技的发展必然影响到大学教学内容的变革。从大学发展的历史来看，随着科学技术的发展，特别是当今时代科学技术的加速发展，激发了学科间的交叉融合，加快并促成了大学中一些新兴学科、专业的诞生。此外，科学技术的发展促进大学的教学内容不断更新、课程体系不断变化，大学教师和学者将把自己的科学研究成果传授给学生，也是加速科技知识转化进程的一种途径。

科技环境是大学知识管理的支撑系统，科技环境对大学隐性知识管理的影响主要表现为其对大学人才培养和使用的影响。科技环境的好坏直接决定着大学隐性知识的产生和传递。良好的科技环境有助于为大学吸引科技型人才并促使其产生巨大的知识聚集效应，从而加快知识创造和科技创新，提升大学的核心竞争力；反之，则会导致大学科技人才的外流，科技竞争力的日益弱化，形成贫者愈贫的恶性循环。

大学隐性知识管理是大学知识管理活动的重要内容。根据知识管理理论，在隐性知识的显性化过程中，适合的知识管理技术对于完善隐性知识的共享来说是不可或缺的。隐性知识的传递主要是透过人际关系的接触即直接的沟通来完成的，科学技术的发展可以为教师和师生之间沟通知识而不仅仅是存储知识提供更多的技术选择。如果能合理搭建有利于隐性知识管理的平台，建设好知识管理所需的基础设施，创建大学内部信息网和知识数据库，就能够最大限度地帮助大学成员们便捷地获取、收集、整合知识信息，并通过它们切实地为教师间、师生间的知识共享服务，拉近大学中知识的需求者与拥有者之间的距离。① 例如，大学可以利用数据分析技术在校内建立专家人才库、知识分布图等，并建立方便的沟通和互动的渠道与环境，使教师可以查询到具有某一学科经验的专家，进行交流与学习。高等学校还可以建立教学论坛，让教师写下他们的经验，存储到讨论数据库中，便于进一步的交流和分享。另外，通过借助某些软件，分析和总结教师的技能、经验和诀窍，可以在一定程度上加快隐性知识交流、共享和创新的过程。采用多媒体技术和知识挖掘技术，可以尽可能多地挖掘出更多隐性知识，让更多的人分享。还有，重视知识的分类和编码化工作，通过对数据、信息的分类与整合，可以使隐性知识最大限度地可视化，能够尽可能多地把隐性知识转变成易于理解与传播的显性知识，以便交流和分享。通过开发和应用知识管理系统，建立知识共享的信息网络，有效地促进知识的编码化和远距离传递，可以实现大学教师之间、教师与学生之间广泛的互动交流。

科学技术环境对大学发展的影响，还体现在管理技术的发展推动了大学管理工作的变革。大学由于非营利性、学术性以及人才培养的迟效性等特点，使其管理理论、方法和实践一般都要落后于企业。从国内外教育管理理论产生和发展的历史看，大学管理理论主要是在借鉴和吸收企业管理理论的合理成分的基础上发展和成熟起来的。管理理论发展到今天，知识管理理论已经成为大学人力资源管理理论的基础和来源。

科学技术特别是信息技术的快速发展和迅速普及，为大学隐性知识管理提供了很好的条件。一是信息技术扩大了管理者的管理幅度。由于管理者的知识、能力、经验和精力都是有限的，因此管理的幅度也是有限的。在传统管理模式之下，当组织规模扩大时，因管理幅度有限，管理层次就会增加，容易导致机构臃肿、人浮于事和效率低下。随着信息技术的普遍应用，信息传递的数量和速度成几何级数增加，有效地帮助管理者扩大了管理幅度。二是基于信息技术的人力资源管理系统可以提高人才管理的科学性、准确性。传统的人力资源管理方式都是基于手工方式，管理效率低、准确性差、时效长，不能为大学教师的管理决策提供科学依据。信息技术在人力资源管理领域

① 杨双琪，王景文，许静.华北地区高校图书馆网络互动服务调查研究[J].图书馆学研究(应用版)，2011，(3)：82—85.

的普遍应用，极大地提高了人力资源管理的效率和质量，为准确考核、评价人才的工作业绩提供了高效率的工具，因此也提高了人力资源管理的水平。三是信息技术的普遍应用和知识管理的迅速兴起，促使组织向扁平化模式发展。所谓扁平化模式，是指通过减少中间层次，缩短管理通道和路径，促进信息传递与沟通，从而提高管理效益与效率的组织模式。扁平化组织的特点是：管理层次少，管理费用低，管理跨度大，信息沟通时间少，历程短。对于以知识为基础的大学来说，扁平化的组织结构有利于加强大学教师之间的沟通和交流，为大学教师创造更大的价值提供了有利条件。

同时，大学的发展也会对科技发展起到促进的作用。大学可以通过传递、积累和创新科技知识而发挥科学技术再生产的功能。大学通过对已有的科学技术进行加工，再由教师和学者将得到的知识信息通过多种渠道传递给大学生和大学其他成员，可以使原为少数人掌握的科学技术为更多的人所掌握。这一过程扩大了知识信息的传播范围，也缩短了科学技术再生产所必需的劳动时间。大学对科学技术的能动作用还表现在，大学通过培养大学教师，可以为新的科学发明和技术创新打下基础。大学科研力量集中、学科门类齐全、科研后备力量充足、学术思想活跃，是国家科学创新体系的重要力量，在创造发明和开拓创新科学技术领域中，必将发挥越来越大的作用。

三、大学隐性知识管理外部环境的优化

对大学的隐性知识进行有效管理，需要通过不断改革和创新，建立适应大学隐性知识管理内在要求的宏观高等教育管理体制，注重大学与政府关系的和谐发展，引导学校制定科学的战略规划和发展定位，形成有利于大学隐性知识管理的外部环境。

（一）重构政府与大学的关系

要实现对大学隐性知识的有效管理，从而把我国建设成为高等教育强国和人力资源强国，大学需要结合社会现实情况，切实解决大学外部领域存在的各种问题。首先，应重新梳理和建构政府与大学的关系，建立能实现大学资源优化配置、隐性知识有效传播的管理机制。因此，要重构和谐的政府与

大学的关系，就必须健全和完善高等教育制度建设，整合相关要素，提高大学的组织效能，实现相关主体利益的最大化。

政府是统治集团实现其统治意志的政治统治机关。作为国家主权的行使者，政府代表国家对自己主权范围内的一切事务享有管辖权。这种基于国家主权之下的最高管辖权体现在政府与大学的法律关系中，就突出了政府至高无上的地位与权能。同时，面对知识经济和信息化时代的挑战，大学在人力资源开发和知识技术发展中无疑起着越来越重要的主导作用，有着关系到国家和民族长远发展的重要意义。

中国要想在综合国力的比拼中赶超发达国家，就必须把大学放在优先发展的战略地位，均衡和协调好政府与大学的关系，以保障和促进我国高等教育的良性和可持续发展。然而，由于中国特殊的国情和历史发展进程，我国大学自诞生之日起就是在政府的主导下得以生存和发展的。一方面，政府主管部门从未从思想、观念和行为方面彻底改变对大学的直接管理模式，仍想利用手中的权力控制大学办学，并参与大学内部事务的管理；另一方面，大学很多办学问题都是由政府部门牵头解决的，大学在高等教育管理体系中一直处于被动的从属地位，长久以来养成了"等、靠、要"的依赖心理和行为习惯，自主办学的主体意识不够突出，对深化高等教育改革、加强民主管理和落实办学自主权的重视程度不足。目前我国政府与大学的关系在行政关系、经济关系和法律关系层面分别存在政府本位强势和行政权力大行其道、高等教育资源配置模式不合理、政府与大学权利义务关系不明晰等突出问题。这不仅有大学起源政治色彩浓厚方面的原因，而且还存在着计划经济体制下政府高度集权、文化传统官本位和高等教育制度滞后等多方面的因素影响。

从本质上讲，大学主要是作为一种学术组织而存在的。大学作为学术组织的内在特征有：首先，大学是一种规范组织，它具有严格的或者强制性的学术规范性；其次，大学以知识的继承和发展为目标，以探究高深学问为己任，以高深而专门知识的教与学为逻辑起点，它与行政组织"执行使命"的运行机制截然不同；再次，大学是具有高度自主性的组织，为履行探索新知的使命，它需要拥有相对独立的自治权力；同时，大学是一种专门化组织，是以专业知识为界限、以学科为基础的，在不同类型、层次的大学中，各类学术人员的地位具有较大的差别；最后，大学是师生互为主体的组织，在教学、科研探索和知识传递分享中，师生主体都发挥着重要的作用。

大学的特性决定了政府对大学的管理不能是事无巨细地进行“过程管理”，而应当是强化以“目标管理”为导向的宏观调控。随着大学在经济社会发展中的战略地位越来越突出，作为反映社会整体利益的政府必然要加强对它的宏观调控，其目的是为了使它更好地为经济和社会的发展服务，为统治阶级的利益服务，这是一个不以人的意志为转移的带有规律性的现象。但政府对大学的控制不应是直接的行政控制，而应该是综合运用立法、拨款、规划、信息服务、政策引导等为主的间接控制。政府主要应该对大学的发展规划和发展规模、经费的预算与合理使用、教育质量、各类学校的设置标准和各类证书学位标准等进行宏观管理。说到底，政府主要就是对大学发展的速度、规模、质量、结构进行宏观调控，使之适应经济、社会发展的需要，不断提高大学整体的综合效益。

重构政府与大学的关系，首先必须解决大学的定位问题。中国传统社会，高等教育机构依附于皇权政治体系，故其不可避免地要被定位于政治之中。计划经济年代，由于政治在社会生活中占中心地位，经济、文化都从属于政治，大学也只能被定位于政治之中，故大学与政府的关系便不可能清晰。实际上，任何社会都是由政治、经济和文化三个系统构成的，因为大学与文化有着共同的沟通媒介——真理，所以大学应该被定位于文化系统之中。真理是大学这一文化系统的沟通媒介，大学在本质上是追求真理、发展学术的机构，正是真理使大学与政治区分开来。大学完全接受政治这一沟通媒介，大学便会政治化，学者就会掺杂到纷繁的政治斗争中。大学完全接受经济这一沟通媒介，大学便会市场化，学者就会放弃真理而为某一利益集团而服务。唯有大学和学者都守住真理这一沟通媒介，才能与政治、经济划清界限，从而建立自己的学术独立性。

其次，重构政府与大学的关系，要确立大学的法人地位，扬弃社会干预。大学的法人地位意味着大学独立于政府，面向社会自主办学，自主管理内部事务。[①] 落实大学法人地位的关键是扬弃政府干预，即在承认政府合理干预的基础上，改变政府干预大学的范围及方式，使政府对大学的干预从直接干

① 兰军瑞.现代大学制度的建立与运行[M].郑州:郑州大学出版社,2012:88.

预变为间接干预，使政府由对大学具体事务的管理转为宏观指导。扬弃政府干预实际上就是扬弃依靠单一的行政手段管理大学，转而综合运用多种手段，包括行政手段、经济手段和立法手段等。

从行政管理手段上讲，应该淡化大学及大学各级管理主体的行政级别意识。国家给予大部分大学与所在驻地城市相同的行政级别，原本是为了减少地方政府对大学在人事、财政等方面的干预，保证学校的办学自主权，营造学术自由和学术自治的环境。但结果却是导致行政系统的层级观念渗透到大学内部的各个角落。大学的校长、书记以副部级或正厅级自居，院（系）领导则与地方的正、副处级相较，学术职称也纷纷向行政级别靠拢，院士按副部级、教授按局级或处级待遇等，因而每逢大学行政部门或院长、副院长有空缺，教授、副教授报名者便蜂拥而至。浓厚的行政本位和“官本位”气氛导致人们热衷于权力的追逐，替代了原本在大学中应有的对学问的求索，学术自由的环境被破坏殆尽。

从经济管理手段上讲，主要体现在两个方面。首先，政府应该承担起大学投资主体的责任。发展大学是国家的事业，政府作为投资主体是世界各个国家的通行做法。投入不足的问题一直困扰着我国大学的发展，我国大学投入占 GDP 的比例一直低于世界平均水平，甚至低于许多非洲国家。特别是高等教育规模扩大以来，国家在教育的投入上并未相应增加，大学新校区建设、设备购置和人员引进的开支主要由学校自己承担，导致大学将大部分办学精力放在资金的筹措上，在教学、科研上的资金和精力投入严重不足。其次，国家应该改变传统的计划经济式的大学资源配置模式。行政主导型的管理体制，必然导致教育资源的集中分配。国家的高等教育经费主要由教育管理部门转移支付给各个大学，目前这种支付还缺乏科学的规范。教育经费的分拨渐渐演化成了各式各样的工程，为了获得这些经费资源，各个大学纷纷运用自己的社会资源和亲缘、业缘、学缘和地缘等各种社会关系去影响和游说资源分配决策者。于是出现了各级行政干预，吸收了不应该或不具备条件进入这些工程的大学，各式各样的“寻租”行为在大学系统中也屡见不鲜，这种根源上的计划经济式的资源配置模式亟待转变。

从法律手段上讲，大学的法人地位必须以国家法律的形式确定下来。长期以来，中国大学不具有法人地位，政府长期集权管理大学事务，大学只是一级政府机构。虽说1998年颁布的《高等教育法》明确了大学的法人地位，但集权思想非一朝一夕所能改变，政府直接干预大学的事情仍时有发生。西方大学作为社会的独立法人自中世纪便得到确认，大学自治原则在办学中得到了较充分的体现。在美国，政府一般不直接干预大学的具体办学活动，即使是对公立大学，州政府也主要是在有关计划的方面予以必要的、有限的限制。政府对大学的影响主要通过财政拨款进行，这种影响与其说是控制，不如说是导向。因此，美国大学虽然受到政府的强大影响与有力监控，但大学和学者独立的地位却得到了很好的维持，这要归功于美国完善的法律制度及大学自治传统。不论是联邦政府还是州政府，其职权范围均有严格的限制，政府不得越权处理大学事务，更不能违法办事。

政府对大学的干预和控制，关键问题并不在于完全集权或完全放权，而是要在两者之间保持一种动态的平衡，使政府控制和大学自治的界限都在合理的范围内，以避免互相之间的权力消解。

(二)进一步扩大大学的办学自主权

如上所述，在政府与大学的关系重建上，一方面，政府要转变职能，变直接行政管理为宏观调控；而在另一方面，也要通过立法规范大学的权利和义务，进一步扩大其办学自主权，并促使大学建立起主动适应经济建设和社会发展需要的自我发展、自我约束的运行机制。大学的办学自主权是与政府的宏观调控相对应的，事实上也是政府和大学相互关系的一种具体表现。前面已经指出，由于大学主要是一种学术组织，政府对大学的管理不能过多地进行直接的“过程管理”，而应当主要采用间接的以“目标管理”为导向的宏观调控。这实际上也就意味着在加强政府宏观调控的同时，大学要享有较充分的办学自主权。

自20世纪80年代以来，特别是在20世纪90年代，我国开始把扩大大学办学自主权作为我国高等教育体制改革的一项重要内容加以实施。为此，我国政府相继发布了一系列法律、法规和文件。其中，《中华人民共和国高等教育法》明确规定了大学办学自主权包括的七个方面的内容，即招生自主权、专业设置权、教学自主权、科研自主权、对外交流权、人事自主权和财产自主权。应当承认，我们在落实大学办学自主权方面采取了一系列措施，也取得了显著的成效。但是不同类型、不同地区的大学，情况并不完全一样，深入改革的任务还相当繁重。扩大大学办学自主权，建立学校自我发展和自我约束的机制，仍将是我国高等教育管理体制改革的主要内容之一。

扩大大学的办学自主权，就是要使大学形成自我发展和自我约束的良性机制，使学校真正成为能够主动适应经济和社会发展需要的独立的法人主体。扩大大学办学自主权，是建立社会主义市场经济体制的必然要求。社会主义市场经济的实质就是要使资源得到最优配置，为此必须使生产者对生产过程具有自主决策权。市场机制对高等教育的调节，就是把大学看作知识的生产者，为了使大学在市场经济条件下的竞争中求得生存和发展，必须保证大学对其知识产品的生产过程享有充分的自主决策权。

大学办学自主权和经济生产实体的自主权既有相同之处，又有不同之处，了解二者之间的异同也非常重要。大学是有别于经济生产实体的一种非营利组织，它向社会提供的是准公共产品，大学的决策和活动是为了在竞争中获得最大的综合效益(包括经济效益和社会效益)，而不是追求获取最大利润。维持大学生存和发展主要靠两个方面：一是学校培养的毕业生、提供的科研成果和社会服务的数量和规格、质量能够在多大程度上满足社会的需求；二是需方在人、财、物等方面对大学的投入能力，包括学生所交的学费、政府的财政拨款、社会团体及个人的资助等。在投入与产出之间都会有一个过程，这个生产过程的效率，取决于大学的决策和活动本身。为此，要提高大学“生产过程”的效率就必须使大学对生产过程拥有自主权。但是，由于大学知识活动的最终目的是满足国家、社会和个人的多方面需求，提高办学的综合效益，所以学校的办学自主权又是有限度的，需要国家加强宏观调控，使其能满足社会发展的全面需要。因此，要对大学的办学自主权有一个全面正确的认识和理解。

大学办学自主权主要是指大学在教学、学术上应该享有充分的自主权，使大学培养的人才、研究的成果及提供的服务适应经济、社会发展的需要。美国卡内基教学促进基金会主席波伊尔博士认为，现在需要这样的平衡，即在给大学以充分自主权，使其保持自身学术风格的同时，还要使大学向国家和人民负责。联合国教科文组织亚太地区办事处萨利姆博士强调，大学的自主权实质上是赋予大学更多的责任，大学校长在要求学校自主权的同时，必须考虑向社会和政府承担责任和义务。因此，所谓大学办学自主权的实质，是指大学具有能主动适应经济和社会发展要求的自我调节的能力和责任，而不是具有在封闭的系统里的自我完善的权力。

从世界各国高等教育管理体制演变的过程和经验来看，大学办学自主权的大小与以下一些相互联系的因素有关：国家政治需求程度、大学经费来源渠道多样化程度、大学之间的竞争程度、大学文凭的等价程度、政府调控手段和学校自我约束机制的完善程度等。这就是说，大学办学自主权是一个动态的概念，既不是固定不变的，也没有统一的模式。对我国来讲，随着经济、政治体制改革的深化，政府宏观调控手段和学校自我约束机制的完善，大学的办学自主权，如在招生录取、专业设置、用人制度等诸多方面的权力将继续扩大。

(三)加强社会参与办学和管理，试行多元化的治理模式

在理顺政府和大学的关系、扩大大学的办学自主权之外，加强社会参与办学和管理是密切学校和社会联系，促进学校与社会的知识、信息、能量交换和共享的重要途径和渠道。加强社会参与，是当今世界范围内大学发展和改革的重要趋势之一。自 20 世纪 60 年代以来，世界许多国家都在逐步加强社会参与办学和管理学校的体制建设，这一体制建设业已成为高等教育运行机制中十分庞大的一个组成部分，大大拓展了大学与外部的联系，增强了大学的社会适应性。联合国教科文组织在北京召开的面向 21 世纪教育国际研讨会的报告强调指出："要想形成适应 21 世纪要求的学习观，形成不同于目前模式的教育体制，最重要的将是社会更多地参与学校和学校更多地参与社会。"

在高等教育大众化进程中，加强大学与社会的联系，强化其社会参与意识，提高其参与社会的能力，以及吸引更多的社会力量参与高等教育事业，有着重要的理论和实践意义。加强社会参与办学和管理，能够促进大学有效地吸收外部社会的知识、信息和各种资源，扩大大学社会服务的渠道，提高大学培养人才的质量。加强社会参与办学和管理、密切学校与社会的联系的主要途径有以下几种：

首先，加强大学与地方政府的联系。这一举措既有利于地方经济社会发展，也有利于学校自身的发展。长期以来，大学的自然科学成果对地区经济

和社会发展的重要作用，我们已有目共睹。事实上，大学的人文社会科学成果在为地区经济建设和社会发展服务中也是大有作为的。但很长一段时间以来，我国政府与大学的联合往往主要侧重于科技成果的转化，对大学人文社会科学工作者的作用重视不够。实际上，人文社会学科的专家学者可以为地方经济和社会发展提供全局性、战略性、前瞻性的研究方案，直接影响地区未来发展的方向。一个地区要实现长期的快速的可持续发展必须有长远发展规划，必须对地区发展进行科学的发展定位和概念设计，还必须对地区发展的各个领域如经济、文化、教育等进行统筹合理的规划和安排，而这些恰恰是人文社会科学工作者的专业优势。如果一个地区的发展定位错误、发展战略存在严重缺陷，其为地区发展带来的不利影响和损失也将是十分巨大的，将远远超过任何一项技术或一个工程项目的影响。另外，大学为地方服务的实践也会大大提高大学的科学研究水平和人才培养质量。大学的人文社会科学研究，只有在认识社会、研究社会中才能焕发出巨大的生命力和创造力，进而发现和解决地方经济社会发展中的重要问题。也只有通过社会服务实践，教师在课堂教学中才能将理论知识密切联系实际，激发大学生的学习热情，从而培养出更加优秀的社会所需的大学教师。

第二，加强校企合作。校企合作也是社会参与大学办学和管理的一种重要形式。世界银行专家对国际大学发展的总趋势做过专题调查研究，得出的结论认为：从世界上大学发展的历史来看，19 世纪和 19 世纪以前，宗教与大学的关系密切，教会对教育的影响强大；进入 20 世纪以来，大学发展的主要特征是国家政府与高等教育的关系越来越密切，政府对大学的影响强大；21 世纪以后，企业界乃至整个社会与高等教育的关系将会越来越密切，尤其是企业界对大学发展的影响将会越来越强有力。1996 年，海峡两岸大学校长在台湾举行高等教育现状研讨会，会上校长们提出，大学与企业紧密联结的产学合作制度是校企双向参与、共同培养人才，促进经济发展的办学新路子。

第三，加强社会中介组织的作用。加强社会中介组织的作用是社会参与大学办学和管理的重要途径。国务院《关于〈中国教育改革和发展纲要〉的实施意见》中指出："为保证政府职能的转变，使重大决策经过科学的研究和论证，要建立健全社会中介组织，包括教育决策咨询研究机构、大学设置和学校评议与咨询机构、教育评估机构、教育考试机构、资格证书机构等，发挥社会各界参与教育决策和管理的作用。”在21世纪大学的发展进程中，这些教育中介机构将会获得越来越大的发展。

就未来大学管理发展的模式而言，多元化治理已经成为政府在行政制度和高等教育领域进行变革的必然选择。从上述政府与大学关系变迁的历程来看，大学功能地位的变化及其在教育经费问题上的对外依赖性，决定了政府与大学关系中自由和控制的矛盾，以及政府、市场和社会等外部因素对大学自治的限制。具体而言，大学多元化治理模式主要可以包括市场治理、参与治理、解制治理和弹性治理等几种。市场治理型模式主张政府引入市场竞争机制管理大学，鼓励在高等教育领域引入市场竞争和增进办学特色；参与治理型模式提倡发展大学董事会制度，吸收更多相关主体参与高等教育决策活动；解制治理型模式则提出要减少政府内部规制，使公共部门的管理者能更自由地做出决策并将政策付诸实施，有助于建立有效的大学自律机制和治理结构；弹性治理型模式关注在公共部门内增加更多的弹性，以便使政府能够对不断发展变动的政策观念和社会不断变化的需求做出及时迅速的反应。这四种政府治理模式各有不同的理论基础，适用于不同的政府体制。它们不完全兼容，也不完全矛盾，可单独进行，也可结合使用。

(四)营造宽容的社会氛围

宽容的学术氛围是学者工作的重要条件。宽容作为一种社会心理氛围对学术活动具有特别重要的意义。学术活动是探索未知真理的，故常常处于已知与未知的边界上。每一个真理的求得都是在千百次失败的基础上达成的，因此，若没有社会对失败的宽容，学者勇于开拓的创新精神便会窒息，从而危及学术的发展。

就学术自由与社会干预的冲突而言，如果社会有足够的宽容，两者之间的冲突是可以得到一定程度的消解的。学术自由以求真为目的，社会干预以求善为取向，如果社会能尊重学者求真的品性，不用功利来衡量学者的工作，学者也不以真理苛求社会，那么大学与社会是可以做到“同不妨异、异不害同”境界的。

宽容的精神实质上是一种民主精神，只有政治民主才能确保学术自由。虽然在没有民主的专制时代也有学术自由的存在，但此时的学术自由仅以特权的形式出现。既然是特权，那么随时都可能被剥夺。只有民主的社会环境才能最可靠地保证学术自由。因为在民主社会，学术自由是一项普遍的权利。事实上，没有政治民主，社会干预就会大行其道，也就不会有社会宽容，学者的学术思想也就会被扼杀。

第六章 大学隐性知识管理的内部环境分析

大学要进行知识管理，实现广泛的隐性知识交流和知识共享，提高知识传播、生产和应用的效率，除了需要关注大学外部环境的影响，更为重要的是大学内部环境的治理。大学内部环境与大学教师和学者的知识活动直接相关，对隐性知识管理的影响更为明显。

一、大学的组织结构与管理制度

科学合理的大学组织结构和内部管理制度是大学隐性知识管理工作得以顺利开展、规章制度得以贯彻执行的重要保证。随着社会的发展，大学作为一种学术组织，其生存的环境和承担的职能都在不断发生变化。与它产生之初相比，现在的大学已经变得十分复杂，规模越来越大，内设机构也不断增加，这些都要求大学对其内部环境进行深刻的变革治理，为大学教师和学者的知识活动创造宽松的环境，否则将难以适应社会变化对大学提出的新要求。大学内在组织结构与管理制度主要涉及两大内容：一是通过制度建构确定大学行政权力与学术权力的关系，以充分体现大学学术组织和知识组织的基本属性，实现大学组织内部的知识管理；二是规范大学群体及其个体的行为，提高大学管理运行的效率。

（一）行政权力和学术权力的关系

行政权力和学术权力是大学内部权力最主要的组成部分，二者的关系构成了大学内部最主要的权力关系。从大学教师培养和使用的角度来讲，大学管理制度改革的主要内容是正确处理行政权力和学术权力的关系。因为在大学管理中，是行政权力还是学术权力占主导地位，将直接影响大学教师的价值取向、职业选择和思维、行动方式。

行政权力是以行政管理制度为基础，以行政管理职能为依据，由行政职能机构（如人事处、教务处、科研处、研究生处等）以及相关的职能人员（如校长、处长、科长、主任等）所行使的法定权力。行政权力来自有关的法规制度，来自相应的行政职位和授权，是一种授予权力。行政权力发生作用的方式是通过指示、指令、决议等自上而下的强制性推行。行政权力有三个基本特征。一是行政权力扎根于正式组织，依赖于相对稳定的组织结构。行政权力是一种组织正式赋予的权力，在行使权力的时候，也意味着要承担相应的责任。二是行政权力具有一元性。集中统一是行政权力的重要特征，首长负责制是行政组织的领导原则，权力的运行是自上而下，层层放射，最后实现组织目标。这与学术权力的多元性、弥散性形成了鲜明对比。三是强制性。行政权力的上下级主体之间是一种命令与服从的关系，当上一级行政权力主体行使行政权力时，下级行政权力主体要迅速有效地贯彻执行，否则要追究其责任。

大学需要行政权力也是大学生存和发展的外部环境越来越复杂、内部事务越来越多的必然结果。大学作为组织化的社会单位，正确运用行政权力，有利于统一全校教职工的思想，使党和国家以及学校的各项政策和法律以及规章制度得以有效而迅速地贯彻执行，能够有效保证学校组织目标的实现。但大学中行政权力的过度强化，容易使大学表现出很多类似于官僚机构的特性。一方面，大学行政管理系统的权力得到明显加强，长官意志取代学术发展规律占据学校决策过程的核心地位，而各个学科专业领域的教师和学者在学校管理中的发言权会削弱，甚至在学校决策过程中被忽视。另一方面，大学教师和学者在本学科领域中的学术作用也呈现出官僚化的特点，政绩在学术评价中实际权重较之学术成绩有所增加，学术权威被职位权威所代替，平等讨论、共同探求真理的学术自由气氛可能遭到破坏。大学原初是作为带有行会性质的知识分子社群而产生和逐步完善的，知识分子在其中享有特殊的自治权，学术自由和独立得到充分保障，从而为学术创新保留了必要的创造空间。大学管理的官僚化，背离了大学的本来特性，强化了其中的行政权力，进而也导致了学术权力的行政化和官僚化。

与行政权力不同，学术权力是大学教师和学者在其学科专业背景下形成的专业水平和学术能力为基础的学术人员和学术组织所具有的管理学术事务的权力。学术权力不是来自职位的强制力，而是来自学术人员所具有的由于对某一学科、某些学术领域的深入探求和渊博知识形成的非强制力，或者称之为非权力影响力。学术权力来源于学术本身，扎根于大学学科和专业之中。[①] 从法理上讲，学术权力是以宪法保护的学术自治、学术自由为法律依据的，故学术权力的行使必须坚持学术独立与学术自由的原则。知识是大学加工的基本材料，对知识的保存、传播、生产和应用是大学的基本活动。大学需要加工的知识具有专门化、自主性的突出特点，而发现知识是一项永无止境的任务，需要通过世世代代的不断积累才能得以发展起来。大学知识的这些特性，需要我们在对其"加工"时要遵循其自身的规律、符合其自身特点，发挥学术权力的作用，因为学术权力的特征和结构正是与知识的特点和规律相符合的。学术权力的三个典型特征包括：首先，学术权力是扎根于学科和专业的权力；其次，不同于行政权力的明确性，大学学科、专业分布杂而广，所以与学科、专业相联系的学术权力也是松散的，在每个知识的加工点上都有学术权力的存在；最后，学术权力具有自主性，相对于行政权力来说，学术权力的自主性更强，学术的自主性实际上是学术自治与学术自由。由于学术领域所固有的深奥性、自主性和探求性，决定了大学必须让学者们享有独立思考、研究的自由，否则就会窒息学术的生命。学术权力要实现的目的是，保证学术标准得以贯彻、学科得以发展、学术人员的学术权益得到保障等。由于大学是知识加工的场所，在大学实施知识管理，必须按照大学知识的特点和规律，充分发挥学术权力的作用。

在重视和强调学术权力的同时，我们也应清醒地看到，学术权力有其自身的局限性。大学学术人员都从属于一定的学科或专业，都有自己的学术领域。一般而言，他们都专志于在自己的研究领域或方向取得成功，而对其他的领域不感兴趣或少有兴趣，甚至会觉得只有自己的学术领域才堪称是至高无上的真正科学。这种思维和认识上的局限性或学科文化所固有的局限性，常常使得大学的教师和科研人员在思考问题时不自觉地产生片面性和保守

---

① 谢俊.大学的学术自由及其限度[M].重庆：重庆大学出版社，2012：136.

性。另外,由于过分看重自己的学术领域和学术地位,大学的学术人员常常会下意识地抵制新学科的出现和发展,甚至是贬损其他的学科。大学学术权力的这种缺陷需要行政权力来进行补充。

在大学中,学术人员行使学术权力主要是通过各专业委员会来实现的。这类委员会主要有:学术委员会、教学委员会、课程与教材委员会、学位委员会、职称评审委员会等。要发挥学术权力的作用,就要充分发挥这些专业委员会的作用,让学术人员自主决定自己学术范围之内的事务,避免行政人员的过多干预。值得指出的是,目前我国大学各专业委员会的人员构成中院长、处长占了较大比重。这些院长、处长一般都有教授等业务职称,因而是以学术人员的身份加入各专业委员会的,但他们同时又有着行政职务和职权,因此在讨论一些学术问题时,往往掺入了行政权力的成分,有时会用行政权力主导或代替学术权力。如果学术权力与行政权力结合并发生行政化和官僚化,而大学缺乏足够的监督则很容易发生蜕变,进而逐渐滋生学术腐败。官商勾结的腐败已经引起人们关注,学而官则“优”,官而权则“学”,亦官亦学、官学结合所滋生的腐败也不能不加以重视。越是在官僚化严重的高等学校,我们越是容易看到学术腐败现象的发生。这两方面的变化具有内在的紧密联系。为了避免这种现象的出现,一方面我们要强化学术权力意识,重视学术权力的地位,尊重学术权力的存在,寻找发挥学术权力作用的好形式;另一方面,也要加强制度建设,规定各专业委员会人员的产生方式及各类人员的比例构成、学术背景等,从制度上保证学术权力的行使。

由以上分析可知,在大学中,学术权力与行政权力各有优势和劣势,两者互为补充,不应偏颇。在实际工作中,关键是找好两者的结合点和平衡点。要根据分权的原则、综合发挥学术权力和行政权力的原则、有利于知识交流和共享的原则科学设置大学的组织机构。

(二)现代大学的主要内部制度

现代大学制度是在一定的社会政治经济条件下的大学外部关系、内部组织结构与管理制度及大学成员行为规范的体系,其中大学的内部组织结构和管理制度是指大学内部的领导体制和管理体系。大学成员行为规范体系主要是指明晰教师、学生、管理人员个人的责、权、利的规章、政策和行为准则。

随着社会的发展，知识经济及其相应的时代特征已经逐步改变了大学的社会地位和运行环境。大学改革与发展的根本出路是建立现代大学制度，通过制度化改革来推动大学各项事业的进步。现代大学制度应该是规范性与自主性相结合、统一性与多样性相结合的制度形式。大学管理制度要体现出以教育理想为核心的社会各方价值的有机结合。

1.大学自治制度

学术自由是现代大学制度的根本特征，是根源于思想自由的一种特殊形式的自由。现代意义上的学术自由观念产生于19世纪的德国。深受启蒙运动和理性主义影响的柏林大学，在其初创时期就把“尊重自由的科学研究”和“教学和学习自由”作为现代大学的基本原则，给予大学教师以思考、研究、发表和传授学术的自由权利。大学的本质是传承、研究、融合和创新知识的高等教育机构，知识的生产活动是现代大学的基本活动，这从根本上决定了大学内部应当坚持以学术权力为基础的管理制度，确保现代大学作为学术和教学自治中心的地位。学术权力是一种学术权威，权威意味着自愿地依从。大学教师和学者在长期从事课程和学科的教学及科学研究活动中，逐渐形成了自己特有的处事习惯和思维方式，他们往往把对本门课程和学科知识体系的深刻了解看得高于一切。在他们的心目中，最有权威的人不是具有行政权力的官员，而是具有人格魅力、学术造诣、忠诚学科规律的专家。他们对于知识发展的内在规律的服从，常常比对于行政规章的服从更具有自觉性。这就是现代大学必须实行学术自由的实质所在。

大学自治制度是指作为学术组织的大学对学术的自治。它是现代大学制度中历史最悠久、最有价值的制度。自治制度赋予了作为法人团体的大学以自主管理内部事务的权利。在这个意义上，大学组织具有相对的独立性，因而它成了大学组织有效抵御外部社会力量影响与干预的“天然屏障”和维护内部学术活动自由的有力武器。

学术自由作为一种工作条件，既是大学教师传播与追求真理所必需的，也是大学组织为了自身发展和社会进步以及社会组织的切身利益所必须给予大学教师的权利。而“自由”是与“限制”相联系的，学术自由所要突破的限制有大学外部的社会限制和主体自身的限制两个方面。对前者的突破实现的是“外在的自由”，即权利层面的自由，而对后者的超越则可以实现“内心的自由”,即精神层面的自由。权利层面的自由是一种外向的诉求,即教师、学者向大学以外的主体(主要是政府)争取进行学术活动的自由保障;后者则意味着学术自由的实现是一种内在的要求,即要求大学教师和学者适当地超越功利,与社会保持一段距离,以维护学术的独立尊严。

“外在自由”的实现,仅仅只是为学术自由的真正实现提供条件或可能性,只是大学走向真正学术自由实现的第一步。“内心自由”的获得意味着对大学自身限制的克服,故获得精神层面的学术自由的主要障碍不在大学之外,而恰恰在于大学自身。大学应该秉承为社会发展和人的发展而追求真理、探求新知、勇于创新的精神,坚守育人为本的教育精神、自由探索的学术精神、“止于至善”的道德精神和引导社会的批判精神。

2.教授治学和参与管理制度

教授治学是现代大学制度的核心和基础。关于现代大学是实行“教授治校”还是“教授治学”,学界一直是有争议的,争议的核心是现代大学实行学术自治的模式问题。教授治学制度是大学内部学术自由的制度保障。教授参与管理,可以把学术自治与学术自由紧密联系在一起,共同构成现代大学的基本组织制度。实践证明,“教授治学”适合现代大学的实际情况和办学规律,也比较能够准确地反映教授在现代大学中的地位和职责。在现代大学实行“教授治学”,是确保现代大学作为学术和教学自治中心地位的关键。教授治学制度的确立,既是大学教师学术地位提高的结果,也进一步巩固了教师在大学发展中的核心地位。它同时明确了学术权力在大学中的突出作用,成为阻止大学行政权力强势扩张的制度堡垒,有利于防止行政权力的泛化和学术权力的行政化与官僚化,从而保持大学“学人社会”“知识性社会”的学术本色。

3.校长治校制度

校长治校是现代大学的主要制度标志。随着国家和社会对大学地位和作用的日益重视和依赖,大学自治的权力必然会由于政治和经济组织的频繁接触和介入而相对削弱。此外,大学规模的膨胀和内部事务的增多导致了大学尤其是巨型研究性大学管理的复杂程度大大提高,并使其内部的分权越来越明显。大学内外部存在的宏观和微观环境的变化,使西方中世纪大学教授治校的传统失去了往日的辉煌,其自身的局限性也日益凸显。J.S.布鲁贝克精辟地指出："尽管赞成学术自治的论据看起来合乎逻辑，然而高等教育越卷入社会事务中就越有必要用政治观点来看待它。就像战争意义太重大，不能完全交给将军们决定一样，高等教育也相当重要，不能完全留给教授们决定。"①现代大学必须在教授治学的基础上实行校长治校。实行校长治校制度，选好校长尤为重要。校长是现代大学的法人代表，他的神圣职责是办好学校，或者称为治理学校。一个优秀的大学校长，首先应该是一位拥有较高的知识水平和社会声誉的学者和教育家，要在深刻理解教育本质、办学规律和时代特征的基础上有自己独到的办学理念和较强的管理能力，善于面向社会自主办学，不仅能够解决校内的事务，更要能处理学校外面的事情，善于搞好学校与社会、市场的关系。校长还要具有经营头脑、敏锐的经营意识和良好的社交能力，运用企业家所采用的方法管理大学，并要自觉地接受群众和政府的监督。实行校长治校制度的关键，是必须确保大学校长拥有办学自主权。

4.科学管理制度

科学管理是现代大学的内在制度要求。科学管理具体包括质量管理、民主管理和学科管理，其中质量管理的内涵十分广泛，包括对学校内部各项工作的质量管理，其重点是对教育、教学工作和科学研究成果的质量管理，这是现代大学质量管理的核心。大学质量管理的关键是要逐步建立、健全现代大学内部的教学质量保障制度和科学研究成果质量保证制度。为加强质量管理，必须正确认识和处理从严管理与激励创新之间的辩证关系，也就是基本规格与改革创新之间的辩证关系。质量管理的核心和基础是价值判断，进行价值判断的关键是确定评价标准。由于政府、社会、学校和学生都是评价主体，他们有着不同的价值观，因此，对现代大学进行价值判断的评价标准必然是多元的。

民主管理是现代大学实行科学管理的一条基本原则。大学是一个庞大的整体系统，它主要由三个子系统构成：一是大学教师的培养系统；二是知识的产生、传递、融合、创新系统；三是后勤服务系统。对大学实行民主管理是

---

① [美]约翰·S.布鲁贝克著.高等教育哲学[M].王承绪，郑继伟，张继平，等译.杭州：浙江教育出版社，1987：32.

现代大学制度的内在要求,其本质是增效,即增强现代大学这个庞大系统的整体办学效益。民主管理首先要充分发扬学术民主,学校建设和教学、科学研究活动的重大决策应当充分发挥以教授为主体的学术委员会和以管理干部为主体的校务委员会的咨询作用,努力实现学校重大决策的参与管理和监督的意识。无论是战略管理、资源管理、质量管理,还是其他管理,都要发动学校的所有人员积极参与。

学科管理制度是与学科发展相关的制度,比如学科准入制度、学科划分制度、学科评价制度、学科奖惩制度、学科资助制度、专业人才培养制度等。大学作为一种社会组织存在的基本元素是学科,没有学科的存在也就没有大学的存在。学科构成了大学制度的主干,学科是大学科学研究的载体、培养人才的基地、学位点建设的基础、专业成长的摇篮、吸引和聚集人才的场所。学科制度创新应坚持开放性和灵活性原则,积极扶持新兴弱小学科的发展,打造大学自身主流学科。

二、建立与隐性知识共享要求相适应的管理制度

随着人类文明的不断进步,知识不再是资本生产的附庸,对知识的需求已成为人类实现其他一切预期的前提,知识管理作为一种与知识经济时代相适应的管理理念和管理方法,在企业和大学中得到广泛应用。因此,正如科学管理取代经验管理那样,知识管理取代科学管理也必将成为不可逆转的时代潮流。大学的知识活动主要就是知识获取、知识传播、知识生产和知识应用。[①] 作为集知识生产、传播、创新、应用于一体的大学,有必要借鉴大学知识管理的理念和方法,通过加强对知识的管理来加大自身持续生存发展的动力。然而,大学中传统的管理制度和运行机制却难以适应新形势的要求,教育理念、教育技术、课程体系、科研体制、组织机构、学科建设等都亟待改革与创新。在大学中实施对知识的有效管理,整合学术团体及教职员工的知识,促进知识特别是隐性知识的采集与加工、交流与共享、创新与增值,提升教育、教学和科研水平,推动管理制度和运行机制的改革,增强大学对社会发展

---

① 王利芬.大学知识管理与大学核心竞争力提升[M].北京:团结出版社,2009:44.

的适应能力，已成为大学改革与发展的迫切要求。因此，大学应该抓住机遇，依据隐性知识管理理论，运用知识管理方法和手段，充分掌握和协调大学的内部环境，有效发挥大学教师和学者的知识潜能，提高大学个体与整体的知识学习能力，创造有利于知识共享与创新的校园文化与价值观念，形成大学核心实力，以实现大学隐性知识管理的目标。

知识的掌握和创新需要付出艰苦的努力，隐性知识的形成更是个人的经验、对事物的感悟和深层次的理解等方面的长期积累和升华，需要投入巨大的成本。知识垄断往往是隐性知识投入回报的保证。作为理性的知识传递者，教师在知识共享问题上会进行垄断收益和共享收益的比较，从中选择较大者。因此，为了鼓励教师之间知识尤其是隐性知识的共享，学校应当制定一系列管理制度，促进知识的交流和共享，提高知识活动的效率。

(一)全面试行导师制

导师制起源于英国牛津大学的“新学院”，作为一种有效的教学制度，导师制一直享有美誉，被誉为“牛津皇冠上的宝石”。导师制产生后即被牛津大学其他学院所效仿，并使牛津的教学管理制度和学生指导体系形成了一种独具魅力的特色。就具体实施方法而言，导师制大学录取的新生到学院去报到时，学院会为其指派一位导师，导师是学生所选择科目的学者，他负责指导学生的学业和品行。导师会协助学生安排其学习计划，指导他如何取得进步，并通过个人辅导这一方式坚持与学生谈话、共同批改和讨论学生所提交的读书心得与报告、指导与建议学生旁听相关课程等。

导师制的优点主要表现为：第一，有利于部分地消除班级授课制的缺陷，培养学生的创新精神和创新能力，有利于尊重、培养学生的个性和主体性。第二，除了有利于学生掌握显性知识外，更有利于通过潜移默化使学生从导师身上获得关于做学问、为人处世、待人接物等方面的隐性知识。按照隐性知识管理的有关原理，导师制注重学生与导师的个别交流，重视使学生在潜移默化中接受教育。经过一段时间的学习熏陶，学生不仅掌握了有关的显性知识，更重要的是从导师身上学到了做学问和做人的隐性知识。[①] 但西方的

---

① 黄荣怀，郑兰琴.隐性知识论[M].长沙：湖南师范大学出版社，2007：59.

导师制也有其局限性和缺陷,例如,由于导师和学生都缺乏相互选择的权利,致使刚性太强;由于对师生比要求严格,致使师资投入大、成本高,这种教育形式一般局限于精英教育。

从牛津导师制的产生背景、特征和研究经验上来看,实行导师制的目的不在于培养所谓的绅士,而是培养学生的独立思考和批判思维素养。批判思维素养是个体创造性的核心表征,是一种隐性知识。而当前我国大学隐性知识管理遇到的困境是,大学规模虽然扩大了,但各级政府对大学的投入却长期处于低水平状态。高等教育硬件快速扩充后,以能站稳讲台的教师为代表的大学软件水平却无法短期内快速提升。当教育行政部门及大学自身意识到这一问题时,诸多研究人士把改变这一局面的希望寄托在本科生导师制上。新世纪以来,无论是以北大、清华为代表的高水平大学,还是地方大学,都有在大学教学中引入导师制的冲动和实践。然而,牛津传统的导师制在被引入国内大学实践后,其形式主义的遭遇就成了一种必然。导师制在中国遭遇形式主义表现为:由于生师比过大而导致的导师辅导教学流于形式以及由于大学生普遍修课总量过多而导致的学生应付参与导师辅导。

导师制的思想基础是自由教育,在中国历史上,自由教育也有过体现,如以孔子为代表的儒家文化的教育旨趣与教育内容,就类似于西方的自由教育,培养做人的基本道德素养,学习诗歌、音乐,这些都属于自由教育的范畴。针对导师制在国内实践中遭遇的形式主义,要想使导师制在中国大学教育中结出硕果,目前迫切需要的是土壤的改善,也就是通过自由教育培养学生批判性思维素养的思想共识。[①] 基于国内大学内外部环境现状,实行导师制至少需要培育三个方面的思想共识:自由教育共识,即培育大学生的独立思考意识和能力;通识课程共识,是高等教育的内容共识,开展启发式教育;唯真理论共识,注重培养批判思维素养。

在我国具体实行制度主要包括以下几个部分:本科生导师制、本科生实习的企业导师制、青年教师教学导师制和青年教师科研导师制。

1.本科生导师制

目前,国内大学试行的导师制,多限于粗略地指导学生的专业学习与研

① 徐建培.大学知识管理研究[M].北京:高等教育出版社,2005:135.

究设计，与制度化、个性化，全面地指导学生学业、品行与生活的英国导师制相比，有较大的差距。根据当前我国大学的具体情况，我们应该遵循渐进式变革策略，在保留传统教育教学管理制度的前提下，适当地引进导师制的某些做法，建立中国特色的大学本科教学导师制。

当然，我国目前大学正在向大众化阶段迈进，大学对高质量教师的需求缺口大，在这样的形势下，在所有大学，面向所有学生实行导师制是不现实的。大学应该有选择、有目的、有步骤地建立我国的本科生导师制。第一，选择部分大学或部分学院建立较为严格意义上的导师制。大学的发展战略可以概括为规模扩张型和质量取胜型。总体而言，我国近几年大多数大学选择的是规模扩张战略，通过大学的合并与兼并或者扩大招生数量扩大学校规模。事实上，国外许多世界一流大学的学校规模是非常小的，但由于其独特的办学特色和人才培养的高质量而享誉全球。国外很多招生规模并不大的著名大学都是依靠高水平的师资和人才培养质量赢得世界声誉的。如果我国在创建世界一流大学或者是创建国内高水平大学的过程中，选择适合的大学或学院，严格限制招生规模，建设高水平教师队伍，通过严格试行导师制，全面提高办学水平和学生培养质量，可能会成为一种明智的选择。第二，建立中国特色的非严格意义上的准导师制。这正是目前我国许多大学正在实行的做法，但在实践中要注意，既然实行导师制，就必须强化导师的责任心，保证师生双方沟通、交流的频率和时间。实行这种准导师制的重要作用在于：能够密切师生双方的关系，并适时给予学生必要的指导和熏陶，导师和学生间的交流可以采用正式和非正式的手段结合的方式进行。

在试行导师制时也不能从一个极端走向另一个极端。目前我国本科教学中存在的主要问题是，学校扩招、学生班级规模扩大、教师上课学时大量增加，以及在这种条件下造成的教师与学生的关系疏远，阻碍隐性知识的传递和共享。同时在倡导和试行导师制的过程中，还要注意另外一个极端现象，即学生入学后就在一位导师的指导下学习和进行科学研究，与其他教师和群体接触机会太少，会限制学生的信息和知识来源，形成典型的“近亲繁殖”现象。在这种条件下，我们在强调导师对学生个人指导的同时，要重视导师的集体指导、集体培养。

2.本科生实习企业导师制

在大学本科教育中，学生的实习是一个重要的实践教学环节，一般分为认识实习、生产实习和毕业实习。实习的过程是显性知识内化为隐性知识的过程，实习的质量直接影响到学生对专业课的学习和培养质量。目前，我国大学本科生实习普遍采用的都是学校选派教师指导的模式。由于多数指导教师对企业状况缺乏了解，使得实习效果难以得到保证。应该考虑结合知识管理的原理，充分发挥企业方面的积极性，在本科生实习中建立企业导师制，对实习中隐性知识的有效传递进行有益的探索。

传统的本科生实习过程中，企业的配合多限于一般性介绍和生活安排等，一般不负责实质性的业务指导，对学生们显性知识和隐性知识的结合转化作用较小。为了提高实习的质量，使学生既学到显性知识又学到隐性知识，并提高其发现问题、解决问题的能力，建立企业导师制不失为一种较好的选择。企业导师制的具体做法包括：第一，建立相对稳定的实习基地，从实习企业中选聘实习导师。导师组的成员构成应该包括具有系统的理论知识的工程师和实践经验丰富的技师或技术工人。第二，对企业导师进行培训，并明确其责任，给予其相应荣誉或待遇。企业导师选聘好后，学校要派人对其进行简短培训，使其了解实习的特点，明确实习的要求和自己的责任，有条件的学校或院系可以根据自身条件酌情给予一定报酬。第三，学校与企业导师进行定期沟通，明确厂校责任。学校应负责实习全程的组织，选派学校导师，编制全部实习文件，组建实习小组。学生下厂期间的指导工作，学校导师应与企业导师积极配合。学生离厂时，须向企业提供一份有价值的研究报告或实习心得。企业导师在学校导师的配合下，承担现场实习的指导责任，对学生的思想和业务素质的提高负责。在企业导师制运行系统中，还要注意建立学生企业实习表现和企业导师工作质量评价机制。

实习企业导师制的优点有：第一，满足企业指导教师的荣誉感，强化责任心意识。与传统做法不同，试行企业导师制学校要正式聘任有关企业人员担任实习导师，举行仪式，发放导师证书，提升企业导师的职业荣誉感，同时可以强化企业导师的责任心。第二，通过试行企业导师制，可以密切学生和企业导师的关系，可以确保大学生在实习过程中不仅学到有关工艺或生产流程、特点等显性知识，还能通过与导师的密切接触和交往接收到企业导师宝贵的专业技能、操作经验等隐性知识。

3.青年教师教学导师制

青年教师教学导师制是指通过为刚走上教学岗位的青年教师指定具有丰富教学经验的教师、学者作为导师，由导师围绕开展教学实践这一中心内容，负责对青年教师的教学工作进行全面、系统的考察督促、指导和帮助，使其尽快成长为教学骨干。

目前，我国大学的教师一部分来源于师范院校，系统学习过教育学、心理学等课程，一部分来源于其他大学，基本上没有接触或系统学习过教育学、心理学等课程。近几年来，我国大学对新走上教学岗位的青年教师采取的基本做法是，对青年教师进行岗前培训，补上高等教育学、心理学、教育法等课程。这一做法确实取得了一些实际效果，但这些教学理论一般表现为显性知识，而教学在很大程度上是一门艺术，有很多技巧或诀窍，这些技巧或诀窍可以是对教材的某些处理、课堂上语气的顿挫，甚至是一个眼神、一个手势，并且这些技巧或诀窍主要是以隐性知识的形式存在于每一位优秀教师身上的，是他们长期教学实践和教学经验的结晶。青年教师要想真正掌握这些技巧或诀窍，除了自己不断总结摸索外，也需要与优秀教师经常进行面对面的交流，需要不断地进行课堂观摩。因此，建立青年教师教学导师制是一种较好的选择。通过建立青年教师教学导师制，使青年教师与“导师”经常进行接触和交流，不断得到“导师”的指导和帮助，不断吸收和掌握“导师”长期积累形成的宝贵的教学经验、教学技巧，从而提高自己的教学水平，形成自己的教学风格。

实行青年教师教学导师制既需要对青年教师提出明确的具体要求，也需要对“导师”提出明确的指导责任。对青年教师的具体要求应当包括：认真备课，确保备课的深度、细度和广度，为后续工作各环节打好基础；认真讲课，讲究教学方法，苦练教学基本功，不断提高教学的艺术性，确保教学效果，使自己的讲课水平由“通”到“顺”及至“灵”；认真辅导答疑，加强对差生个别辅导，因材施教；认真选留和批改作业。而对青年教师导师的指导责任主要有：定期与青年教师进行交流，了解青年教师的教学状况，包括对所开课程教学规律、教学方法、教学内容的掌握和理解；经常对青年教师的教学各环节进行检查指导，包括教案、课堂教学、作业布置和作业批改等；经常请青年教师观摩自己的课堂教学；关心青年教师的生活和思想状况。

应当看到，由于大学扩招，大学师资相对紧张，许多大学对青年教师的教学重视得不够、了解得不多。许多青年教师在繁重的教学任务下疲于应付，忽略了自身教学水平的提高，忽略了对教学艺术的追求。我们认为，越是在这种形势下，越需要我们重视“青年教师教学导师制”的试行，把它作为一项经常性的制度进行坚持。

4.青年教师科研导师制

青年教师科研导师制，顾名思义，就是为青年教师配备科研导师，在导师的指导下进行科研活动，为其独立从事科学研究奠定基础。科学研究有其自身的规律和特点，这些隐性知识需要在长期的科研实践中才能被逐渐掌握，青年教师要掌握这些隐性知识，就需要在科研活动中与导师和课题组其他成员进行交流和学习。

由于目前我国大学的青年教师许多都已经过硕士、博士阶段的科研训练，事实上博士、硕士阶段尤其是博士阶段的学习主要是在导师的指导下进行科研工作，所以，青年教师科研导师制的实施对象不一定面向所有青年教师，可以根据具体情况区别对待。但有一种倾向应当引起人们注意：最近几年，在我国许多大学，博士毕业就给副教授待遇、博士后就享受教授待遇。这种做法是否合适值得商榷，因为博士、博士后与副教授、教授的经历、要求都是不同的。事实上，国外许多国家仅仅把取得博士学位看作担任大学教师的入门条件。我们认为在条件较好的大学，对已经取得博士学位的青年教师继续实行科研导师制也未尝不可。它起码具有以下几点好处：有利于改善或优化学缘结构，有利于知识尤其是隐性知识的交流与共享，有利于形成大学核心凝聚力等。

（二）建立健全定期的教学研究制度、校内学术交流和成果发布制度

知识的创新、教学水平的提高有赖于思想的碰撞和情感的交流。大学内部如果缺少了教师员工同行、同事之间的相互交流、切磋和研讨，隐性知识的共享就会停止，科研学术生命就会窒息，教学水平就会停滞不前。完善制度建设，在试行导师制的同时，还要注意建立定期规范的教学交流和研讨制度、成果发布制度。

1.教学研究制度

所谓教学研究制度，是指以教研室为基本活动单位，围绕某些主题定期进行教学研讨，以增进教师间的知识交流和共享，提高教师教学活动的效率。

根据大学教学科研活动的特点，大学教师除了上课时间，不需要每天坚持坐班，如果不能保证坚持进行最基本的教研活动，不仅影响教师之间的业务交流、感情交流，而且最终会使教研室失去凝聚力。为此，我们建议采取措施加强教研活动制度建设。首先，坚持定期的教研室教研活动制度，为教研室内部教师间思想的碰撞、业务的交流和情感的沟通创造条件。例如，开学初要交流和检查教学准备、交流假期收获，期末要进行总结交流，中间安排几次集体备课或教研室集体观摩教学等。其次，坚持定期组织学院和学校的教研活动。与同教研室的教师相比，在大学内部不同学院、不同系部的教师之间，由于业务联系和交往很少，导致教师之间互不认识、严重缺乏交流。大学应该为各学院教师的交流搭建平台，组织学院范围或大学范围的业务研讨会和其他集体活动，促进教师之间的知识交流和共享。

2.校内学术交流和成果发布制度

所谓校内学术交流和成果发布制度，是指大学通过制度化、规范化的建设，在学校、院系和教研室中定期组织教师尤其是相近学科的教师进行学术交流和研讨，并通过校园网或其他形式定期发布教师的科研成果，以增进教师之间的知识交流和共享，提高知识创新的效率。科学研究是在他人研究基础上的知识创新，如果不了解前人或他人的研究成果或研究进展，就会做无用之功，耗费自己的时间和精力。因此，科研人员无不通过查阅资料、走访专家学者和学友同行，以了解研究状况和动态，听取意见和建议。目前，我国很多大学内部由于缺乏有效的学术交流和成果发布制度，很多教师不清楚同一教研室、同一系教师最近的研究方向、研究成果等，学校有关部门也缺乏对教师科研状况、研究兴趣的了解。这不仅影响了研究者本人的科研效率，也影响到科研组合、学术攻关、学科建设等。因此，建立大学内部的学术交流和成果发布制度是目前推动大学隐性知识交流和创新的迫切需要。

校内学术交流和成果发布制度的主要内容包括：第一，除了鼓励教师参加校外学术交流和聘请专家到校举办学术讲座外，要经常举办由本校教师主讲的院系或学校学术交流会，相互交流研究内容、动态以及科研的经验和体会。第二,定期发布本院系、本校教师的科研成果。根据学校的条件不同,可以采取不同的发布形式,如编印成果目录或摘要、通过校园网发布成果目录或摘要、通过校园网发布成果全文、在一定范围内定期举办成果通报会等。

(三)强化知识产权意识,完善知识产权保护制度

有效的知识产权保护制度是知识交流和共享得以实现的重要保证。如果没有有效的知识产权保护制度和强烈的知识产权保护意识,当事人的合法权益就不能得到有效的保护,就会挫伤教职工进行知识创新和公开自己科研成果的积极性,知识共享也就无法实现,知识活动的有效性也会大大降低。知识产权是人们对无形的智力成果所享有的专有权利,包括专利权、著作权、商标权、商业秘密等。知识产权的实质是个人所享有的垄断性权力,是一种"私权",目的在于帮助权利人尽快占据市场垄断地位,鼓励其投资于知识产品的研究开发,激发其潜在的创新能力,并承担相应的市场风险。然而,由于知识产权的无形性等特征,权利人的权利极易受到侵害,如果没有法律提供的专门保护,赋予其一定的垄断和排他地位,知识产权将会被他人无偿使用,个人创造的价值得不到补偿,人们进行创新的热情就会受到打击。因此,世界各国都十分重视知识产权立法和知识产权保护,尤其是在以科技和知识取胜的知识经济时代更是如此。自20世纪80年代以来,我国已经制定了比较完整的知识产权法律体系,加入了相关的国际知识产权保护组织。在这种形势下,大学及其师生员工必须强化知识产权保护意识,维护自身的合法权益。一方面,大学要积极申请专利权、商标权,并强化版权观念和意识,防止自身的合法权益受到侵害;另一方面,又要维护他人的合法权益,不侵犯他人的专利权、商标权、著作权等合法权益。

对于如何做好大学的知识产权保护,强化师生员工的知识产权意识,进而提高知识活动的效率,我国大学应该注意做到以下四点。第一,进一步完善大学知识产权保护有关法律法规。针对大学知识产权屡受侵害、无形资产严重流失的现状,教育部公布实施了《高等学校知识产权保护管理规定》,对保护大学知识产权、激发教职工和学生知识创新的积极性、促进知识共享具有十分重要的作用。但从实施中遇到的问题看,还有许多地方有待完善。例如,如何合理确定职务发明、职务技术成果与非职务发明、非职务技术成果之

间的界限;如何提高学生从事知识创新的积极性;大学知识产权转化或投产成功后,如何确定酬金的提取标准等。另外,针对现代教学和传播手段的采用,要通过完善知识产权保护的法律法规,正确处理远程教育中的专利权与著作权的保护问题,大学电子图书馆、电子阅览室等有关知识产权的保护问题,传统的电教技术与先进的多媒体技术相结合带来的知识产权保护问题等。第二,开展知识产权理论及法律法规的宣传普及,提高教职工的知识产权意识。大学应当建立、健全知识产权管理机构和知识产权的教学科研机构,向教职工传播知识产权的理论和有关法律法规,不断提高教职工的知识产权意识。此外,要调整政策导向,鼓励教学科研人员申请专利。第三,正确把握科研成果公开时机,防止权利损失。大学教师的科研成果大多是以学术论文或研究报告的形式最先公开的。学术论文、研究报告是学术成果的总结、学术水平的标志、学术交流的途径。近年来,在我国大学排行、学位点申报、课题申请、职称评定过程中无一不把其作为重要依据。在这一指挥棒的驱动下,我国在国际科技期刊上发表论文的数量高速增长。毫无疑问,这促进了我国与世界的科技交流,加快了中国科学技术跻身国际前列的步伐。但另一方面,也存在着很大的隐患。因为按照知识产权法的规定,在学术论文发表的同时,也意味着专利申请权的丧失,国内外任何人均可无偿地利用这些科技成果生产所需的产品,我国科技人员费尽心血所获得的新思想将会无偿地“奉献”给世界。因此,大学的广大教师和科研人员在发表学术论文时,首先要权衡有无必要申请专利,否则将带来无法弥补的损失。第四,讲究学术规范,尊重他人著作权,杜绝学术腐败。近年来,在我国学术界“学术违规”“学术失范”“学术腐败”等话语不绝于耳,其主要表现为学术抄袭造假和粗制滥造。因此大学在保护自己知识产权的同时,也要尊重他人的知识产权,真正用自己的劳动和智慧,创造学术精品,促进知识创新。

(四)建立与知识管理要求相适应的柔性管理和激励制度

要促进学习者知识建构的主动性和自觉性,建立激励机制是十分必要的。对大学教师来讲,由于期望的多样性特点,如薪酬期望、成就期望、机会期望等,在人才激励制度与机制设计过程中,应充分考虑其多元复合性激励措施的制定和机制的形成,包括薪酬激励、成就激励和机会激励。与此同时还应充分考虑到两个方面的内容：一是各项激励中激励因子的构成与确定，如培训、晋升、交流、表彰、休假以及其他福利等；二是知识、能力、业绩以及其他要素在各项激励类型中的比例与权重构成。

1.重视对大学教师的教育培训

对人才进行培训，既是提高大学教师素质的有效途径，也是人才激励的重要形式。目前一些大学对教师培训存在认识上的误区：认为培训应该主要针对那些学历低、文化水平和素质不太高的人员，而大学教师则不需要，其理由是大学教师本身具有较高的学历、较高的素质，再对他们进行培训有点多余。事实上，在知识经济时代，随着信息技术、网络技术的飞速发展，任何一种学习都不是一劳永逸的，没有一种知识可以终身受用。一个人只有不断接受教育才能跟上时代的步伐，大学教师也不例外。大学教师虽有较高的文化和技能，但也必须改变旧观念，建立终身学习观。

首先应加强大学教师的“硬培训”。大学应重视对人力资本的投入，建立健全人才培养机制，为大学教师提供受教育和不断提高自身技能的学习机会，从而使其具备一种终身就业的能力。为此，大学要根据实际情况制定总体培训方案，要认真进行培训需求的分析，包括培训的目标、内容、形式、途径及培训评估、监督。通过培训，不仅要提高大学教师实现目标的能力，而且要为其接受更富有挑战性的工作创造条件。

其次要重视“软培训”，即注重对大学教师的价值观、忠诚度进行培训。在以人为本，尊重人性、个性和个人价值的现代社会中，要使大学教师成为忠于大学、心系大学发展的人才，就要将学校文化的培育作为教育培训的主要内容，目的在于使大学形成共同的价值观、共同的目标和共同认可的行为规范，培育大学教师对高等学校的归属感和主动参与意识，造就大学教师奋发进取、积极敬业、团结协作的精神。只有这样，才会使大学教师与大学结成长期合作、荣辱与共的伙伴关系。

2.建立公平有效的物质激励

物质激励是指通过物质刺激，鼓励、激发大学教师努力工作。物质激励具有两种形式：一是正激励，如发放工资、奖金、津贴、福利等；二是负激励，如罚款等。在知识经济时代，随着人们生活水平的提高，尽管金钱和激励之间的关系呈淡化趋势，但物质需要毕竟是人类的第一需要，所以物质激励仍是激励的主要手段。大学教师工作目的之一是要获取一份与自己的贡献相对称的劳动报酬，报酬的高低是大学教师衡量自身价值的标准之一。大学要正确评价大学教师的工作成果，并给予合理的报酬和奖励，这是激发大学教师工作积极性的重要手段。在这方面，有两点必须注意。一是保证劳动报酬分配的公平性。因为公平的报酬可以营造相互尊重、相互合作和积极进取的环境，这样大学教师才会有归属感，才能形成对大学的忠诚，不会轻易离开而另寻其他的个人发展机会。二是长、短期激励相结合。较高薪酬往往只具有短期效应，要真正吸引和留住人才、稳定人才队伍，还应加强对大学教师的长期激励，刺激大学教师的长期行为，以减少离职率。

3.注重精神激励

精神激励是注重用精神因素鼓励大学教师更好地获取、创造和应用知识。物质激励在短时间内可能有效，但时间长了就会失效，精神激励则不同。根据美国心理学家马斯洛的个人需要的层次理论，当人们在较低层次的需要得到满足后，就会产生较高层次的需要。大学教师由于自身能力比较强，只要自己努力，还是比较容易获得一定的物质资料来满足较低层次需要的。对大学教师来说，他们更注重自身价值的实现。所以对大学教师应该重点进行精神激励，要改变过去传统的以物质利益刺激为主的机制，建立以目标发展激励为导向的激励机制。① 实行目标激励，既能使大学教师认清自己的价值和责任，还能使大学管理者和大学教师之间进行有效的沟通，并使大学教师的个人利益与学校的整体目标保持一致。

4.建立客观的以职称聘任制为主的绩效评估体系

大学教师绩效评估的一个重要形式是建立客观、公正的专业技术职务聘任制。专业技术职务聘任制是世界一流大学的通行做法，是实践证明行之有效的用人制度。专业技术职务聘任制的基础是专业技术职务的评审。对专业技术职务的要求和条件主要应当是人才所拥有的隐性知识，即在教学、科研和社会服务中的实际能力。从知识管理的角度讲，当前我国专业技术职称评聘制度存在的问题，是以显性知识作为主要评判标准，隐性知识在其中所占的比例较小，导致职务评审结果在很多时候不能真正反映人才的实际能

---

① 蔡珍红.现代大学基层学术组织特征与治理研究[M].重庆:重庆大学出版社,2012:117.

力。大学应建立以知识能力与业绩为核心的内部人才评价体系，要克服以往重学历、重资历，轻能力、轻业绩的倾向，建立以业绩为依据，以品德、能力等要素构成的人才评价制度和办法。为此，大学首先要建立客观的绩效评估标准，建立以静态的职责加动态的目标为主线，目标与职责协调一致的岗位考核体系。采取自下而上，建立针对每个具体岗位责任制的做法，使岗位的职责、考核、权利、素质、工作条件与待遇达到统一。在评估方法上采取多视角、全方位的形式，让尽可能多的人参与评估，从而获得全面、准确的评估结果。其次，要建立专业技术职务的聘任制。与我国长期实行的职务评聘制相比，聘任制的优势在于三个方面。第一，职务聘任制是按教学和科研的需求设岗，坚持按岗聘任，严格人员的岗位职责，从而避免事职不符、人浮于事，提高了用人效益。第二，岗位的有限及岗位职责的严格，将强化教师之间的竞争，有利于发挥人的积极性、主动性和创造性，激发人的潜能。竞争是激励机制，也是淘汰机制，获胜者达到目标，失败者被淘汰出局。正是这种巨大的激励作用和淘汰压力，使得大学教师不断进取、不敢懈怠。第三，职务聘任制最主要的管理手段是合同，合同固有的合意性、选择性、责任性等特征，使学校对大学教师有聘任权、解聘权，人才对学校也有受聘权、拒聘权。如果教师教学科研业绩不佳，将被中断合同或不再聘任，从而促进人员流动，打破用人上的终身制。

三、培育适应隐性知识管理要求的大学组织文化

文化是一个宽泛的概念。从本来意义上看，文化是人类活动的社会特征。克拉克洪和凯利认为："文化是历史上所创造的生存式样的系统，既包含外显式样又包含内隐式样，它具有为整个群体共享的倾向，或者在一定时期为群体的特定部分所共享。"组织是人们活动的核心区域，一个组织内部的文化有其独立的特征，并决定着组织的发展。广义上讲，组织文化是在一定历史条件下，某一组织在其发展过程中所形成的共同价值观、精神、行为准则及其在规章制度、行为方式和物质设施中的外在表现。这些价值观念、信念及基本假设是由组织在学习处理适应外部和综合内部的问题时所发明、发现或发展起来的一直被认为是很好的、有效的，因而被新成员作为感知、思考和解

决这些问题的正确方式。这些信念及假设是组织成员所共有,并在无意识地起作用且以一种基本上是理所当然的方式,决定着一个组织关于自身和周围环境的看法及各种行为的产生。组织文化的概念源于 20 世纪 70 年代以来美国和日本学者对"企业文化"的研究,研究者发现,同美国的企业相比,促使日本企业在电子、信息、汽车等行业里领先的关键并不在于技术、物质因素,而在于独特的企业文化形成的凝聚力。日本企业员工的敬业精神以及对企业的忠诚程度,都是远非美国企业员工所能比的。从此,企业文化成了企业界和理论界研究的热点,企业界也都在培育自己的企业文化上做出了努力。随后,大学也同样认识到组织文化对学校发展的影响,也重视培育自己独特的组织文化。

(一)大学组织文化

大学组织文化是一种社会亚文化,是大学在发展过程中形成的具有特色的价值观念、伦理道德、精神风范等意识形态的总和,反映着大学的"组织个性"。学校组织文化从其内涵而言,包含了物质文化、制度文化、精神文化三个层面。所谓物质文化,就是学校为师生奠定的良好的校园学习、工作和生活的物质基础。所谓制度文化,是学校以体制、机制、政策、规章等确定的制度环境,它对师生的思维、言行方式及生活行为习惯具有引领、约束和定型的作用。所谓精神文化,是学校所倡导并确立的价值观念、信仰追求、道德情感等思想和心理环境,是对师生共同价值观的形成具有指导作用的无形力量。大学文化应是这三个层面文化的有机结合,其中物质文化是基础,精神文化是核心,制度文化是保障,它们既独立发挥作用,又相互依赖、相互强化,不可分割。

精神文化是大学组织文化构成中最具活力的部分,是大学广大师生员工从事知识活动的原动力。精神文化的核心是价值观,是教职工对特定结果或行为的偏好,或者大学期望达到的目标,它包括价值倾向、实现价值的行为准则、价值评判的标准和价值理想等方面,决定了人们赞赏什么、追求什么和反对什么。制度文化的核心是行为规范和惯例。行为规范是指教职工应当如何行动的共识,它体现了对行为的期望方式。惯例是指大学在长期的办学过程中为广大师生员工所默认的正式或非正式的工作方式和程序,它对人们的行为规范有着极强的约束力。如果生活在组织中的人不遵守组织的惯例,它就会面临被唾弃或排斥的威胁,就会感受到工作或生活的巨大压力。物质文化是大学组织文化的表层部分,是形成精神文化和制度文化的物质载体或条件。物质文化往往可以折射出学校的办学思想、价值观、人才观、道德风尚、校风学风等。物质文化主要通过大学的校容校貌、教学条件和科研条件来反映。在大学组织文化的这三个组成部分中,精神文化深藏于文化的底层,很难清楚描述,改变起来也十分困难。相形之下,制度文化和物质文化要明显得多,更容易被教职工识别,因而改变与知识相关的制度文化和物质文化也就相对容易。

在大学组织文化中还有许多亚文化,其中最重要的是学术文化、学科文化、学生文化、教师文化及行政管理人员文化。学术文化由大学的学术特性所规定的文化特征,其核心价值观及信念是“自由”的观念,包括“教学自由”“研究自由”等。学科文化是由于学科性质的不同而形成的文化特征,积极向上的大学倡导的学科文化应该是各学科相交融的学科文化。学生文化、教师文化及行政管理人员文化是由于文化主体的不同而形成的有各自特色的学校主体文化。

(二)大学组织文化对教师、学者隐性知识管理的影响功能

任何组织一旦形成某种独特的组织文化,它就将反过来对组织产生巨大的作用,高等学校也不例外。文化的作用是中介性,它把客观存在与人类的实践紧密地联系在一起。拥有不同文化的人对同一种客观事实会产生不同的理解,进而产生不同的行为方式。在这一过程中,文化实际上已经成为一种权力、一种起控制或强制作用的支配力量。它对组织成员进行着控制,对其成员的行为进行引导、约束和选择,并使成员产生心理上的认同感和共同感。具体来讲,大学组织文化对大学教师学者的知识活动的影响主要体现在以下四个方面。

1.导向功能

校园文化对大学及其成员的作用如同方向盘之于汽车。其一方面对大学职工的个体心理、价值观念、思想意识和行为取向等起导向作用,另一方面对大学的整体价值观念、整体思想、整体行为和整体目标等起导向作用。

校园文化首先反映的是大学整体的共同追求，既是大学行为的再现，又是大学行为的发展和完善。大学整体的价值观和精神构成了校园文化的核心并由此形成大学的整体行为准则和行为方向。同时，校园文化能引导大学全体教职工积极认同大学的整体价值观念、行为取向和既定目标，并自觉地将自己的价值取向服从于大学整体的价值取向，把自己的理想、价值观念调整到大学所确定的目标方向上来，使全体人员的思想、观念和行为追求与大学的目标保持一致，进而强化其主体意识和团队精神。

校园文化的导向功能通过暗示或明示等不同方式融入人们的灵魂，渗透到人们的心里，聚集成人们的共同理念，形成人们的共识。具有特色的校园文化一旦形成，就会具有一种特定的文化定势，表现出强劲的内在号召力，从而调动人们的积极性，形成强大的力量，为实现大学的共同目标而努力奋斗。

2.约束功能

校园文化的约束功能不仅通过一定规章制度和管理规定来实现，更主要的是对大学全体成员的行为形成一种无形的群体压力。这种压力包括：舆论的压力、理智的压力和感情的压力。大学文化中的价值观念、道德规范、行为准则等能形成一种良好的大学微观社会心理环境，对全体人员的心理和行为起着共同的约束和规范作用。

校园文化所形成的氛围本身既是无时不在、无处不有的行为参照物和矫正器，也是无形的控制力量。校园文化的场地效应使置身其中的每一个人都得到熏陶。这种氛围是一种无形的吸引力和约束力，既强化了人们的归属感，也增强了人们的自律性。这种功能自觉地体现在每个人身上，促使职工自我教育、自我管理、自我控制、自我规范、自我塑造，自觉地提高文化素质和保持良好的职业道德。校园文化巨大的约束作用，保证了大学健康、稳定地发展。

3.凝聚功能

社会心理学认为，在社会各个系统中，凝聚力的产生主要是心理因素，物质因素次之。校园文化正是通过大学职工的认知、信念、动机、期望等微妙的文化心理，沟通人们的思想，使职工产生对大学目标的认同感、使命感和自豪感，并形成一种对大学的向心力，把个人的命运与大学整体联系在一起，努力实现自身的价值，萌发出强烈的依赖感、归属感，潜移默化地产生巨大的凝聚力。

校园文化的凝聚功能对实现大学发展目标的作用是不可低估的。优秀的校园文化好像一种黏合剂，能把大学全体成员凝聚在一起，使之具有共同的理想和信念；消除或减少大学内部的摩擦和内耗，形成和睦、融洽、信任的人际关系；增强协同和内聚力，使全体人员同心协力为实现共同目标而奋斗。

4.激励功能

校园文化能在大学成员中培育和树立共同理想，增强其事业心和责任感，使每个人的精神要求得到满足，使全体人员受到鼓舞，因而成为激励和调动职工的积极性、主动性和创造性的动力源泉。

校园文化的激励功能可以从个体与整体两个方面来理解。从个体看，就是通过个人所接受的外部鼓励性刺激而产生的一种高昂向上的效应；从整体看，是通过号召和影响使之接受并产生集体行为效应。大学发展目标确立后，便以各种文化行为对全体成员施加影响，取得认同，产生效应；通过各种分目标的实现产生激励效应，达到总目标。个人或集体所接受的文化激励通过分目标的实现体现出了价值，这种价值就会循序地产生激励效应。

(三)建设有利于隐性知识管理的大学组织文化的途径

中国没有国际一流的大学，是因为大学缺乏国际级的大师；而缺乏国际级大师的最重要原因，是因为中国大学缺乏孕育大师的文化环境。当前中国大学的文化具有鲜明的“官僚文化”的特征，即“官本位”文化。在中国大学中，管理人员都是被当作政府序列的一员来看待的，大学的各级管理人员由各级党委组织部门考察确认并任命，大学的校长一级更是要由政府任命，各层管理人员都匹配相应的行政级别，他们的待遇也是随着行政级别的不同而不同。在这样一种“官本位”文化的影响下，大学管理人员不可避免地自认为是某一级的“行政官员”，他们在潜意识中会自觉不自觉地将自己与政府序列中的相应等级挂钩攀比，以致他们心系仕途，不能把心思放在学术上，而是以学术为跳板，谋求做官之路。

从隐性知识建构的视角来看，“官本位”文化对大学隐性知识管理造成了很多不良影响。第一，“官本位”文化使得个体以做官为荣，把做官作为人生的最高追求，许多苦读寒窗多年，在科教界有很好发展前景的人才选择官场作为发展的归宿，使得大学丧失了许多优秀的人才，即知识建构的个体；第二，“官本位”文化导致资源配置的决定权掌握在官员手中，权力过分集中，资源配置过程中“人治”特征明显，知识建构的物质基础因此受到严重破坏；第三，“官本位”文化导致的官尊使得大学的主流价值观严重偏离，大学中价值观十分混乱，严重影响了大学教师的志向选择，使其丧失了学术追求的动力，从而“尊重知识、尊重人才”的良好风气难以真正形成，从根本上损伤了大学教师知识建构的环境；第四，“官本位”文化导致在大学许多的业务决策中，官员的意见往往能否决学者的意见，这极大地挫伤了广大教师学者研究和探索教学管理规律以及潜心开展科学研究的积极性和创新性，使学术研究“求真”的价值取向受到严重干扰；第五，知识建构需要漫长的过程，而“官本位”文化必然催生“多出成果，快出成果”的管理制度，导致大学学人浮躁和学术异化，高等学校因此无法培养真正的大师，无法产生重大的科研成果。

面对日益变化的国际、国内形势，中国大学只有努力去除“官本位”文化的影响，不断加强“学术本位”的大学组织文化建设，形成有利于知识交流和共享的文化氛围和有利于知识传播、知识生产、知识应用的良好环境，才能凝聚全体教职员工的精神和力量，造就高水平的教师学者队伍，培养出一流的人才，适应新形势对高等学校提出的要求。从知识管理的视角研究文化，文化的本质其实是组织的知识，尤其是隐性知识。因此，组织文化的形成和发展也遵循知识建构的原理，需要组织为文化的建构提供条件。具体来说，大学文化建设主要应从以下几方面着手：

1.倡导学术型组织文化，培育崇尚学术的大学精神

大学组织文化应当符合大学的内在逻辑，崇尚学术，视学术和人才培养质量为生命，这既是时代赋予大学的历史使命，也是大学自身发展的内在要求。[①] “官本位”导致现阶段大学存在着许多和这种要求不和谐的现象：有的学校充斥着商业气息，教师置本职工作、学生的利益于不顾，四处兼职、讲课；有的学校弥漫着权力欲望，大学教师不顾自身条件和学术专长，都想捞个一官半职，行政管理人员更是天天算计着如何权力更大、职位更高；有的学校清

① 刘志国.基于隐性知识建构的高校专业技术人才管理研究[M].保定：河北大学出版社，2013：91.

规戒律过多、过滥，整个学校死气沉沉，缺乏活力和朝气。在这样的氛围和条件下，大学是难以完成其使命的。大学必须培育崇尚学术的大学精神。大学精神反映大学的办学理念和价值追求，是一所大学的终极价值和无可辩驳的存在理由。在一般情况下，大学精神应该突出体现为：平等的多元意识、理性的批判态度、自由的个性精神和非功利的超现实追求。在崇尚学术的大学精神和组织文化中，大学教师才能真正以学术为己任，高效地进行知识活动。

2.挖掘历史传统与面向大学未来相结合，精心确定校训

校训是对一所大学的组织文化和大学精神的提炼和升华，是大学文化的形象表述。内涵深刻、朗朗上口、具有鲜明个性的校训对凝聚人心、明确方向具有重要的作用。确定校训时，一方面要认真研究本校的发展历史，继承和弘扬学校优良的文化传统。悠久的历史和优良的传统对于一所大学而言是一笔宝贵的财富。一脉相承的校风、学风，历史形成的优势学科，代代相传的社会声誉，丰富的名师资源和校友资源等，是建设大学文化可资利用的十分有价值的资源。[①] 要充分挖掘和利用这些历史传统，剔除糟粕，吸纳精华，以滋养满载时代精神的大学文化。只有具有历史传承性的校训，其内涵才显得更厚重、更丰富，才不会显得浮浅。拥有几百年发展历史的牛津大学、剑桥大学、哈佛大学、耶鲁大学等世界著名大学，其悠久的历史传统和深厚的文化底蕴本身就是学校文化的重要组成部分。另一方面，校训必须指向未来，具有鲜明的时代特征，使之成为行动的规范和前进的动力。制定好的校训应该既是对所在大学本质的规定，又应呈现出大学的基本定位和功能；既是对师生员工品德的要求，也是对师生学习、科研不断创新求真的要求，也是大学办学理念和学校精神的一种总结。

大学的校训确定或形成后，必须对其进行大力宣传，使之深入全体师生之心，成为全体师生员工的共同信念。新生入学、新职工入校后要对其介绍校训、宣传校训，使之领会校训、接受校训。在学校的日常工作中，要通过不同方式，强化校训的感召力和影响力。

3.树立正确的价值观，培养良好的学习风气

大学教师之间的隐性知识共享活动的开展依赖于互相合作、信赖的环

---

① 何独明.大学校园文化概论[M].成都：西南交通大学出版社，2010：27.

境，因为知识共享的基础在于成员之间的自愿合作而不是命令式的管理。在大学知识管理活动中，知识的价值不会因为分享而贬值，相反，知识被越多的人分享，它的价值会产生增值，使知识的拥有者获得更大的收益。大学组织应该树立正确的价值观，使大学教师员工相信知识的共享能实现拥有者和需求者之间的双赢。同时，大学成员的行为会受到整个大学组织文化氛围的影响。大学应该以人为本，加强学院、职能部门、教师之间的交流与合作，在组织中建立起彼此信任的关系和有利于知识共享的文化氛围，以文化来驱动知识共享和创新，鼓励教师之间的非正式接触，创立开放、灵活、共享的环境，使教师在轻松的环境中解决问题和共享知识。

大学隐性知识共享归根结底是大学教师员工之间相互学习的过程，离开了学习，知识共享就不可能实现。大学要鼓励教师的学习行为，建立起不断学习、终身学习的理念，在组织中形成浓厚的学习氛围，养成时时学习、处处学习、事事学习的习惯。在大学中建立的良好的学习风气，能使大学成员建立“组织的知识价值大于个人独占知识的价值”的意识，从而不遗余力地将自己的知识贡献出来，使更多的成员拥有它，实现显性知识和隐性知识的增值。良好的学习风气还会形成组织中成员成长的动力，教师学者会在大学良好学风的影响下不断地学习知识、追求进步，学习更多的隐性知识，并提高自身的理解能力和知识吸收能力。

良好的学习风气可以帮助缩小组织中成员间的认知差异和知识水平，使教师在相互学习中不断成长。随着教师知识存量和认知水平的提高，其知识共享活动会更顺利地进行。将个人的隐性知识持续地转化为组织共享知识，使成员形成共同愿景并在其指引下最大限度地分享知识，形成知识创新的良性循环，也会推动大学隐性知识管理水平的提升。

4.和谐融洽的人文环境

首先是教师文化。大学教师是大学隐性知识管理的主导力量，没有一流的师资，就没有一流的学科，就不可能有一流的大学文化。教师的言传身教、为人师表，特别是名师的学识修养、人格魅力对于大学文化建设发挥着重要作用。[①] 教师是大学的主体，教师的心理状态和情感体验决定着大学的生存

① 任英杰.知识管理视阈下的教师专业发展[M].沈阳：东北大学出版社，2009：69.

和发展。名师作为教师群体的优秀代表，更决定着大学的地位与声誉，是引导大学发展的旗帜。培育名师，可以为大学文化建设提供人力资源保证。一方面我们要优化、美化校园的外部环境和先进高效的信息基础设施环境，为教师提供舒心惬意的工作环境；另一方面要突出人文环境的建设，营造民主、平等、和谐的管理氛围，让教师参与学校的决策与管理，让教师感到“家”的温暖，不以行政命令压抑教师的个性，让教师的精神和人格得到自由的舒展。在教学活动中，给教师充分的自主权，鼓励教师建立自己的教育思想，支持教师进行教改实验，形成自己的教学风格，让教师时时刻刻感到自己是学校的主人，使教师的职业意识、角色认同、教育理念、教学风格、价值取向等与学校的主体文化协调一致。浓郁而温馨的氛围，严谨高雅、务实进取的精神应成为学校文化的主流。

其次是学生文化。教师文化和学生文化可以互相影响、共同发展。没有学生参与的文化，不能称其为校园文化。建设个性完善、人格健全的学生文化，关系到学校培养人才的“规格”。从内容上说，学生文化包括德育文化、学习文化、综合实践活动文化、文娱体育和审美文化、生活与心理卫生文化等。在学生文化建设的实践中，应坚持“育人为本”，坚持发掘人的创新潜能与弘扬人的主体精神相结合，使学生做到人格上自尊，积极向上求进步；学习上自主，主动参与和探究真理；行为上自律，主动约束与反省。在具体工作中，可以组织学生参与学生社团的组织与管理、制定班纪班规等。

5.丰富高雅的校园物质文化

校园物质文化可分为基础设施文化、自然人文环境文化等，它是学校文化的硬件部分，也是校园文化的载体，看得见、摸得着。校园物质文化建设内容主要包括三个方面：学校建筑文化的建设，如学校建筑的布局，各种建筑物的命名，校门、大型壁画、校史馆的设计与修建等；学校绿化与美化，如学校绿化景点、学校雕塑的创作设计与修建学校内部的陈设与布置，学校教学楼、实验楼、图书馆等厅堂的陈设布置，教室、走廊的布置等；学校知识传播设施，如学校标志的设计与制作，校园网、黑板报、橱窗、阅报栏、标语牌、广播、现代信息技术方面的设备设置等。如果这些学校的硬件都具备独特的风格和文化内涵，就能潜移默化地影响学校群体成员的观念与行为。

第七章　大学隐性知识共享与组织学习

学习是成长的方式，没有学习力就没有竞争力。自 20 世纪 70 年代联合国教科文组织提出“向学习化社会前进”的目标起，创建学习化社会、建设学习型组织就成为组织建设的新方向。在竞争激烈的知识经济时代，大学需要倡导普遍的组织学习，建立学习型组织，形成知识共享的心智模式，全面提升组织效能。

从学习型组织的视角来看，隐性知识对于学习型组织的创建和发展具有关键性的作用。隐性知识是要靠实践摸索和体验来获得的知识，包含了经验、技巧、诀窍等。这类知识具有很强的个人特性，比如人的价值观和视野等，很难甚至根本不能通过语言来表达和传递，它难以甚至无法转化成独立表达并能够传授的显性知识，只有掌握这类知识的人才能亲自使用它。因此，相对显性知识而言，隐性知识具有个体性、非系统性、情景性、稳定性、文化性和实践性等特征。

本章将从大学组织学习与隐性知识的关系、隐性知识交流和共享的障碍分析、隐性知识交流和共享过程的知识转化、隐性知识交流和共享的组织资本这四个方面探讨大学隐性知识共享及组织学习，并利用社会网络分析的方法，描绘组织内部隐性知识交流及共享的网络结构，最终建立合理的隐性知识交流、共享的高效网络。通过对社会关系网结构的定量分析，探讨学习型组织中阻碍隐性知识交流及共享的问题根源，从而为有针对性地制定促进大学隐性知识共享的组织制度、措施提供可靠的依据。

一、大学的组织学习与隐性知识的关系

从1958年March和Simon首次提到“组织学习”概念，到1978年Argyris和Schon对组织学习做出较为全面和系统的论述，再到1990年Senge提出“学习型组织”，组织学习活动日益受到学者们的关注，已经成为当今最热点的研究问题之一。① 正如Dixon(1994)所言，我们进入了一个知识经济的时代，在这个时代中，最为关键的便是学习。

(一)组织学习的概念

组织学习概念的提出至今已有60年的历史，学者们围绕组织学习展开了大量研究，从不同学科视角对组织学习进行了界定，如表7-1所示。

表7-1　组织学习的概念

学科	组织学习定义	代表学者
社会学	由组织制度形成的社会关系中进行学习的社会过程	Cherardi，Nicolini，2000
管理学	关于有效地处理、解释、反应组织内部的各种信息，进而改进组织行为的过程	Argyris，Schon，1978
经济学	可以计量的组织行为绩效的提高或者抽象与模糊的正向结果	Hayek，1945
知识创新学	该组织促进知识获取、创新与传递的过程	Nonaka，1995
组织行为学	通过更好的知识和理解能力来提高活动能力的过程	Fiol，Lyles，1985

从社会学角度看，组织学习是一种在由组织制度形成的社会关系中进行学习的社会过程(Cherardi，Nicolini，2000)；从管理学角度看，组织学习是关于有效地处理、解释、反应组织内部的各种信息，进而改进组织行为的过程

① 吴晓波，许冠南，杜健.网络嵌入性组织学习与创新[M].北京：科学出版社，2011：44.

(Argyris，Schon，1978)；从经济学角度看，使每个经济主体利益最大化的知识是其所拥有的独特知识，因此要特别重视知识的传播与共享，组织学习是可以计量的组织行为绩效的提高或者抽象与模糊的正向结果(Hayek，1945)；从知识创新学角度看，组织学习是该组织促进知识获取、创新与传递的过程(Nonaka，1995)；从组织行为学角度看，组织学习是通过更好的知识和理解能力来提高活动能力的过程(Fiol，Lyles，1985)。

这些关于组织学习的定义包含着三个核心要素：环境、知识和组织行为(郭雯，2003)。组织学习的目的是为了帮助组织更好地适应瞬息万变的环境，从而获取竞争优势；组织学习的核心内容是知识，它是围绕信息与知识的获取、整合、应用、创新展开的；组织学习是一种组织行为，是对信息和知识操作的一系列活动。

本章从知识创新学角度，对大学组织学习进行了界定。阐述大学组织学习的概念，大学组织是必须关注的话题。笔者认为，大学组织是围绕学科和行政单位组成的矩阵型组织，其基本组织单位是从学科出发并围绕学科发展起来的集工作、信念、权力等各种形态为一体的综合机构。因此，笔者将大学组织学习定义为：大学组织学习是大学组织为了适应动态变化的环境，获得持续竞争优势，对知识进行不断地获取、存储、传递、整合、应用及创新的一系列组织行为；其实质是强调形成共享的心智模式、组织惯例，对大学教职工分立的知识进行整合，进而提高知识活动的效率和增进组织的绩效。

从大学知识管理的角度，大学组织学习形成的心智模式是主体在实践基础上形成的模式化和相对稳定的思维定式和思维框架，它是潜移默化地渗透、积淀、凝结并固定在人们意识中的思维定式，通过有意识或无意识的形式外化于人们的行为、决策、认知和评价活动中。

(二)组织学习的过程

人类从野蛮、愚昧、落后走向文明、进步是不断学习的结果。同样，大学发展的每一次质的飞跃和突破性进展也是大学组织学习一次次升华的结果。了解组织学习的过程，有助于进行有效的知识交流与共享，全面提升大学组织效能，建立知识共享的心智模式，从而保证大学自身成为有效率的学习型组织。

Argyris 和 Schon(1978)将学习的过程分为发现(discovery)、发明(invention)、执行(production)和推广(generalization)四个阶段,分别指发现预期的结果与实际情形存在的差异,分析绩效差距并创造各种可能的解决方案,执行所发展出来的解决方案,评估过去的经验并将之推广到组织政策、惯例及规范中。

Huber(1991)把组织学习过程分为知识获取(knowledge acquisition)、信息分发(information distribution)、信息解释(information interpretation)和组织记忆(organization memory)四个阶段,分别指通过先天学习、经验学习、移植、搜索等方法来获取知识、共享信息并因此获得新的知识,对信息进行解释并发展共享理念及概念架构,储藏知识以供未来使用。

Helleloid 和 Simonin(1994)认为完整有效的组织学习过程应包括四个步骤:信息的获取(acqusition)、处理(processing)、储存(storage)及检索(retrieval)。Slater 和 Narver(1995)在前人研究的基础上,把组织学习看作是由信息获取、信息传播、共享解释和组织记忆四阶段往复循环的过程,并将此过程与创造性学习和适应性学习相对应。Nevis et al(1995)将组织学习过程整合为三个阶段:知识取得、知识共享和知识应用,即组织获取或创造知识、扩散学习成果、整合应用学习成果使之泛化并能应用于新的情景。Bessant 和 Francis(1999)则把组织学习过程分为试验(experiment)、经验(experience)、思索(reflection)和概念化(concept)四个阶段,这是一个组织通过试验和经验判断机会和威胁,寻找解决问题的方法并通过不断反思将其转化为组织记忆的循环过程。陈国权和马萌(2000)在 Argyris 和 Schon(1978)研究结果的基础上,增加了反馈步骤,建立了改进的组织学习过程模型。

纵观上述理论模型,组织学习过程的研究分为解决问题导向和处理信息导向两大类。解决问题导向的研究倾向于把组织学习看作是一个从发现问题到解决问题的过程(如:Argyris,Schon,1978);处理信息导向的研究主要从信息角度分析了组织学习的过程,把它看作是不断地获取知识或信息并予以分发、应用以及再创造的过程(如:Huber,1991;Slater,Narver,1995)。本书借鉴 Nevis et al 的研究,从处理信息导向的角度把组织学习过程划分为知识获取、知识共享和知识应用三个阶段。

(三)隐性知识与大学的组织学习

知识和学习有着密不可分的联系,知识是学习的内容,也是学习的目的;学习是知识得以传播与再创造的动力。

大学组织学习的重点在于隐性知识的交流、共享与转化,以实现个人和大学知识价值最大化,提高组织核心竞争力。组织内外知识的不对称性是组织学习的重要原因,组织隐性知识是影响组织核心竞争力的重要因素,也是组织学习的核心内容及决定组织效率的重要因素之一,组织学习造就了组织隐性知识的发展演进过程。①

1.组织学习是创造与共享大学隐性知识的有效途径

组织学习是一个动态的过程,是组织及其成员获取、转移、融合、创造和管理知识,将组织学习的最终成果内化于系统、结构和文化之中,以达到使组织整体共同进步为目的的过程。组织学习的重点在于解决信息超载而知识匮乏的问题,解决显性知识和隐性知识的交互障碍,提高组织获得并发展新知识的能力。因此,组织学习是知识转化成为组织行为的潜规则,是构建隐性知识潜规则的解决之道。

隐性知识管理的研究多涉及人的行为的研究。从大学文化角度探讨组织学习,从而建立学习型组织,可以促进隐性知识的传播、共享及创新,促进大学文化建设、知识战略的落地生根。从学习型组织的视角看,组织学习的开展为隐性知识的创造与共享提供了天然的场所,隐性知识的创造与共享也依赖于组织学习的创建和发展。

高绩效的大学组织通过具有日常的、没有规划好的员工之间的互动来普遍获取知识,此外,还经常性地展开与其他团队的会晤,以此推动知识共享,发现更高层次的知识。员工可通过信息的获取,讨论甚至争论自由地产生观念,从而达到知识共享,而不是隐藏成功和失败。事实上,向整个组织通报或者在整个组织中分析错误或者偏差,这是隐性知识共享的一种方式。在这样一个开放性的组织中,将使后来者避免重蹈覆辙,以此减少成本,增加生产力。

总之,知识基础的作用在于为知识积累和共享、为知识创新提供"档案

① 方兵辉.基于知识管理的企业学习型组织建设研究[J].经营管理者,2014,(21):97.

馆”的功能。大学组织通过组织学习克服隐性知识共享的障碍，将个体知识、组织知识通过各种共享平台为大学中其他成员所共享，进而促进隐性知识创新，实现大学组织的知识增值，提高大学组织的能动性。大学组织必将打破各个院系“鸡犬声相闻，老死不相往来”的格局。

2.大学隐性知识传播、共享与创新促进组织学习效率的提高

大学知识可分为显性知识和隐性知识，显性知识可以形式化、制度化、结构化，并以言语传递，易于储存及流转，而隐性知识则内嵌在个体头脑、团队惯例、组织记忆之中，难以被编码化及传递，不易被其他组织复制和窃取，是大学自主知识创造的源泉和形成核心竞争力的基础。显性知识可通过信息与网络技术来保存及传递，而隐性知识则必须靠人与人之间的交流互动才能达到传递分享及学习吸收的效果，存在诸多亟待解决的疑难问题。

隐性知识交流和共享首先从个体隐性知识的共享开始，通过组织中人与人之间进行的各种社会化活动，将个体隐性知识外化，以知识扩散的途径被组织中其他成员所认知和理解。在共享平台上，通过个体间的交流和讨论并加以整合、转化，成为组织或团体的显性知识，打造组织的核心知识库，完成个体隐性知识显性化的过程，这是组织学习过程的核心。此外，在组织学习中，个体通过共享平台，主动将获得的显性知识与原有的知识结构进行对比，通过同化和顺应，将来自各方面的知识内化为自身的隐性知识，它不仅积累和创新了知识，也丰富了个体原有的知识体系。在这个过程中，个体学习是组织学习的起点，这一螺旋式的循环往复，不仅增强了个体的学习力，而且带来了组织竞争力的提升。总之，隐性知识的交流和共享是知识创新的基础，隐性知识是决定组织能否持续发展的关键因素，是组织知识化运营、发展的关键。

综合以上两点，隐性知识与大学的组织学习相互依靠、相互补充、互为因果。要充分挖掘和激励大学隐性知识，营造有利于实现隐性知识传播、共享、创新的良性循环机制。建立大学学习型组织的新型管理模式，将有助于提升组织学习的过程，提高组织学习的效率。反之，大学通过组织学习，成为适应内外部不同环境的变化而不断提高自身能力的学习型组织，对隐性知识的传播、共享、创新等起到积极的作用，这也是大学发展的现实需求。

二、大学隐性知识交流和共享的障碍分析

波兰尼认为,知识总体可分为显性知识和隐性知识两种类型,知识共享内容可以是显性知识,也可以是隐性知识。经研究和测量,隐性知识占知识总量的90%以上。波兰尼同样认为,隐性知识是知识的主体内容,是知识主体的主要作用对象,相对于隐性知识而言,显性知识只是“冰山之一角”。因此,显性知识的共享属于浅层次的知识共享。隐性知识共享在知识共享中更加具有突出性的主导地位,是知识管理研究的核心内容之一,也是知识管理中难度最大的。

大学隐性知识的交流和共享存在许多障碍因素,分析和排除这些障碍因素,寻找隐性知识交流与共享的规律,采取有效措施促进隐性知识共享,对于提高大学的组织学习力及大学办学效率至关重要。

(一)大学隐性知识交流、共享的现状

1.大学隐性知识交流、共享的过程

所谓大学隐性知识共享,就是指大学组织个体对各自掌握的诀窍、直觉、经验、感悟、思维模式等隐性知识资本进行深层次的交流,以促进双方科技开发能力或创造力的成长。大学隐性知识交流、共享的过程实则是大学隐性知识转移的过程。

在大学内部,隐性知识实际上主要体现为教师和学生的隐性知识,二者比较而言,教师的隐性知识不仅数量多而且层级高,学生的则相反。因此,隐性知识交流、共享的流动方向主要是从教师流向学生或者是在教师内部之间、学生内部之间进行流动。

目前,高校的主要功能体现在教学、科研、服务社会、文化传承创新方面,这四个方面的工作主要是由教师和学生共同完成的,而隐性知识的交流、共享也主要体现在这四大主要活动中,因此大学内部隐性知识的转移主要在这四个过程中实现。而在大学外部,主要体现为大学间的隐性知识共享。

2.现状分析

为了解我国大学隐性知识交流、共享的实际情况,兼顾地域分布和高校

专业类型，笔者以14所大学担任公共课教学任务的老师作为调查对象，利用抽样调查的方法，研究了教师的隐性知识共享现状。

研究方法主要从两个方面进行。首先，应用文献资料法，利用中国期刊全文数据库、中国优秀博硕士学位论文数据库、中国知识管理网站等网络资源，以“知识管理”“知识共享”“高校教师”为关键词查阅了与本研究密切相关的40余篇学术论文，另外在超星、独秀等电子图书馆收集了关于知识管理学、教育学、心理学、科研方法等方面的著作10余部，为本研究奠定理论基础并提供研究方法指导。

其次，围绕研究的目的、内容编制结构型封闭式调查问卷，其中单选题采用李克特式五级评分法，用5、4、3、2、1分别代表“总是”“经常”“不确定”“较少”和“从未”五个等级。请10位专家对调查问卷进行表面效度检验，90%的专家认为问卷的内容和结构设计在“合理”程度以上。

通过整群抽取的方式，在河北省14所高校的教师中共发放了420份调查问卷，回收354份，有效330份，回收率和有效回收率分别为84.3%、93.2%。表7-2的统计结果表明，调查样本结构具有较好的代表性，能够满足研究需要。

表7-2 调查样本基本情况

	性别		年龄(岁)				职称			
	男	女	30及以下	31—40	41—50	50及以上	助教	讲师	副教授	教授
人数	115	215	65	120	104	41	50	111	145	24
百分比(%)	34.8	65.2	19.7	36.4	31.5	12.4	15.2	33.6	43.9	7.3

选取30位教师用“再测法”对调查问卷进行信度检验，两次问卷填答时间间隔在两周以上，问卷中单选题前后两次测试的斯皮尔曼相关系数均在0.84以上，且相关性均呈非常显著($P<0.01$)，可见调查问卷具有较高的可靠性，符合社会学调查要求。

最后，利用数理统计的方法，运用SPSS 13.0软件对调查问卷进行统计处理。单选题统计采用单因素方差分析和独立样本 T 检验方法，多选题统计采用交叉列联表分析方法。

该调查主要从隐性知识交流、共享的愿望，大学教师对隐性知识交流、共享的实际情况等方面展开。调查结果显示，大学教师与他人分享教育经验的愿望程度不高，且不同年龄教师之间的差异不具有显著性（$P>0.05$）；不同职称教师之间的差异具有显著性（$P<0.05$），进一步多重比较结果表明，教授职称的教师与他人分享教学经验的愿望程度要显著强于副教授和讲师，研究生学历教师与他人分享教学经验的愿望程度高于本科学历者，而且两者之间的差异非常显著（$P<0.01$）。

在调查的 14 所河北省高校中，知识交流、共享的状况令人担忧。表 7-3 调查结果显示，认为目前大学知识交流、共享现状“很好”的仅占 0.7%，认为“比较好”的占 8.1%，而认为“一般”的占 60.8%，认为“不好”的占 29.1%。

调查结果还显示，大学缺乏用于教学和科研人员的科研成果交流的平台。虽然目前各个高校基本上都建立了自己的校园网，但校园网上基本上都没有发布教学、科研人员的研究动态和研究成果。许多高校更缺乏教学、科研人员之间进行教学研究以及科研动态和成果的面对面交流，多数大学每周一次的教研活动基本上处于停滞状态，教研室活动也变成了全系或者全院职工的见面会，而且一周一次也变成了两周或者更长时间一次。

隐性知识的共享应当通过“师传徒受”等潜移默化、只可意会不可言传的方式进行，例如教师的教学技巧并不是仅仅依靠几条生硬的教科书上所讲的教学原则就能掌握的，应当通过不断的观摩教学以及师傅带徒弟式的教学导师制等方式慢慢领悟、体会，在此基础上结合自己的知识和个性特点，形成自己的教学技巧和教学风格。但是我国高校教师之间的相互观摩教学的制度以及教学导师制度等均很不完善，没有制度化、系统化，教师之间关于教学技巧方面的心与心的交流更是少之又少。

表 7-3 大学教师之间知识交流、共享情况调查统计表

调查问题	选项和占比			
您所在的教研室目前教研活动的频率	一星期组织一次教研室业务活动：16.7%	两星期组织一次教研室业务活动：31.5%	一学期组织很少几次教研室业务活动:27.8%	教研室基本上没有组织过业务活动：16.3%
您所在教研室业务活动的效果如何	很好，对我帮助很大:12.1%	比较好，帮助比较大:34.5%	一般，有点帮助：38.2%	不好，没有帮助:15.3%
一年来您观摩过几次其他教师的课堂教学	一次也没有:18%	参加过 1—2 次：53.7%	参加过 3—5 次：23.6%	参加过 5 次以上:5.4%
一年来其他教师观摩过几次您的课堂教学	一次也没有：23.2%	参加过 1—2 次：54.7%	参加过 3—5 次：14%	参加过 5 次以上:5.7%
其他教师观摩您的课堂教学活动是否向您提出过指导性意见，作用如何	没有:29.1%	有，但作用不大：23.6%	有，并有较大作用:37.2%	有，有很大作用:6.4%
在您的知识交流与共享途径中，哪一项最重要	教研室集体教研活动:29.4%	学术会议:45.1%	自己与其他教师的非正式交流：15.7%	其他，如网上交流等 10%

(二)大学隐性知识交流、共享的障碍

尽管隐性知识交流、共享是发挥知识价值最大化的有效途径，但限于隐性知识特性和知识共享参与者自身及外部因素的影响，隐性知识共享实施起来并不是一件容易的事情，需要在一种特殊的环境下才能实现，因为隐性知识共享过程中存在着许多现实性的障碍。

通过调查影响教学经验分享的因素，来反映大学教师隐性知识共享所面

临的障碍。调查结果如表 7-4 所示，交流手段、知识结构、组织环境、私有观念、人际关系等是影响大学隐性知识交流、共享的主要因素。

表 7-4　大学教师分享教学经验的影响因素调查结果　（单位：%）

		技术手段	知识结构	组织文化	私有观念	人际关系
年龄	30 岁以下	60.0	55.4	40.0	40.0	15.4
	31—40 岁	48.3	44.2	40.0	31.7	25.8
	41—50 岁	47.1	42.3	31.7	27.9	20.2
	51 岁以上	46.3	51.2	24.4	22.0	17.1
职称	助教	64.0	54.0	50.0	44.0	18.0
	讲师	48.6	44.1	34.2	27.0	22.5
	副教授	47.6	46.2	31.0	26.9	20.0
	教授	41.7	45.8	37.5	45.8	25.0
学历	本科	44.6	44.1	31.5	27.7	21.6
	研究生	59.8	51.3	42.7	36.8	19.7
总体		50.0	46.7	35.5	30.9	20.9

1.技术手段方面

知识共享是建立在一定的现代信息技术和沟通手段基础上的，完备与得当的技术手段可以促进大学隐性知识的共享。大学组织虽建立了自己的校园网，但缺少有效的交流、共享平台，未形成交流、共享的知识联盟及网络。存在于教师头脑中的隐性知识难以及时、明确地被他人观察、了解，也无法用言语表达或者只能用言语进行部分表达。而且知识被隐藏在大量的信息和数据库中，多而杂乱无章，不利于知识需求者使用。

调查显示，技术手段被大学教师视为影响教学经验分享的首要因素；不同年龄、职称的教师对“技术手段”的选择比例随着年龄的增大和职称的增高而降低；研究生学历的教师对“技术手段”的选择百分比高于本科学历教师，且两者之间的差异非常显著（X2＝7.005，P＜0.01）。由于年轻和文化程度高的大学教师对现代通信设备和计算机网络技术的学习、应用能力相对占一定的优势，使得他们对技术手段缺乏和交流手段不足给大学隐性知识交流、共享造成的障碍有着更加明确的认识。

2.知识结构方面

隐性知识由于自身特性，深深植根于个体的行为本身，植根于它赖以形成的环境与情景之中，难以用语言、图表或数据明确表达，其传授主要依靠传授者的演示和学习者的揣摩。可见，隐性知识本身就具备难以共享的特性。

加之大学教师在职前培养和工作过程中围绕自己的专项或教学任务构建了一定的知识体系，包括具有高度个性化特征的隐性知识，各自知识结构的特性突出表现在所掌握和应用知识的不同，正所谓“术业有专攻”。如夏托克所言：每个专业人群知道其他专业人群所不知道的某些事情，能做其他专业人群不能做的某些事情。“术业有专攻”造成不同专项教师之间的知识不对称，这会在很大程度上阻碍知识共享的实施，特别是容易因缺乏“共同语言”而难以理解他人传授的经验类隐性知识。由于知识背景、情景体验等方面的差异，青年教师对“知识结构”影响因素具有较高的认同度。

3.大学组织环境方面

大学组织环境制约隐性知识交流和共享的效率和质量，主要包括两个方面。

(1)组织制度

组织制度方面主要有三点。一是组织是否具有公平性。一般组织的公平性包括决策的公平性和分配的公平性。如果组织决策的流程和分配制度不是公平的，久而久之员工就会形成干多干少一个样、干与不干一个样的心态，从而使员工的工作积极性受到严重的挫伤，工作效率大大降低，更别谈交流、共享知识。二是组织是否制定激励机制，譬如知识库的搭建、知识宽松交流机制、员工知识成果申报制度、稽核制度、知识奖罚机制等。大学组织建立吸纳和鼓励员工积极参与知识交流和共享的机制，使员工有机会表达和表现自己。自我满足、个人价值的追求是人才较高层次的需要，如果能在这一层次得到激励，知识交流和共享的潜力必会得到激发。三是组织高层领导的影响。只有组织高层领导有决心和毅力支持策略的制定和执行，组织的隐性知识交流、共享才能得到保障。

(2)组织文化

组织文化决定了组织成员的看法和行为,因此也是影响隐性知识交流和共享的重要因素。组织文化是一个组织内部人们所具有的共同价值体系,包括价值观、信条、道德、伦理等,它决定员工对问题的看法和行为的方式。

组织内部隐性知识交流、共享受到组织文化很多因素的影响,而组织文化的核心是组织的价值观,它反映组织成员对环境变化的态度和观念。组织成员对共享的态度会形成组织共享文化,即在一个组织内,形成人人乐于知识共享的氛围,既乐于共享别人提供的知识,也乐于将自己的知识提供给别人共享。知识共享文化氛围是客观存在的,如果大学教师知识交流与共享的意识不强,势必会对隐性知识的共享造成影响。

表 7-4 的结果表明,大学年轻教师教学隐性知识分享的意愿与行为受"组织环境"的影响程度更大。此外,在"组织环境"的选择比例方面,不同学历教师之间的差异具有显著性(X2=4.199,P<0.05)。因此,大学组织环境是知识交流和共享的又一重要影响因素。

4.私有观念

由于存在"知识就是力量"的认识,容易使人们在知识问题上持有"知识私有"的价值观。调查结果显示,大学教师对"私有观念"的选择比例随着年龄的增长而降低,这表明年轻教师更不乐于与别人分享自己的知识。大学教学环境的开放性以及无形之中存在的同行压力,容易让教师担心自己的教学窍门或技巧被别人掌握,从而丧失自己的优势地位,因此在与承担相同或相近教学任务的同事进行教学经验交流时,可能会有所保留。实际上,力量不是来自于保密的知识,而是来自共享的知识,"教会徒弟、饿死师傅"的传统观念在阻碍大学教师与他人分享教学经验的同时,也失去了向他人学习的机会。

5.人际关系

群体成员之间相互交往和联系的状态称为人际关系。虽然在调查中大学教师对"人际关系"的选择比例仅为 20.9%,但不和谐的人际关系会潜移默化地影响到教师的隐性知识共享行为。"关系"是信任他人、乐于合作的主要因素,不和谐的人际关系首先表现为缺少相互信任。由于大学教师之间在职称晋升、评优等方面客观存在的竞争关系和可以理解的提防心理,会对彼此之间的相互信任产生一定的负面影响。另外,担心自己贡献的教学经验不被同行所认同,或者出于对已有知识的偏爱,以及由于惧怕被认为无知等心理上的不安全感所造成的人际关系不协调,都将阻碍隐性知识共享的顺利进行。

综上所述,隐性知识的内隐性、复杂性以及隐性知识共享中的障碍性因素使隐性知识共享的可操作度大大降低。

三、大学隐性知识交流和共享过程的知识转化模式

大学是知识密集型组织,它有着丰富的人才资源,积聚了众多的知识势能极高的大师、大学者、大教授,是当今时代的知识摇篮,是知识经济的"人才库""知识库"和"思想库"。无疑,高校蕴藏着丰富的知识资源,而隐性知识又是这知识资源中最重要的资源、最具价值的部分,它又是构成组织核心竞争力的基础。但由于组织内部及隐性知识自身特性等因素导致高校的隐性知识难于实现其价值。研究高校的隐性知识转化模式,使知识势能低的主体共享知识,将有利于高校自身人力资本存量的提高、组织核心竞争能力的提升;有利于教学质量的提高、人才的培养;有利于创新水平、科研效率的提高;更重要的是有利于知识的增值、裂变、聚合,从而使大学真正完成其传播知识、创新知识,将知识服务于生产,推动知识经济发展的使命。

(一)隐性知识转化的模式分析

隐性知识的转化过程,归根结底是对隐性信息进行修复、加工,使其转化为显性信息,进而被人们在社会实践活动中掌握,发展成为经验知识。

知识交流和共享的过程实际上是知识传播和生产的过程。这一过程一般分为四个环节,即:从默会知识到默会知识,从明晰知识到明晰知识,从默会知识到明晰知识,从明晰知识到默会知识。这种知识转化模式也被称为知识螺旋。该理论最早是由野中郁次郎在《知识创新型企业》一文中提出的。

国内外学者基本上都是以野中郁次郎的 SECI 转化过程为研究基础,对隐性知识的转化理论进行扩充。野中郁次郎提出的 SECI 模型,显性知识和隐性知识互相转化要通过"社会化(Socialization)、外化(Externalization)、组合化(Combination)、内化(Internalization)"过程来实现。SECI 过程构成了

知识创造的螺旋式上升，而外化和内化过程是实现知识螺旋式上升的关键步骤。[①]

1.社会化阶段

社会化阶段又称为潜移默化，是指从个体的隐性知识到另一个体或更多个体隐性知识的传播过程，这是人类知识传播最古老也最有效的方式。在知识管理的过程中，我们不遗余力地将隐性知识通过信息技术显性化，但总有部分有价值的隐性知识难以实现转化。通过隐性知识的社会化阶段将隐性知识进行传递、共享及创新，增强组织的竞争能力，已成为知识管理中非常重要的环节。这一过程中，参与者不使用语言也可以从别人那里获得隐性知识，如徒弟仅凭经验、模仿和实践就可以学会手艺。

2.外化阶段

外化阶段是通过类比、隐喻、假设、倾听和深度谈话等方式将隐性知识转化为容易理解和接受的形式，这种模式是隐性知识向显性知识的转化。在转化过程中，隐性知识会借助于显性化的语言、概念等明确地表达出来，比如借助类比、隐喻、概念、模型等将隐性知识显性化。这个过程对于知识的创造是极为重要的。人们将自己的经验、知识转化为语言可以描述的内容，是从感性知识提升为理性知识、将经验转变为概念的过程。知识显性化的目的在于知识的共享。通常情况下，只有那些具体的、操作性强的或常规的知识才可以进行传播，深层次的知识则不易为他人获得。因此，实施知识管理首先要采集和加工可以显性化的隐性知识。

3.组合阶段

组合阶段是一个建立重复利用知识体系的过程，是显性知识与显性知识的组合过程。该过程是利用各种媒体产生的语言或者数字符号等，使那些显性知识组合化、系统化，它重点强调的是信息采集、组织、管理、分析和传播。在这一过程中，信息是在不断聚合过程中产生新的理念。私人知识并不能直接共享，可以进行传递的仅仅是知识中的有关观点和信息。他人在接收信息后，要对其进行深入的感知、理解和内化，然后才能形成自己的新知识。组织将从个体员工收集到的显性知识通过加工整理，形成一般的显性知识，最终

---

① 易红联，冷云飞.高校隐性知识转化模式与机制探析[J].云南科技管理，2005，(6)：32—34.

浓缩为组织的核心知识，使组织成员可以方便地吸收和使用，以实现组织的正常运营。

4.内化阶段

内化阶段是指显性知识到隐性知识的转化，具体来说是将显性知识形象化、具体化的过程。通过上阶段所产生的显性知识能够为组织成员所吸收、消化，最终转化为组织成员自己的隐性知识。内化既意味着新创造的显性知识，也意味着转化为组织中其他成员的隐性知识。显性知识隐性化的目的在于实现知识的应用与创新。知识的应用与创新是知识管理的终极目标，组织能否在竞争中占有优势取决于组织能否充分利用组织的知识，能否不断地创造出新的知识，进行知识的更新。经过内化阶段，组织竞争力得到提高，知识管理完成一个基本循环。①

在上述四种转化过程中，隐性知识向显性知识的转化是核心，是知识生产的最直接和最有效的途径。组织成员个体的隐性知识是组织新知识生产的核心。如何有效地激发个体的隐性知识，避免转化过程中的障碍，增加四种转化方式的互动作用，将影响组织的新知识产生水平。

(二)大学隐性知识转化模式

新的知识总是来源于个体，并多以隐性知识的形式深藏在个体的头脑之中。隐性知识的转化也就始于个人隐性知识，而转化后最终将成为对整体有价值的组织知识，从而实现知识的共享，使知识发生着增值、聚合、裂变。

以野中郁次郎提出的SECI模型为依据，结合大学知识活动的特点对这四种基本模式进行分析可以发现，挖掘大学知识势能高的教师头脑中的隐性知识可以通过两种模式：一是个体的隐性知识通过编码，即用语言符号或文字形式等表述出来，从而外化为个体的、结构化的、可供人们共享的知识即显性知识，再通过网络媒体等平台实现知识在高校组织内甚至整个社会的共享，成为组织显性知识甚至人类的公共知识。② 另一种模式是高校知识势能高的教师通过言传身教的传统师徒模式或组织内部面对面的交流等形式，将

① 易红联，冷云飞.高校隐性知识转化模式与机制探析[J].云南科技管理.2005，(6)：32—34.

② 杨靖.浅谈现代高校图书馆知识服务[J].合作经济与科技，2014，(13)：171—172.

个人隐性知识转化为组织隐性知识，然后经过不懈的努力，运用集体的智慧不断地将其显性化，使之成为组织显性知识甚至是人类的公共知识。而个人的隐性知识转化为可供共享的组织的显性知识甚至人类的公共知识的同时，又促进了新的隐性知识的生成。如图 7-1。

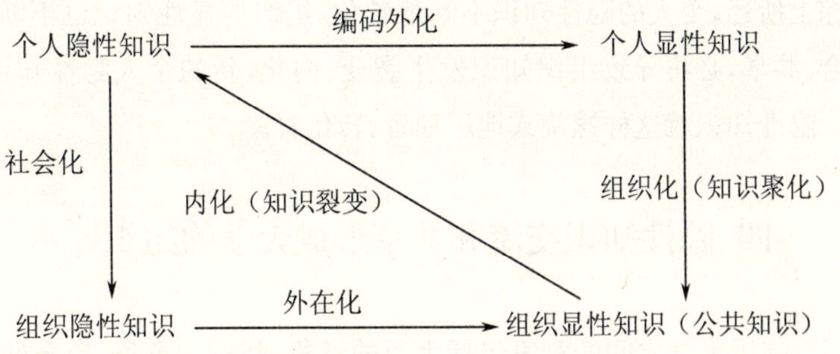

图 7-1　大学隐性知识转化模式

1.个人隐性知识外化

个人的隐性知识转化为自己可以表达、别人可以利用的个人的显性知识，这是知识的外化。知识的外化是知识共享、知识创造的关键。隐性知识具有独占性、模糊性、内隐性、非言性、复杂性及系统的无序性等特点。个人的隐性知识转换成个人的显性知识非常困难，所以在隐性知识转换为显性知识的过程中，需要创造新的显性概念，才能表达出自己隐性知识的含义，而显性概念一旦产生就会模型化，也就是创造了新的知识。这样隐性知识便得以外化，知识共享也成为可能。

2.个人显性知识组织化

个人显性知识组织化，经过整合成为可以共享的组织显性知识，又使知识共享得以实现。事实上，个人隐性知识直接外化成为显性知识是非常困难的，也是非常有限的，而真正有效的途径是通过口传亲授、组织学习、交流而逐步同化，使之转化为组织的隐性知识。

3.个人隐性知识的社会化、外在化

个人隐性知识到组织隐性知识，再转化为组织显性知识，其中个人隐性知识经历了社会化、外在化两个阶段。师徒关系及组织内部的同事关系通过交流、沟通，促使知识势能高的主体的隐性知识转移到知识势能低的主体，使个人的隐性知识不断延续、承传，使之社会化，成为组织的隐性知识。不仅如此，师徒之间或组织之中的同事之间又通过组织学习等途径使问题得以解决，组织的隐性知识也渐将明晰化，进而转化为组织的显性知识。

综上所述，个人的隐性知识不断地转化，组织的显性知识也不断地增加，经整合、共享，必将导致组织知识发生裂变、内化，新的个人隐性知识又得以生成。隐性知识就这样螺旋式地运动者、转化着。

四、隐性知识交流和共享形成大学的组织资本

当今我国大学之间的竞争包括生源的竞争、师资的竞争、资金的竞争等。在日趋激烈的竞争中，大学要想立于不败之地，就需要通过知识交流和共享形成、积累和扩大自己的组织资本。

组织资本是组织成员在特定的社会关系中通过合作形成的能够为组织带来财富增值的资本形式，它根植于组织的价值观系统、组织惯例、组织制度或组织结构中。组织资本与人力资本既有区别又有联系。人力资本是相对于物质资本而言的，正像美国经济学家贝克尔所指出的那样，体现在物质产品上的资本称为物质资本，而体现在人（主要是劳动者）身上的资本，则是人力资本。人力资本是美国经济学家最早应用，进而由舒尔茨首先给予理论的阐述而获得特定含义的。舒尔茨认为，全面的资本概念应当包括人和物两方面。所谓人力资本是指凝聚在劳动者身上的知识、技能及其所表现出来的能力，它对生产起促进作用，是生产增长的主要因素，也是具有经济价值的一种资本。人力资本理论是现代西方经济理论的一个重要流派，自 20 世纪中叶以来受到了广泛的重视。舒尔茨等人的研究表明，战后美国农业生产的增长，只有 20％是物力资本投资引起的，其余 80％主要是由人力资本投资引起的。现代社会，各国都十分重视人力资本投资。但随着社会的发展，20 世纪末以来，人们逐渐认识到，组织的发展仅仅依靠物质资本和人力资本是不够的，还要重视组织资本。因为人力资本有其先天缺陷，主要表现为，人力资本附着于劳动者人身，与其所有者连为一体，不可分离。如果一个组织花大成本从

外部引进或自己投资培养了人才，掌握了先进的技术和知识，但若人力资本所有者一旦离开组织，往往就会带走其专有的技术和知识，从而给组织造成无可挽回的损失。于是，有不少经济学家逐渐注意到组织也具有资本的某种性质，而这种性质恰恰是人力资本的效能发挥作用的组织保障。1980 年，美国经济学家 Prescot 和 Wisscher 正式提出了组织资本的概念。Bamey 指出，组织可以识别的资源分为三类：物质资本、人力资本和组织资本。组织资本在他看来是与物质资本和人力资本一样可以识别的。大学的组织资本并非无源之水、无本之木，归根结底，它来源于学校内的人力资本和学校的关系资本。组织资本的增长依赖于人力资本的增长和社会网络的构建；组织资本对人力资本的增长同样具有促进作用，相同的个人在不同的组织下所发挥出来的作用是不同的，所能得到的学习机会和职业发展的机会也是不同的。人力资本和组织资本之间存在着微妙的互动关系。人们之所以愿意把自己掌握的知识在一定范围内公布和共享，把自己熟练的技能传授给同事或者“徒弟”，是因为知识更新速度已经渐渐快于个体单独学习的速度和经验的积累，保守的学习和共享态度只能丧失自己学习的机会，使自己的知识迅速落伍。把个体的人力资本转化成组织资本，组织内外的人就可以在一个平台下共享知识、传播知识和创造知识，从而促进人力资本的快速增长。

对大学而言，把教师和科研人员的人力资本转化为组织资本具有重要意义，它能有效地降低组织对自然人的依赖程度。知识经济时代，人才之间的竞争和争夺日益激烈，各大学对人才资源的重视程度空前提高，这必然会加剧人才的流动，但人才流动的加速也会给大学造成一些困扰。学校招聘、选拔和培训师资的各项投资，往往随着人才的离去而付之东流，甚至给自己造成竞争对手。例如，目前我国各大学都投入巨资招聘人才，并且已经形成一股潮流，愈演愈烈。但有时候，引进的人才由于各种原因未能发挥其应有的作用，既没有形成学术梯队，对学科建设也没有产生预想的效益，学术风气也没有明显改观。分析其中的原因，很重要的一条就是没有通过知识的交流和共享，使附着于专家个人身上的人力资本转化为学校的组织资本。在此情景下，一旦专家由于各种原因而离开了岗位或学校，学校的努力和付出就会随之而去。相反，如果引进人才后，学校创造条件，通过知识交流和共享，把人力资本固化为组织资本并形成学术梯队，就可以降低组织对自然人的依赖程度，从而降低组织对人力资本进行投资的顾虑。

五、隐性知识交流和共享网络的建立

进行有效的知识交流与共享有赖于快捷高效的知识交流和共享网络的建立。

(一)建立隐性知识交流和共享网络的原则

知识交流和共享网络与传统的信息网络虽然存在着非常密切的联系，但两者并非完全相同。因为在大学的组织学习中，存在着大量的隐性知识，而隐性知识的交流是不能完全依靠信息网络来完成的。因此，在构建大学知识交流和共享网络的时候，既要结合学校的信息网络，但又不能将其等同于信息网络。知识交流和共享网络建立的原则既与信息网络建立的原则有相似之处，同时又有着自身的特定要求。

1.直接性原则

直接的接触主要表现为口头交流，它对知识的交流与共享是十分重要的。这种直接的接触既可包括直接的面对面的接触，也可以包括通过可视电话进行交流和通过声音媒介的直接交谈。在直接接触中，直接性越高，越有利于知识和信息的交流与共享，其中特别有利于默会知识的传递和转移。在大学里，越是重视默会知识的共享，就越需要这种直接的接触。

2.共时性原则

共时性是指将某些信息与知识同时传递到各部门和各个成员。为了减少不必要的信息不一致，减少因信息延滞所造成的沟通隔阂，共时性正逐步受到重视。正如哈耶克所言，人类知识系统中有些知识是与特定的时间和空间下的情境有关的。知识传递的共时性是保证大家能够在同一时间上对信息与知识做出认知与判断的前提。

(二)建立隐性知识交流和共享网络的方法

隐性知识交流和共享网络的建设，可以从两方面考虑。一是定性分析的方法。这类研究是从大学组织文化的角度建立学习型组织和构建学校的知识地图、知识库等隐性知识交流和共享的网络。二是定量分析的方法。利用网络分析映射及量化员工、团队、部门之间的社会关系网络——隐性知识传播的重要方式，使不可见的信息、知识传播转变为清晰的图景。这是借助"社会网络分析"这一具体工具，从战略的角度探讨隐性知识交流和共享策略、指导隐性知识交流和共享网络的建立而提出的一种有效的组织隐性知识共享操作工具。①

1.利用定性分析法建立隐性知识交流共享网络

建立一个良好的知识交流和共享网络，使知识孤岛在网络环境下相互连接，促进个人的知识与集体知识形成一种交互式的相互激励和补充，使大学组织内的成员最大限度地使用信息及知识资源，不断将个人的隐性知识转化为组织的显性知识。这样大学的学习氛围就会更加浓厚，大量以隐性知识存在的资本就会显性化，从而避免资源的严重浪费。

首先，大学应建立校、院两级或校、院、系三级网页数据库，存入每位教学科研人员的专业特长、研究兴趣和已经发表的科研成果等，并利用已经建立好的内联网和互联网，把它改造成全天候的、随时可交流的知识网络。可以借鉴百度"知道"的做法：每个人帮助别人解决的问题越多，积分越高；自己发布的信息点击率越高，让其他人停留的时间越长，也会增加积分，并最终和个人利益、奖励挂钩。也可在内部网上建立讨论区（Discussion forum）、聊天室（Chat-room）、专家系统，加快专家隐性知识显性化的速度。或可借助群件等开发工具（自己开发或外包均可），帮助提炼并总结大学教师的技能、经验、专长和诀窍等，或者开发可跟踪并分析内部数据流的软件，在一定程度上加快隐性知识交流与共享的进程。其次，对大多数难以编码的大学隐性知识，大学组织应摸清其知识资源分布状况。目前比较流行并且较有效的办法是建立知识地图、知识仓库、专家网络系统、寻人数据库等方法，让员工迅速找到所需知识、最有价值的内容和主题、专业场所和拥有某种隐性知识的人员。还可通过可视电话或视频会议使分处两地的人员像面对面一样地实时交流，消除空间距离所造成的交流障碍。在外网上，可以建立大学城高校联盟网，

① 杨婧.利用ASP技术构建图书馆读者需求表单业务处理系统[J].图书馆学研究，2009，(8)：32—37.

或利用便捷的工具，例如即时通信(Instant Message)工具、聊天室、个人空间、Blog和Wiki等创造知识共建与共享机制，使网络成为大学向学习型组织发展的助动器。

大学教师不断共享隐性知识，从而激发自身的动力，引发新的创新思想。组织成员能够轻松地进入到知识库中，可以自由地利用电子邮件、电子公告栏、电子论坛和技术图书馆，获取对业务活动有价值的信息，及时提供自己的感想和经验体会，并且与其他人员能够自如地交流。

此外，知识共享不仅需要大学组织拥有良好的信息和通信基础设施以及完整的信息管理系统，为知识共享提供技术支持，还要求大学组织以个人为基础，重视以人为本的观念，鼓励建立各种文化团体或者非正式学习型组织。

2.利用定量分析法促进隐性知识交流共享网络的建立

由于隐性知识是在人与人的协作、交流中传播和创新的，单纯建立IT为基础的共享网络，难以对其进行管理，因此，还需要利用社会网络分析，绘制组织内部信息沟通、知识传播等社会关系网络，定量分析网络结构，研究阻碍隐性知识传播及创新的问题，为组织制定隐性知识共享网络措施提供定量分析的依据和手段，从而促进隐性知识交流共享网络的建立。这种方法与定性分析法相互补充、相互促进。

(1)社会网络分析简介

所谓社会网络(Social Network)，实质上就是为达到特定目的，促进人与人之间进行信息交流的关系网。社会网络理论就是研究行为者(Actor)彼此之间的关系(Borgatti，1998)。所谓的行为者可以是个人、团队或是组织，通过对行为者之间的关系与联结情况进行分析，能够显露出行为者的社会网络信息，甚至进一步了解行为者的社会网络特征。而透过社会网络除了能显示个人的社会网络特征以外，还可以了解许多社会现象，因为社会网络在实体组织中扮演着相当重要的无形角色，当人们在解决问题或是寻求合作伙伴时都是依循所拥有的社会网络来寻找最可能帮助的对象(Kauzt，1997)。

社会网络分析(Social Network Analysis，SNA)是社会网络理论中的一个具体工具，就是对人与人之间、群体之间、组织之间、计算机之间，或者是其他信息、知识处理实体之间的关系进行描述，并对其价值进行估量的一个过程。社会网络的研究缘于社会学、人类学、传染病学等学科的发展，逐渐地社会学家将其发展为强大的工具——SNA。SNA 通过映射和分析团体、组织、社区等内部人与人之间的关系，提供丰富的、系统的描述和分析社会关系网络的方法、工具和技术。SNA 分析问题的理论视角主要集中在行为者之间的关系（网络拓扑结构）而不是行为者的某些特性上，并且强调行为者之间相互影响、依赖，从而产生整体涌现行为。

（2）社会网络的数据

社会关系网络是由多个节点（行为者）和节点之间的连线（行为者之间关系）组成的集合。节点是网络中的人或机构；连线则是交流的方式和内容，用节点和连线来表示网络，这就使社会网络的分析得到较好的形式化界定。因此，社会网络的数据至少应包括结构变量（structural variable）和组成变量（composition variable）。

结构变量测量两个行为者之间的某种特定关系，它是社会网络数据集的基石。例如，它可以测量人与人之间的信息、知识流动，或者企业间的贸易、投资等。组成变量或者说是行为者的属性变量，通常是单个行为者层面的描述。例如，它可以测量行为者的性别、专业或企业的行业、规模等。

（3）社会网络的形式化描述

社会网络分析主要是对行为者之间的社会关系进行量化研究，因此必须从数学的角度对结构变量进行形式化描述。图论是 SNA 的基础数学理论之一，社会网络的形式化描述因此可分为社会关系网络图及社会关系矩阵。

社会关系网络图由一组节点 $N(N=\{n_1,n_2,\cdots,n_k\})$ 及节点间的连线 $L(L=\{l_1,l_2,\cdots,l_m\})$ 所组成。举例说明，如图 7-2 所示节点 N={a,b,c,d,e,f}，连线 L={(a,b),(b,c),(c,d),(c,e),(d,e),(e,f)}。社会关系网络图可以转换到社会关系矩阵（如表 7-5 所示），矩阵元素衡量行为者间有无某种关系及其强度，这是计算机存储及定量分析的基础。

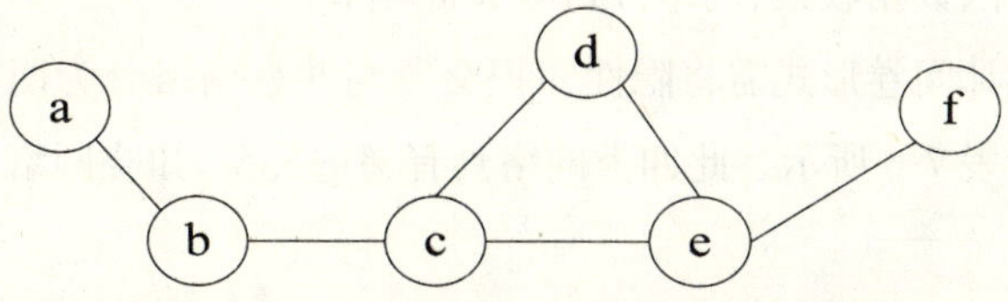

图 7-2　社会关系网络图

表 7-5　社会关系矩阵

	a	b	c	d	e	f
a	0	1	0	0	0	0
b	1	0	1	0	0	0
c	0	1	0	1	1	0
d	0	0	1	0	1	0
e	0	0	1	1	0	1
f	0	0	0	0	1	0

(4)应用案例——利用 SNA 分析某大学团队知识网络

大学隐性知识交流和共享的一个重要特点是你所认识的人与你会获取的知识极为相关,也就是说人们大大依赖于自身的社会关系网络发现信息和解决问题的知识、方法。了解网络及其参与者的方法之一就是对行为者(Actor)在网络中的位置进行评价,进而得出一个节点的中心性(centrality),而中心性决定着节点在网络中的地位和权力大小。围绕中心性,还有社会网络中心性分析的三个主要指标,即程度中心性(degree centrality)、中介中心性(between centrality)和靠近中心性(closeness centrality)。程度中心性指节点拥有的直接联系数量;中介中心性指失去此节点,节点之间将失去联系;靠近中心性指节点之间距离的远近程度。社会网络分析通过定量计算得出各个节点的中心性,以此作为分析的基础。

笔者以某大学中某一研究团队为应用案例,对其社会网络进行数据收集、网络分析,获取了一些初步的成果,再根据这些成果,确立大学组织内各种关系的模式,包括人与人之间的平均联系数量、亚群体的数量和质量、信息瓶颈。[①] 下面,结合此案例详细介绍应用 SNA 促进隐性知识管理的具体步骤以及问卷设计、数据收集、网络分析等关键环节。

首先,设计问卷形式需将隐性知识交流与共享网络分为四类不同内涵的社会网络,如表 7-6 所示。此四类网络具有递进关系,知晓网络及沟通网络是

① 王震,夏英.科技特派员农业技术服务行为研究[J].广东农业科学,2013,40(18):220—222,233.

咨询网络的基础，而知识网络则反映了组织内部知识的实际流动、传播的状况。

表 7-6　隐性知识交流与共享四类不同内涵的社会网络

网络类型	网络内涵	问题设计
知晓网络	网络中节点对于其他节点所拥有的知识、技能的了解程度——知识在组织内传播的前提	您对于组织内其他人的专业知识、能力的了解程度。
沟通网络	网络中的节点之间可以互相访问得到，能够方便、低成本地沟通——知识在组织内传播的成本	你是否可以方便、及时地联系到他/她，无论是面谈、电话、邮件、即时通信等方式？
咨询网络	网络中的节点之间相互咨询，交流信息的状况——反映节点之间的信任关系，使隐性知识交流与共享成为可能	您平时在工作、研究过程中，在需要寻求支持帮助时，通常会向谁去咨询求助？
知识网络	网络节点之间知识的真实交流、传播情况——反映组织的知识共享、传播、创新能力	您在学习、研究过程中，从谁那里获得过对你的问题解决或研究有实质性帮助的相关知识？

将该大学中某一研究团队的交流对象 18 人进行编号，根据问卷调查结果，绘制一个 18×18 的邻接矩阵 Z_{ij}，其中 Z_{ij} 表示成员 i 与成员 j 之间是否存在隐性知识的交流与共享关系。如果存在，$Z_{ij}=1$，否则 $Z_{ij}=0$。将邻接矩阵 Z_{ij} 导入社会网络分析软件 UCINET 6，并运用 UCINET 6 的绘图软件工具 Netdraw 绘制出共享网络整体结构如图 7-3，可以了解整体特性结构是否适宜隐性知识的共享及传播。

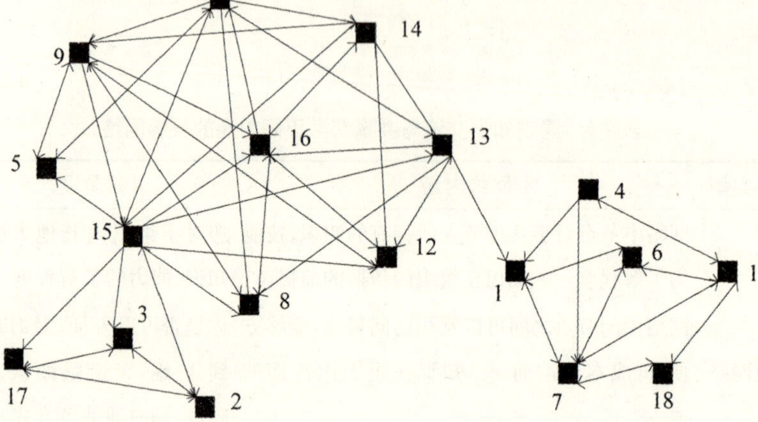

图 7-3 团队人员隐性知识共享网络整体结构图

其次，利用 UCINET 6 软件沿着“Network→Cohesion→Density→(new) Density overall”计算网络的密度。网络密度度量节点间联系的紧密程度，其计算公式为 2L/[N(N－1)]，其中 L 为网络中实际的连线数，N 为网络节点数。如果一个组织中人际网络的密度过低，则人与人之间关系淡薄，交往甚浅，显然不利于知识的共享与扩散。另一方面，过高的密度也会对组织绩效产生负面影响，因为人的精力是有限的，花费过多的时间将付出超额的机会成本，同样得不偿失。目前，诸多实证研究表明过低或过高的密度均不利于知识传播。知识传播需要具有“黏性的网络”。对于沟通网络，以行为者之间拥有对方电话以及联系的频率作为问题测量，形成社会关系图。

中心性是社会网络分析中的重点之一，它反映了行为者在其社会网络中所处地位及权力影响，分为程度中心性(degree centrality)、中介中心性(between centrality)和靠近中心性(closeness centrality)。网络具有过高或过低的中心性都不利于知识的共享和传播。对于过高的中心性来说，行为者会因负荷过多(如过多人向他寻求咨询与帮助)而倍感压力。同时，一旦该行为者离开组织，整个网络的连通性将大受影响，甚至出现完全分裂的小团体。另一方面，过低的中心性又会导致网络过度分散，缺少权威人物，同样不利于知识传播。中心性分析还可找寻网络中处于边缘地位的行为者。这些行为者可能会觉得自己得不到重视，工作积极性受挫。因此中心性分析有利于防止知识流失。对于咨询网络,以行为者在工作和学习中经常向谁咨询、求助来作为问题测量,形成社会关系图。

较为理想的网络拓扑结构是组织中存在一些内部密度较高的小团体,同时各个小团体之间又具有一定的联系(即小团体间桥的概念),这有利于团队之间知识的互补、传播,提高组织的知识管理绩效。SNA 可以协助发现、分析这些小团体及其之间的桥,它充当小团体之间的信息沟通、知识传播的代理角色。对于知识网络,以行为者在学习、研究过程中从谁那里获得过对研究有实质性帮助的知识作为问题测量,形成社会关系图。

最后,利用这些关系图可以分析组织内隐性知识交流及共享的网络关系,该关系图从人际网络的视角提供了以下工具:改善知识和信息的流动;确认思想领导者和关键的信息瓶颈;找到最具影响力的增强知识流动的机会。通过这些关系图,知晓组织内之事分布一目了然,为知识地图的绘制提供依据。也可参照社会关系图,把掌握着重要知识的人挑选出来组成专家网,这些人被登录在个人电脑的主页上,可利用电子邮件和电子会议等方式进行知识传递。通过社会关系图,大学组织内的薄弱环节和不足部分便暴露出来,这就需要通过从外部引进经验、进行教育研究等方式来加以弥补。

社会网络分析不是传统的知识管理工具的替代品,它的意义在于为大学更好地实施知识管理提供一个蓝图和出发点。作为知识管理战略规划的组成部分,社会网络分析能够帮助大学找到核心人员并建立各种机制,从而使核心人员能够将知识向其他员工传递。

综上所述,社会网络分析解决了如何提升组织内部知识流动的问题,为隐性知识共享提供了实践操作的蓝图,而且社会网络分析可以使组织对内部交流中存在的“鸿沟”有清楚的了解,同时有效地预防知识流失。

第八章　大学隐性知识学习与知识联盟

大学是知识密集型组织，它蕴含着丰富的知识资源，而大学隐性知识又是这丰富的资源中最为重要、最有价值的部分，它是创新的原动力，又是构成组织核心竞争力的基础。为了加快核心竞争力的培育，大学通过内部组织学习创造组织知识，也通过外部学习吸收其他高校的知识。为适应外部学习的需要，20世纪90年代以来，一种新型的联盟形式——以向战略伙伴学习知识或与合作伙伴共同创造知识为首要目标的大学知识联盟应运而生。

2011年，胡锦涛总书记在庆祝清华大学建校100周年大会上发表重要讲话，要求实施“高等学校创新能力提升计划”（简称“2011计划”），即积极推动协同创新，促进高等教育与科技、经济、文化的有机结合，支撑创新型国家和人力资源强国建设。因此，研究新型的知识创新联盟具有重要意义。

一、知识联盟的基础理论

（一）知识联盟的定义及特点

1.知识联盟的定义

关于知识联盟的定义，因专家们研究的出发点不同，没有统一的框架，目前在概念和范畴方面尚无统一的定论。[①] Inkpen（1995）是最早研究联盟知识

---

① 范美丽.知识联盟中知识员工需求结构与知识共享意愿的关系研究[D].沈阳：东北大学，2012：20.

转移的主要代表人物之一，他提出知识联盟的定义并从知识的角度来分析联盟的动机与内容，即知识联盟是战略联盟的一种，指企业与企业或企业与其他组织机构通过结盟方式，共同创建新的知识和进行知识转移的网络组织。Dozy(1996)从目标、关系和范围三个方面对知识联盟进行了论述。国内学者符正平(1999)提出了知识联盟应当具有的特征。陈菲琼(2003)运用经济学的方法对知识联盟进行了分析，他认为与企业知识联盟有关的知识特征反映在知识分工与积累原理、知识市场的路径依赖原理以及知识能力的过剩原理之中。

总结现有研究成果可以发现，知识联盟是战略联盟的一种，是战略联盟发展的高级形式。知识联盟以各种契约为基础，由有互补的知识和专业能力的组织通过知识转移与知识共享共同创造新知识而结成的优势互补、共担风险的网络式动态联盟组织，它的中心目标是交换优势知识和创新能力，从而学习和创造新的知识。

2.知识联盟的类型及特点

(1)知识联盟的类型

按照不同的标准可以将知识联盟划分为不同的类型。按照联盟伙伴的性质不同，可以分为：供应商联盟、用户联盟、竞争者联盟、产学研联盟以及互补性联盟五种类型；按照联盟的时间长短和目的的不同可以分为：契约型联盟和交易性联盟两种类型；根据联盟伙伴的地域分为：国内联盟和跨国联盟两种类型。另外，还可以根据联盟资产的构成和联盟的目标对联盟进行分类。然而在国内最为常见的仍然是以产学研为主的知识联盟组织。

(2)知识联盟的特点

①知识联盟的核心目标是学习和创造知识。知识联盟注重知识的学习和创新，是带有明确学习目的的、以转移知识和创造新知识为中心任务的联盟。知识联盟帮助组织实现了在更广阔的领域内吸取知识、传播知识和交换知识，弥补组织自身的稀缺知识，实现知识的再创造和再创新，为组织学习创造了良好的条件。知识联盟加密了合作双方的关系，有助于一个组织学习另一个组织的知识和能力，有助于一个组织和其他组织的知识相结合创造新的交叉知识，也能使一个组织帮助另一个组织建立新的知识和能力，这种知识和能力以后会有益于彼此的发展。

②知识联盟参与者广泛，具有较大的战略潜能。知识联盟着眼于未来先进技术的开发和未来竞争的知识创新，它可以帮助组织从战略上扩展和改善它的基本能力，保持长期的竞争优势。联盟成员所具备的知识协作性与互补性的高低会直接影响知识联盟的运作效率的高低。联盟参与者的范围非常广泛，可以是大学、科研院所，也可以是企业，只要其具备被联盟其他成员所需求的专业能力即可加入到知识联盟中。一旦知识联盟成员拥有的知识不被其他成员所需求时，将被知识联盟所淘汰。

③知识联盟要求联盟成员之间密切合作。知识联盟以学习和创造知识为中心目标，常涉及技术创新的全过程。知识联盟不仅是为了得到产品或广泛销售现存产品，还要进行知识转移、互相学习，并且强调隐性知识的学习，它是组织间相互合作的过程。只有知识联盟参与者之间密切的合作才能取得好的学习效果，保证联盟组织不断地学习、创造和改善各自的专业化能力。因此，合作各方的员工必须通过紧密地一起工作，进行面对面的交流，加强相互学习，促进隐性知识的转移和吸收。

④知识转移是知识联盟的核心功能之一。[①] 知识联盟成员之间的知识流动是实现各联盟成员核心能力的沟通与融合的主要方式，在这种交互学习中联盟成员各自的创新能力将有所提高。随着知识更新速度的不断加快，知识联盟要尽快在联盟内部传播知识，并将知识转化为市场价值。

⑤隐性知识的转移和共享是知识联盟中最关键的问题。如果组织间只是简单的传递知识，只能称得上是合作，并不是真正意义上的知识联盟，而组织间寻求的是相互学习，尤其是隐性知识的转移，而这只有通过紧密地在一起工作才能形成。

(二)大学知识联盟形成的条件和动因

哈默、道兹和普拉哈利德(Hamel，Doz，Prahalad，1989)认为，对于单个企业而言，其固有的经验越丰富，创新也就越容易。过去的磨难和困难可以促使企业向一个特定联盟学习，建立从每一家联盟获取经验的正规系统；对联

① 杨靖，叶素萍.云计算下的区域信息资源共享模式研究——以河北省医学高校重点学科为例[J].农业图书情报学刊，2012，(10)：42—44.

盟的各项活动和各类通讯进行保存，实现提高联盟技术创新能力的目的。Rejean Landry(2002)指出在信息不对称及非完全理性的情况下，企业将使用社会资本去降低搜寻重要信息的花费及获得商业良机。他认为企业要想获取新的知识就应当加入知识联盟。因为知识联盟是企业获取新能力和新知识的一种最佳形式。它目标明确，组织形式灵活，又能够创造潜藏性知识移动的条件。

国内学者林莉等(2004)认为企业参与联盟的一个主要原因是学习，但知识联盟的形成同时也使企业面临着有可能因为获取附加值的增量而丧失核心知识资产的危险。国内学者符正平(1999)对企业知识联盟的研究是从经济学、战略的角度出发，将联盟定义为"一种半内部化的经营形式，目的是为了克服知识产品市场的失灵"。裴硕秋、李敏(2003)对知识联盟取得成功的关键因素进行了分析。陈菲琼(2003)认为知识联盟以合作、竞争与关联范围作为其动力模式。

但随着知识往纵深方向发展，这种联盟已不再局限于企业界，逐渐扩散到其他的社会组织领域，成为各组织与组织间开展合作、提升自身竞争力、共同面对挑战的一种理想方式。大学自然也不例外，企业知识联盟的理论同样适用于大学。因此，作为一种新的组织模式，大学知识联盟的出现并非偶然，而是有着深刻的社会政治、经济与文化背景。

1.资源困境

我国从 1998 年开始，高等教育规模不断扩大的同时也伴随着资源问题的产生。虽然随着国民经济的不断繁荣，高校获取资源的途径在不断增多，同时人民生活水平的提升也使得高校收费办学得到了支持。但总体来说，办学资源仍然存在短缺的问题。高校的资源可以分为隐性资源和显性资源两种，显性资源是外在的表现，包括高校的财力、人力、物力以及高校在社会上所拥有的有形资源。所谓隐性资源，就是高校的精神文化、办学理念和知名度等。总体来说，无论显性资源还是隐性资源短缺的问题，随着高校规模的不断扩大，都没有得到根本上的改变，甚至有问题加重的趋势。

(1)政府经费投入不足。政府教育投入是教育事业科学发展的重要保证，体现了国家对教育投入的高度重视。根据教育部、国家统计局、财政部发布的全国教育经费执行情况统计公告。2012 年，全国教育经费总投入为

27695.97 亿元，其中全国财政性教育经费为 22236.23 亿元，占 GDP 的比例为 4.28％，达到了《教育规划纲要》提出的 4％的目标。2013 年，全国教育经费总投入为 30364.72 亿元，比 2012 年的 27695.97 亿元增长 9.64％，其中国家财政性教育经费为 24488.22 亿元，占国内生产总值比例为 4.30％，比 2011 年的 4.28％增加了 0.02 个百分点。这些数据意味着各地投资到教育领域的经费越来越多，对教育的重视程度也有所提高。

但是从 2012、2013 两年全国普通小学、普通初中、普通高中、中等职业学校、普通高等学校生均公共财政预算教育事业经费支出情况来看，投入到高等教育上的经费依然不足。2012 年，全国普通小学为 6128.99 元，比 2011 年的 4966.04 元增长 23.42％；全国普通初中为 8137.00 元，比 2011 年的 6541.86 元增长 24.38％；全国普通高中为 7775.94 元，比 2011 年的 5999.60 元增长 29.61％；全国中等职业学校为 7563.95 元，比 2011 年的 6148.28 元增长 23.03％；全国普通高等学校为 16367.21 元，比 2011 年的 13877.53 元增长 17.94％。2013 年，全国普通小学为 6901.77 元，比 2012 年的 6128.99 元增长 12.61％；全国普通初中为 9258.37 元，比 2012 年的 8137.00 元增长 13.78％；全国普通高中为 8448.14 元，比 2012 年的 7775.94 元增长 8.64％；全国中等职业学校为 8784.64 元，比 2012 年的 7563.95 元增长 16.14％；全国普通高等学校为 15591.72 元，比 2012 年的 16367.21 元下降 4.74％。

根据萨卡洛普罗斯的研究结果，初等教育的社会和个人收益率均高于其他各级教育收益率。因此，从国家教育发展角度来看，对初等教育实施投入比对高等教育实施投入要划算。本来国家教育经费的投入就有限，高等院校就很难再希望在国家财政投入这块蛋糕上再多分一点了。这就造成了我国高等教育资源的资金匮乏。

(2)自身造血能力差。我国很多大学都在通过对外的科研项目、技术转让等渠道获取自身所需的资源，并且有很多大学的校办工厂都走出学校，校办产业也一度被看作大学获取收入来源的重要渠道。但有些学校由于自身学术水平、市场经营经验以及管理体制的限制而出现了很多问题。国外的研究型大学一个非常重要的收入，是科研项目收取费用，大概相当于我们国家的科研管理费，国外收费通常比例是项目费用的 40％到 50％，而目前我国仅仅 5％左右。

(3)资源浪费。布里默(Brimer,M.A.)等人把教育浪费等同于“学校的失败”。日本教育社会学家新崛通也和联合国教科文组织都将教育浪费与教育目标的实现联系起来,他认为教育浪费是指“教育目标未能充分实现的状态”,教育浪费是教育病理的“第一个范畴”。在我国,教育浪费主要是体现在校园内部建设的重复性,例如校园内绿化、整修过度等。此外,为了应付教学评估等活动,不惜花重金对学校的硬软件条件进行改善,这在一定程度上也会造成浪费。

(4)合作意识缺乏和思想观念落后。大学之间、大学与社会之间“壁垒森严”,人员流动不足,各类研究设备等资源也不能及时共享,学者们大多处于封闭研究的状态,这导致了大学竞争间的“马太效应”,也导致了大学研究与社会需求的脱节。

综上所述,随着经济社会的不断发展,大学的规模也在不断地扩大,但随着规模扩大,出现了资源匮乏的问题。学者和学生人数的增加、大学之间的相互竞争等冲击的中心问题就是资源,资源的匮乏在一定程度上影响了大学的发展。任何大学都只能在其擅长的某些专业领域上拥有优势,而不可能拥有全部的优势。因此,笔者认为大学知识联盟是大学应对资源短缺与提高自身核心竞争力的发展战略选择,知识联盟能够增强大学的核心竞争力,同时也利于大学创新和知识学习。大学知识联盟能够使大学整合优势特色,发挥协同效应,提高竞争力。

2.知识势差

大学因其发展的时间和着重的专业方向不同,其所具备的专业知识的积累也有所不同。这种现象对于大学中学术团队或学者个人角度来说,也是如此。[①] 并且一个学者长期研究所积累的知识对其以后的学术活动的选择会产生影响,其学术研究很可能会呈现出更强的历史路径依赖性(History dependence),这个特性将使得不同的大学、学术团队或学者在不同的知识领域所拥有的知识在质和量上都存在很大的差别,这就形成了知识势差。Griliches(1984)认为,所有的知识都有知识势差的比较,这是为达到某种产出而追求

---

① Richard W.Work-based Learning and Quality Assurance in Higher Education[J].Assessment & Evaluation in Higher Education,1994,(3):247—257.

特定技术能力的结果，这种知识势差决定着主体通过合作方式提升其能力的成功可能性，对于已获知识的利用和新知识的融合都是关键的。

不同主体之间的知识势差可以理解为不同主体所掌握知识存量的不同，这种不同造成了不同的主体在某个特定的知识领域拥有优势。具体到大学中，有的学者的研究处于某个领域的前沿，其所掌握的技术可能是最高端的，而有的学者在别的领域是处于前沿的位置，而在前一个学者擅长的领域不具有高端的研究成果，这就表明不同的知识主体之间存在着知识势差。同时这也表明，当学者们开展合作时，知识势差的位势也是相对的，某个学者在某类知识领域处于高位势，但在其他领域却可能是低位势，反之亦然。知识势差所涉及的维度有知识的广度和知识的深度，势差高的知识主体在知识广度和深度上都占有优势。

如图 8-1，在大学知识联盟内部，不同的知识主体都会处于不同的知识位势，大学 A 在某一知识领域，在知识的深度和广度上都高于大学 B，A 大学相对 B 大学处于高位势，知识将从 A 大学流向 B 大学。

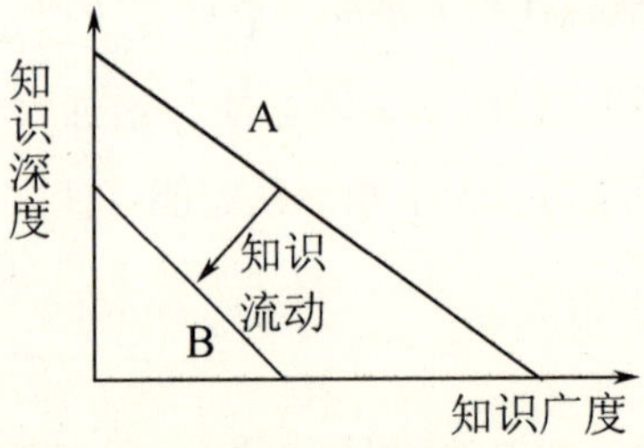

图 8-1　知识势差说明图

大学之间知识势差的存在对于知识联盟的构建以及联盟内部成员间的合作创新过程将会产生重大的影响。知识的流动总是从高位势的地方流向低位势的地方，并且一旦涉及合作，那么必然联盟各方之间的知识在领域内是互补的，也就是说，每个联盟参与方都希望得到自己没有的知识，而恰巧对方希望得到的正是自己所擅长的。因此，如图 8-2，可以认为知识势差是联盟构建成功的重要原因。

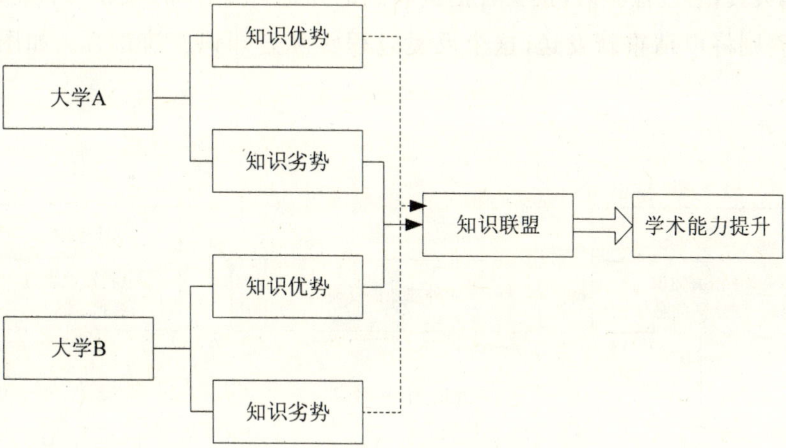

图 8-2　大学知识联盟形成图

(三)大学知识联盟的组织形式分析

本书认为,大学知识联盟的组织形式可以分为个人合作、团队合作、高校合作三种形式,三种形式之间并不是严格区别的,它们三者之间的关系是一种相互包含和从属的关系。当然也存在团队与高校、团队与个人等形式的合作,但从合作对等的角度来说,联盟合作最终都会归为这三种形式。

1.个人合作

大学是科研人才的聚集地,个人合作是大学知识联盟中最简单同时也是最基本的组织形式。人是知识的载体,个人是大学中的最小构成单位,个体知识就是个体所拥有的学识、技能、经验等。个体层次上的知识是大学知识的基础和源泉,个人间的知识转移和合作创新为更高层次的知识转移提供了能量和动力。

在大学知识联盟个人层次的合作创新中,科研人员个人之间通过各种关系纽带,共享彼此的科研成果和信息,共同进行研究。吴勇慧(2004)认为组织内个体层面合作创新的影响因素包括:知识的内隐程度、双方的知识距离、知识源的保护意识。个人独占知识由拥有者向需要者发送,接受者对知识进行接受和消化吸收,再反馈给知识发送者进行分析比较,检验所接受的知识有无失真，通过检验后，接受者把接收到的知识进行存储，吸收为自身的知识，否则将申请重新发送，这个反复过程实际是知识交流过程。如图 8-3 所示。

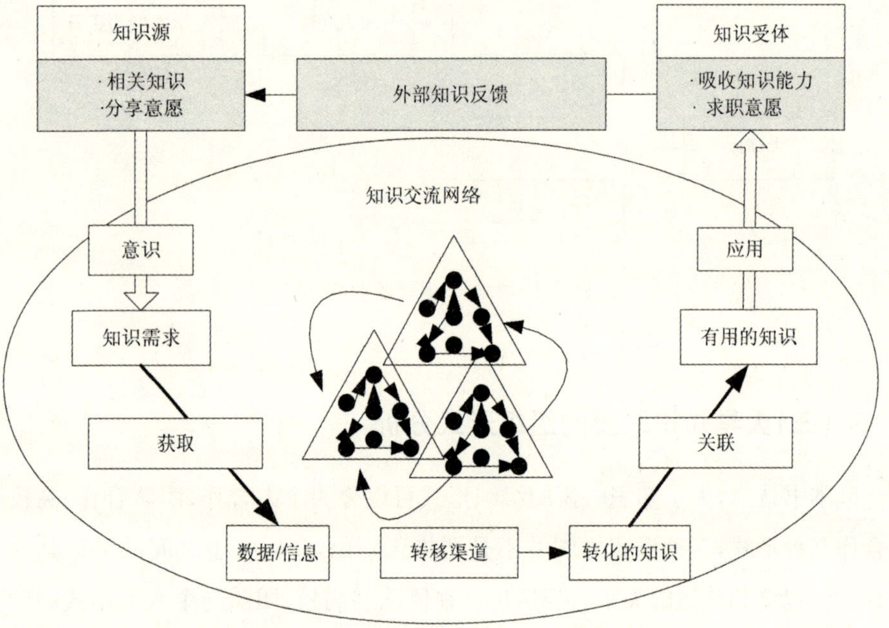

图 8-3 个人合作知识交流过程

总的来说，大学联盟中个人合作最大的特点就是灵活，个人合作是团队合作和大学合作的基础。优点是能够直接面对面进行交流，交流的频率和强度可以自由控制，信息传递失真率低；缺点是参与合作的人员较少，可共享的资源有限。个人合作形式适用于学者个人之间展开科研交流的合作，比如合著论文。

2.团队合作

大学科研团队是以大学学者为主体组成的科研队伍，在知识创新、人才培养等活动中发挥着越来越重要的作用。在现代社会条件下，由于基础研究的复杂性和综合性要求的提高，科学发现遇到的难题愈来愈多，单兵作战式的创新很难在科学研究的深度和广度上进行长远的拓展。联合科研、团队合作已成为当今进行科学研究工作的主要形式，资源的有效整合更易于实现重大科学发现的突破。

团队合作最大的特点就是合作创新效率很高。这种形式可以提高资源的共享范围，并可以更多地展开交流。其优点是比个人合作更可靠，比大学合作效率高；其缺点是团队间由于人员的增加，沟通复杂程度会加大，团队决策时团队负责人的素质需要较高。团队合作联盟形式适用于一般课题和项目的合作研究。

3.大学合作

高等学校是科技人力资源培养的核心部门，也是进行知识创新、开展科学研究活动的重要基地。大学间的合作并不是简单的契约关系，大学合作可以使合作各方取长补短、相互学习和借鉴，而且能够通过合作形成开放交流的良好氛围。知识联盟内的大学可以通过学习获取对方的隐性知识，也可以与其他高校合作创造出新的能力和技术，从而可以培养和增强高校的核心能力，提高高校的竞争力。

大学知识联盟这种合作形式能够完全不受地理位置的限制，甚至可以通过网络或其他形式同其他国家的大学展开合作。国际大学战略合作已经成为不同国家间教育合作的主要方式。

(四)大学知识联盟的管理

建立知识联盟的主要目的在于通过双方或多方合作进行知识转移和学习，以获得自己的竞争优势，形成自己的特色。然而，正如彼得·德鲁克曾经指出的那样，任何一种战略在实施过程中都可能会蜕化变质。知识联盟的战略意图及效果也有可能在实施过程中遭到扭曲或削弱。因此，知识联盟能否取得成功，在很大程度上取决于对联盟的管理水平。

Parkhe(1993)认为知识联盟管理系统的关键因素是控制联盟参与者的机会主义行为。我国学者陈菲琼在《关系资本在企业知识联盟中的作用》一文中提出关系资本为相互学习和技术传递创造了条件。建立起企业知识联盟的关系资本是需要具备一定基础的，首先必须要建立起可以促使关系资本产生的机制并且建立有效的企业知识联盟治理结构对关系风险的控制。通常认为股权式合资更有利于知识联盟的发展，但是目前学界还没有关于这方面的量化模型分析。

Hamel，DoZ 和 Prahalad(1989)提出建立企业知识联盟的加速发展体系。国内学者李元旭、唐林芳指出，企业核心能力的发展离不开知识联盟，在管理知识联盟时，尤其要重视对人力资源和组织学习的管理，通过知识联盟和组织学习可以促进高级技术能力的转移。陈菲琼、林莉等对知识联盟内部知识转移可能遇到的阻碍等因素以及我国企业与国外跨国公司的知识联盟的知识转移层次做出了分析，并在此基础上提出了克服这些阻碍的建议。

基于以上理论，本书将大学知识联盟的管理分为事前管理、事中管理和事后管理。事前管理主要是对大学知识联盟运作之前的相关活动进行管理，主要包括认识自己的需要和理解合作伙伴。事中管理主要是建立相互信任关系和对人力资源的配置与激励，主要包括建立相互信任关系和对人力资源进行合理的配置与有效的激励。事后管理主要是总结经验，吸取教训。

二、大学隐性知识管理与知识联盟的关系

(一)大学隐性知识管理现状

隐性知识管理首先是在工业界提出的。20 世纪 90 年代以后，国外有很多公司开始认同隐性知识管理理念，并开始制定各种各样的措施来对隐性知识进行系统的管理。KPMG 管理咨询公司 1998 年对 100 家年营业额超过 2 亿英镑的英国公司调查表明：有 43%的公司有隐性知识管理的措施，57%的公司没有隐性知识管理的措施或者没有听说过隐性知识管理。当到 2000 年时，KPMG 对世界范围内 423 家年营业额超过 2 亿英镑公司的调查表明，只有 15%的公司没有隐性知识管理的措施或根本没有听说隐性知识管理(KPMG 知识管理调查报告，1998，2000)。我国对隐性知识管理的研究起步晚，而对于大学隐性知识的管理刚刚起步。在我国大学建设中研究隐性知识管理是必要的，也是大学管理理念发展的必然选择。

大学隐性知识管理的基本思想就是促进大学知识创新与人的创新能力的有机结合。大学隐性知识管理分为两个部分：一是大学的隐性知识管理；二是个体隐性知识管理和团队隐性知识管理。因此，对我国大学隐性知识管

理现状的分析也从以上两个方面进行阐述。

1.宏观上:我国大学的隐性知识管理现状及其原因

大学的隐性知识具有文化性、情景性,是公众对大学形象的感受,可以通过一定的载体表现出来,而其表现的程度由感受者去体会、默化。当前我国大学的隐性知识管理存在一定的问题,主要表现为:大学理念方面的功利性强,缺乏特色;大学自治与学术自由未真正实现;人文环境塑造有所欠缺。

(1)大学理念:功利性强,缺乏特色

布鲁贝克认为大学合法存在的基础有二:一是认识论的,强调以闲逸的好奇精神追求高深学问;二是政治论的,强调对高深知识的探求应对国家未来发展发挥深远影响。笔者认为,现代高等教育合法存在的主要基础是政治论的。当今的大学已陷入了错综复杂的社会力量网络之中,正由社会边缘走向社会中心,在大学定位方面表现为定位的"应然"与"实然"的错位,功利性强、缺乏特色。大学试图使其像企业一样追求"产品"的最大利润,而不关心所生产的"产品"在社会上能发挥多大的作用;不根据自身的条件与状况,定高位或不断升格或去掉含有自身特色的内容,致使大学功利性强,重复建设,缺乏特色。具体表现在以下两个方面:

①更改校名。校名是大学理念的体现、大学形象的载体,渗透着地方特色、文化积淀。有些大学为追求一定的利益而更改校名,因无视隐性知识的作用使学校丧失很多在长期内所形成的精神。以煤炭院校更改校名情况为例,山东矿业学院更名为山东科技大学,大同煤炭工业学校更名为山西矿业职业技术学院,等等。这些改名的院校,有的校名已经变得面目全非,除非有人介绍才知道是什么样的学校。

②缺乏特色和传统。随着校名的更改,有些院校丧失了自己的特色,而即使有自己特色的院校,其传统也没有被长期固定下来得以继承与流传。在校容、校貌的保存与更新方面,自我国的高校合并之风盛起之后,高校的合并被认为是理所当然的事情,但是对于合并后的学校的校容、校貌的保存与更新则很少关注。更为重要的是对于通过置换土地建立起来的高校来说,以前含有学校文化底蕴,充满丰富隐性知识的校容、校貌随着学校的迁徙而丧失。

(2)大学自治与学术自由的非真正实现

大学自治是指"大学可以自由地治理学校,自主地处理学校的内部事务,最小限度地接受来自外界的干预与支配”①。而目前我国的大学办学自主权是指“高等学校充分享有依法自主办学的权力，以保障高等学校教学、科研和社会服务等活动的顺利开展，充分实现其社会职能”②。其隐含的意思是我国的大学不是绝对的没有办学自主权而是需要扩大办学自主权，同时还存在着滥用办学自主权的问题。可见，今日的大学受外界的干预与支配更多，有权尚未合理利用，大学自治没有真正实现。

学术自由的非真正实现。学术自由的实现是指“学者或大学在追求学术的过程中对各种限制的突破与超越”，而对大学学术自由的限制包括两个方面：一是外部的社会限制（主要表现为社会干预）；二是主体自身的限制。目前，我国的学者大力强调学术自由，可见他们感到学术自由没有真正地实现。从我国的学术自由的非真正实现来看，学术自由“可能来自政府对学术自由的限制，可能来自学校行政当局的限制，以及目前国家意识形态领域的某些限制等”，“学术自由的限制也可能来自教授队伍自身”。③ 而来自于教授队伍自身的限制主要是学术团体成员的“近亲繁殖”。“近亲繁殖”会导致人员的经验、学术标准思维模式等的雷同，因缺乏异质的东西而不利于新的隐性知识的生成，从而导致真正的学术自由无法实现。

（3）人文环境塑造有所欠缺

对于人文环境塑造有所欠缺，主要表现在：①对人文环境理解不清楚，认识不足。一些教育工作者，认为校园文化建设无非是唱歌跳舞、琴棋书画等活动，看不到人文环境在育人、科学研究等方面的功能和作用。②只重视物质文化建设，不注重人文环境的培育与管理。一些高校只一味地强调校园物质文化建设，埋头于各种校园文化的建设活动之中，却忽视了对校园人文环境培育与管理。③校园人文环境的培育缺乏共建意识。一些学校把校园人文环境建设跟学生思想政治教育或学生业余活动等同起来，因而把校园文化建设局限于学生管理和思想政治教育，没有学校各部门的配合，没有全校师

---

① 朴雪涛，王怀宇.大学制度创新与中国研究型大学建设[M].北京：光明日报出版社，2007：85—86.

② 蔡国春.高等学校办学自主权：历史与比较[J].现代教育科学，2003，(1)：5.

③ 朴雪涛，王怀宇.大学制度创新与中国研究型大学建设[M].北京：光明日报出版社，2007：85—86.

生员工的共同参与，从而把校园文化建设与学校的专业设置、师资配备、课程开设等割裂开来。

2.微观上：我国大学的个体隐性知识管理与团体隐性知识管理方面存在问题

(1)个体隐性知识管理方面存在的问题

美国密歇根州立大学一位博士生导师得出这样的结论：如果要攻坚特别难的题目，千万不要找中国的博士生，而要找美国的博士生；如果工作量大，需要踏踏实实做的，找中国的博士生。研究生就是研究，博士生就是创造，中国的博士生创造力卡在哪儿？不同的学者从不同的角度对其进行讨论。笔者认为，创造能力来源于创造意识，创造意识来源于隐性知识的生成、获得，中国的硕士生乃至博士生缺乏有利于科学研究、知识创新的隐性知识，这种情况之所以产生与我国的导师制有着密切的关系。2004 年一位高校女硕士状告母校导师水平不够要退回所缴学费案，虽说在开庭前女硕士撤回起诉，但是其难道不是对我国研究生培养制度的有力挑战吗？

导致以上情况产生的原因与我国现行的导师制存在的问题密切相关。我国目前实行的导师制存在的问题主要表现在：师生关系的畸变，导师指导小组不完善，缺乏便利学生之间以及师生之间相互交流的惯例。

(2)团体隐性知识管理方面存在的问题

大学的团体隐性知识管理方面缺乏管理或者是存在很多问题。① 首先，学术腐败、团队环境不良。大学中的学术腐败、团队环境不良主要表现在办班中的变相买卖文凭，招生中的拉关系、走后门，论文写作中的抄袭和粗制滥造，教师职称评定中的人情、面子等。其次，随着高等教育产业化的呼声，大学被看作一种变相的工厂，大学中的团队交流与合作越来越少。目前国家强调团队合作精神便说明我国团队的交流与合作欠缺。再次，缺乏合理、合适、公正的评价奖励系统。最后，缺乏团队隐性知识转化的网络。从学生团队来看，招生的跨区域程度不大，缺乏能使来自不同区域的学生进行交流的设施或条件，从而不便于学生团体隐性知识的转化。从教师团体来看，教师来源多元性弱、一致性强，缺乏不同学术声音，教师团队隐性知识的相互碰撞小，

---

① 刘志国，崔健.医院科技创新与隐性知识共享[J].中华医院管理杂志，2006，(4)：222—224.

同时与其他团体之间的交流机会少，程度不深。

以上研究成果表明，我国大学隐性知识管理尚处于萌芽状态，交流和共享受诸多因素的影响。影响交流和共享的因素主要有三个：一是隐性知识本身的特性使然，如难表述、难以辨明其价值等；二是隐性知识主体的素质，如知识供方的垄断动机，知识供需双方的“知识距离”，双方之间的信任关系、互惠程度等；三是组织环境，包括组织结构、组织文化、组织激励制度、组织的知识交流场所和硬件设施等。

针对影响隐性知识交流和共享的因素，很多学者提出了拓展沟通网络，加强知识联盟是利于隐性知识管理，促进隐性知识交流和共享的有效措施及条件。

（二）大学知识联盟中隐性知识的交流与共享

Nonaka（1991）提出了著名的“知识螺旋”（SECI）模型。在这个模型中，他将知识创新活动分为社会化（S）、外化（E）、组合化（C）和内化（I）四个阶段并指出隐性知识是个人或组织知识的基础，是解决技术问题的源泉。社会化是知识创造的起点，在此阶段中个人的隐性知识的转移是知识创新活动的关键点，对组织知识的形成至关重要。隐性知识不容易进行转移，它们必须进行充分的规范化和标准化，使其因果关系明晰，必须经过社会化等四个阶段之后，隐性知识才能以显性知识出现，这些知识才被规范化和标准化，能够以实体形式或依附于实体数据、规则等形式表现，再被接受方接受，最后由接受方变成自己的隐性知识。

以“知识螺旋”（SECI）模型为理论基础，根据以往学者对知识联盟的研究成果，并结合大学隐性知识管理的特点，对于知识联盟，本书从“潜移默化”“外部明示”“汇总组合”“内部升华”“联盟解体”五个阶段，具体分析隐性知识的交流与共享。如图 8-4 所示。

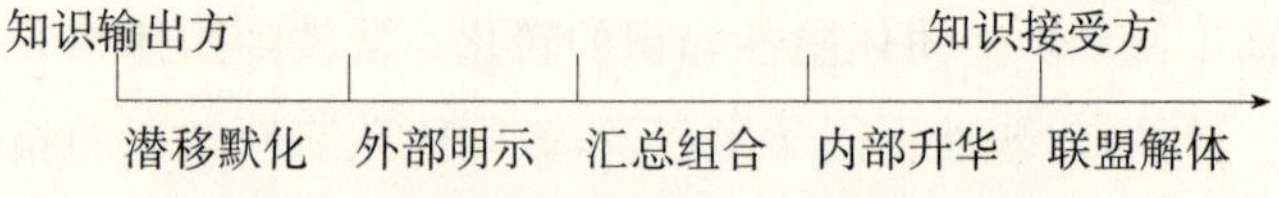

图 8-4　知识联盟阶段隐性知识转移示意图

在潜移默化阶段中，具体进行的是隐性联盟知识的社会化过程，而在外部明示阶段中进行的是隐性联盟知识的外部化过程，汇总组合阶段是显性联盟知识的组合化过程，内部升华阶段是显性知识的内部化过程，联盟解体阶段是旧联盟的解体、新联盟的建立过程。具体的阶段名称、过程名称和知识性质的转换关系见表 8-1。

表 8-1　知识联盟阶段汇总表

知识联盟阶段名称	隐性知识转移过程名称	知识性质的转化
潜移默化阶段	联盟隐性知识的社会化过程	隐性知识→隐性知识
外部明示阶段	联盟隐性知识的外部化过程	隐性知识→显性知识
汇总组合阶段	联盟显性知识的组合化过程	显性知识→显性知识
内部升华阶段	联盟显性知识的内部化过程	显性知识→隐性知识
联盟解体阶段	联盟和平解散或强迫解散	隐性知识的同化、升华

第一阶段，潜移默化。这个阶段主要是促进大学或者科研院所与合作伙伴之间隐性知识与隐性知识的交流，可以说这种知识联盟是促进隐性知识交流的最好的策略安排。大学或者科研院所一旦与它的合作伙伴建立了知识联盟，它们之间就会通过各种合作项目交流知识，尤其是交流隐性知识。由于大学或者科研院所与它的合作伙伴有着不同的组织形式和文化氛围等，它们自然在知识方面存在许多差异。因此在合作过程中，互相进行广泛的观察和接触，易于隐性知识的交流。大学或者科研院所在“外部”走动学习的过程中，也应充分利用自己的五官感觉，身临其境地获取外部的隐性知识。

第二阶段，外部明示。也就是大学或者科研院所将从合作伙伴获得的隐性知识清晰地表达出来，使其向显性知识转化。在从隐性知识向显性知识转化的过程中，关键是如何把隐性知识转化为显性知识。人们常说隐性知识是只可意会不可言传的，但可以借助隐喻和类比的方法进行例证和说明，也可以通过打比方和讲故事的方式传达某种隐性知识。在“外部明示”阶段有一个十分重要的方式叫“对话”。“对话”可以使个体面对面交流，共享各自的信仰和诀窍。尽管要清晰地表达隐性知识是困难的，但是我们还是可以通过目光、面部表情、手势等辅助手段对隐性知识进行成功的“外部明示”。

高校知识联盟的参与方应当努力构建一个能够促使隐性知识交流、共享、外化的环境。只有隐性知识较为充分地外化，才能更多地应用于合作，从而为高校知识联盟带来更多价值。创新是高校知识联盟的重要任务，外部明示和创新是紧密联系的，知识外化的能力在一定程度上也决定了创新能力。

第三阶段，汇总组合。主要是指大学或者科研院所把自己已有的显性知识与从外部获得的已“外部明示”的显性知识进行汇总组合，最后形成新的显性知识系统。在这个阶段，传播和编辑现有的显性知识是非常重要的工作。目前的信息技术对增强组织内部显性知识起着重要的作用。在高校知识联盟隐性知识管理的实践中，高校联盟需要构建一个信息网络，这一信息网络实质上就是一个知识网络，其主要功能就是进行显性知识的传播，从而使高校获得知识交流带来的益处。

第四阶段，内部升华。也就是大学或者科研院所里的教师通过学习、实践、消化和吸收组织内部的显性知识，最终内化为自己的隐性知识。在这个阶段，大学或者科研院所一般应为教师提供各种可能的条件，如在职培训、出国学习等方式，以便于他们消化组织的知识。同时大学或者科研院所的教师也应不断提高自己的学习能力，真正把组织内的显性知识内化为自己的隐性知识，最终整体优化组织的隐性知识系统。

在高校知识联盟合作创新过程中，内化的过程非常重要，因为这个过程是创新成果的体现，只有创新成果真正地为人民所掌握，创新才能体现其价值。有句俗语总结得很好，读书要从厚读到薄，再从薄读到厚。这句话反映的就是知识内化的过程，这个过程需要学习者具备良好的悟性，悟的过程就是学习显性知识并将其内化为自身隐性知识的过程，悟其实就是人们对于知识内化的认识。

经过上述这四个过程的不断螺旋上升，知识联盟的每个成员都完成了知识创新的过程，最终合作各方都有效地提高了知识创新能力。

第五阶段，联盟解体。指科研机构与科研机构型知识联盟实现了预期的创新目标，或者无法继续展开合作，从而和平解散或强迫解散。这个阶段知识联盟已经完成使命。

图 8-5 详细描述了知识联盟不同阶段，隐性知识的管理过程。

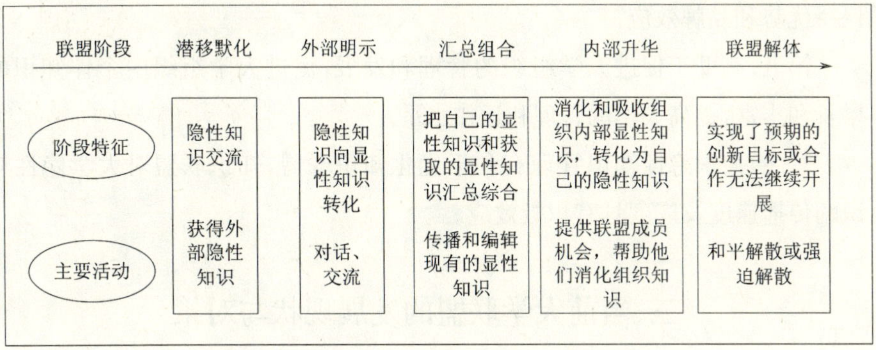

图 8-5　知识联盟不同阶段，隐性知识的管理过程

综上所述，从知识的角度而言，高校组建知识联盟进行合作创新的过程就是隐性知识不断转化的过程。高校知识联盟应当鼓励采取各种措施和手段，促进这个转化过程的进行，从而促使合作创新成果不断涌现。从知识存在的层次来分，可以分为个人知识、大学内部知识与联盟知识。个人知识是个人通过有意识、有目标地学习，然后对知识进行创新应用而获得的。大学内部知识是由大学的成员个人产生的，离开了个人，大学无法产生新的知识。大学成员拥有的大多是专业知识，而大学在发展中需要综合各种知识，形成大学知识，通过对大学的知识进行管理可以提高大学组织知识智商、减少重复劳动，避免因某个人的离职造成组织的知识失忆。在大学知识之上则是整个联盟的知识，是联盟成员在相互作用的过程中获得的，属于整个联盟所有。

大学知识联盟是获取联盟方隐性知识的有效手段，通过知识联盟对隐性知识进行管理，有助于进一步提高联盟的运作能力和效率，促进联盟的合作与发展，具体表现在：

第一，大学通过联盟对隐性知识管理，可调整大学组织结构和战略，有助于大学有效地实施大学之间的合作项目，最终满足各成员的利益要求。

第二，有助于形成良好畅通的知识交流机制，促进成员间的知识交流与共享，增强成员间的信任，促进合作的开展。

第三，有助于形成独特的大学组织文化，促进大学隐性知识管理的快速发展。

第四,有助于大学形成和发展自身的核心竞争力,在不断变化的环境中保持优势和品牌效应。

第五,有助于促进大学组织的管理和发展,促进大学组织中个体知识的增长和丰富,提高大学的管理和运作水平。

总之,大学隐性知识管理有利于优化知识联盟,知识联盟对大学隐性知识的传播速度及广度具有积极效应。

三、当前大学联盟的发展现状与对策

(一)大学联盟的发展现状

1.国外大学联盟的发展现状

Ulrieh(1996)从大学国际化的角度对大学联盟做了深入研究。Hans(2002)和 Knight(2004)等学者认为当今大学的国际交流与合作活动日益活跃,地球村的现实要求大学国际化,大学国际化促进了地球村的建立,国际化已经成为现代大学的重要使命。AlgirdaS.(2006)认为研究型大学的国际化战略普遍成为大学不断增强的共识,有关研究型大学的国际合作研究成为高等教育研究的重要方面。

处于美国东部新英格兰地区的常青藤大学联盟对美国西部特别是加州地区高等学校起到了辐射带动作用。作为世界知名大学联盟和顶级大学品牌,常青藤高校由哈佛大学、普林斯顿大学、耶鲁大学、哥伦比亚大学、康乃尔大学、布朗大学、宾州大学和达特茅斯学院 8 所大学组成。它们通常位于美国高校排行榜中的前 15 名。

《联盟中的高校》(Colleges In Consort)和《高校联盟体和校际合作》(Consortia And Inter-institutional Cooperation)是关于高校战略联盟的相关著作,分别出版于 20 世纪 70 年代中期和 80 年代末期。这两本书以讲述具体案例的形式回顾了美国高校联盟的历史并对美国知识联盟的现状进行了描述。书中对高校联盟合作的内容和方式、高校联盟的管理形式和高校联盟产生的效益以及高校联盟的局限性等进行了相应的描述。这对于我国目前高等教育的规模扩张所面临的问题具有一定的借鉴性。① 近年来，高校联盟的重要性愈发凸显。

2002 年 7 月在中外校长论坛上，美国哥伦比亚大学教师亨利・莱文(Henry M .Levin)在其发言“中国高校的有效资源配置”上，提出了“校际合作是一种替代增长”的观点。他以斯坦福大学作为例子，指出学校要敢于放弃、积极合作，要把资源用于最有潜力的方面。美国专家詹姆士 E.萨姆尔斯(James Samels)和詹姆士・马丁(James Martin)在《高等教育纪事报》(The Chronicle of Higher Education)上发表的《我们错了：应该合作，不要合并》一文中指出，高校间的策略联盟是高校群体今后一个时期的发展趋势。二人在该文中对策略联盟优势进行了较为详尽的论述。

在国外，大学联盟已经取得了比较成功的实践经验，如“美国常青藤联盟(IVY LEAGUE)”“十大运动联盟(BIG TEN)”“美国高校联合会(AAU)”“欧洲高等教育区”等。这些大学联盟极大地促进了美国以及欧盟的经济发展。

1900 年，哈佛高校等全美 14 所具有博士学位项目的高校共聚芝加哥，建立了美国高校联合会(AAU)，其中的 6 所高校是后来常青藤联盟的成员，而约翰霍普金斯高校、威斯康星高校和伯克利加州高校则成为美国研究型高校群体中里程碑式的明星院校。目前该协会的会员身份已是美国研究型高校名校的代名词。AAU 在成立时包括 14 所高校，目前共有 62 个成员高校，包括 60 所美国一流研究型高校和 2 所加拿大顶尖高校，最新成员是 2001 年加入的德克萨斯农工高校和石溪纽约高校，可见其门槛高度非同寻常。在 AAU 不断扩大的进程中，有志加入的高校就需要根据 AAU 制定的研究型高校的各项指标努力调整发展战略并不断提高研究水平。这是研究型高校示范效应的极佳注解。

国际高校联合会(IAU)在 2005 年对全球 3861 所高校进行了国际化调研。报告分析显示，73％的高校将国际化作为高校发展战略的重要组成部分。对国际化认识方面，高校层面普遍认为提高国际竞争力、建立大学战略联盟、扩大人力资源能力和国际合作是高校国际化的主要动因。报告揭示有

① Yang Jing，Liao Zhijiang，Ye Suping. The Community Library Anniance Based on Cloud Computing[J]. Procedia Engineering，2012，(29)：2804—2808.

96%的高校普遍认可国际化所能带来的机遇，也有高达70%的高校认为国际化合作普遍存在风险。国际化对高校的正面作用依次是教师国际化、学生国际化、学术质量提高、研究能力加强、培养方案革新以及国际利益趋同。而负面风险包括：教育产业化、文凭工厂、智力外流、精英意识膨胀、英语过度使用、文化认同迷失、教学质量下降和培养方案的模式化。

欧洲研究型高校联盟（The League of European Research Universities, LERU）是在包括欧盟以及欧盟申请国20多个国家在内的教育部长先后发表的《索邦宣言》《波洛尼亚宣言》《布拉格公告》的基础上成立的欧盟教育一体化联盟，创建于2002年，最初有12所欧洲一流研究型高校，到2006年已经包括20所成员高校。LERU的使命是推动欧洲高校在基础研究领域的进步，在研究型学术背景中提高人才培养质量。为顺应群体集聚的进一步发展，一些区域性的跨国高校联盟相继诞生，如由21所研究型高校建立的Universities-21、由42所成员高校组成的APRU（Association of Pacific Rim Universities，太平洋沿岸协会）、由17所成员高校组成的东亚研究型高校协会（Association of East Asian Research Universities，AEARU）以及由欧美亚16所研究型高校组成的高校网WUN（Worldwide Universities Network）。

由此可见，大学联盟已不断成为大学国际化的战略平台，创建大学战略联盟可使不同的学校共享资源，合作创造新的知识或进行知识与技能的转移，从而获得新的核心竞争力。

2.国内大学联盟发展现状

从战略高度分析，大学联盟的实质是以知识作为桥梁的交流与合作。大学利用他们之间学科的多样性和互补性的潜在优势，来达到双方的知识"双赢"。

(1)大学的学术交流

学术交流可以说是当代大学知识联盟最简单的方式。可分为外出培训与交流和邀请校外专家到学校教学交流。

外出培训与交流是为了提高大学教师某些知识的生产、传授和应用能力，大学根据本校学科建设的实际情况，选派部分大学教师定期到国内甚至国际知名大学进行学习、培训或做访问学者。通过这种学习与交流，既可以使大学教师学习到需要的理论知识，还可以使大学教师受到所在学校文化的熏陶。

邀请校外专家到学校讲学交流是指大学与其他大学签订协议，定期地举办各种学术会议。在学术会议上，一般邀请一些国内、国际的专家、教授、学者参加，这可以使大学之间充分地交流学术信息，掌握学术动向，探讨学术问题。此外，大学也可以通过协议书的形式聘请外籍专家或外校名师来校任教或讲学，通过他们的讲座，学习他们的科研技术、管理经验等。这既可以丰富大学教师的显性知识，还可以通过与专家的交流、讨论，学习到专家的学术风格、思维方式、工作技巧或经验等隐性知识。

(2)大学合作办学

合作办学是指大学之间利用各自的优势，合办某些专业学科或者就某些培训项目进行长期的合作，它包括国内学校之间的联合和国际合作。合作办学应当是一种较稳定的长期合作关系，在合作过程中，不仅可以提高双方有形资产的利用率，更重要的是通过双方人员的密切合作和深入接触，可以使大学教师学习对方所掌握的知识，尤其是难以通过书本学到的隐性知识，以弥补自己的知识缺陷，形成或扩大自己的办学优势。地理位置距离较近的大学之间还可发挥各自的优势，互相选派优秀教师开设某些课程，或一方派教师到另一方进修学习、定期开办学术讲座等。

大学合作办学是近年来在各地广泛开展起来的合作模式。合作办学打破地域、时间、模式的限制；合作办学可两校合作，也可多校合作；可以全方位，也可以就某一、某些项目进行合作。这种灵活的办学形式极大地便利了大学之间的知识交流与学习。例如，北京林业大学已同世界上20个国家和地区的50多所院校、科研机构签订了国际学术交流及合作协议书，协议双方的人员交往不断，互相交换学术资料和刊物，双方共享科技资源与成果，并开发了许多极具市场前景的项目。山东农业大学与德国埃森经济与管理应用技术大学合作举办本科层次的大学，该大学实行“1＋2＋1＋0.5”教学模式，学生具有两所大学的学籍，毕业生可同时获得中德两国政府承认的两所大学的学士学位。这种互动的交流为两国都培养了国际人才。

(3)大学合作研究

合作研究一般包括大学相互之间的合作研究以及产学之间的合作研究。大学之间的合作研究既包括一方提供研究条件和经费，另一方利用自己的知识或科研优势派出学术带头人指导和帮助对方进行科研活动，也包括双方共同筹资、共同派员的联合研究。通过产学合作，企业一方可以得到技术成果，并且可以锻炼研究队伍；学校一方可以得到经济回报，同时在合作研究中了解企业的实际需求，锻炼教学科研人员解决实际问题的能力，了解、掌握企业的隐性知识，更好地服务于教学和科研活动。

(4)大学城

大学城是中国继大学合作办学后又兴起的一股大学建设热潮。大学城一般是由政府、大学或大学联合投资兴建的一个大学密集区，城内各大学、科研院所之间做到教育资源优势互补、强强联合。大学城内教学资源可以充分共享，不同大学、众多学科交融在一起，有利于相互交流知识、相互学习，以提升学生、教师的知识结构，促进科技创新。为实现教学资源、知识资源的共享，各大学进行教学课程的交流，大学城各功能区均为开放空间，这种空间上的环境共享，为知识的创造、传播、转化和创新提供了一个开放的环境。其内在特征表现为学科交叉及大学和大学之间高度的资源共享。

(5)区域资源共享

美国学者亨利·莱文曾在《中外高校校长论坛》一书中，举了关于斯坦福与伯克利决定合并他们的图书馆资源，向两所高校的学者开放的校际合作的例子。现在这种资源共享式的联盟形式已经非常普遍，这种形式得以推广的重要原因在于教育资源的稀缺性。① 高校建设需要投入大量的资源，在长期的不断发展过程中，不同的高校在不同的知识领域具备了资源优势，教育资源的共享不但可以解决资源紧缺的问题，也可以更好地促进联合创新。例如，设在北京大学的CALIS项目管理中心联合各参建单位，建设了较为完整的CALIS文献信息资源服务网络，并在此基础上开展了公共目录查询、信息检索、馆际互借、文献传递、网络导航等网络化、数字化文献信息服务。这对保障联盟高校的重点学科建设、培养高层次人才、支持科研创新等发挥了重要作用。为加强大学联盟的作用，CALIS管理中心动员、组织各高校图书馆每年发起外文电子数据库的集团采购活动。通过集团采购，大馆节省了经费，扩大了电子资源的学科覆盖面，提高了在区域资源共享体系中的服务能

---

① 王震，唐欣.城乡科技互动机制的制度创新研究[J].广东农业科学，2011，38(17)：207—210.

力和影响力；小馆获得了以一馆之力无力购买的核心资源，提升了服务水平。除CALIS外，各种大学知识联盟也应运而生，如河北省高等学校数字图书馆联盟、天津市高校数字化图书馆、北京高校网络资源等。

总之，作为一种新型的组织学习形式，大学知识联盟必然会带来一些超越以往管理范围的问题。这对于不断创新的大学来说是一场严峻的挑战，同时更是一次全面提升的机遇。以学习和创造知识为目的的大学知识联盟，其多变性和动态性的特征非常明显，对其的管理比最初组建时达成的协议更为重要。

(二)当代大学知识联盟发展管理对策设计

对知识联盟进行有效的管理，是大学学习、创造、共享合作伙伴知识的基础，能否从知识联盟中学习、吸收到建立核心竞争力所需要的组织知识，很大程度上取决于对联盟进行管理的水平。与对大学内部进行管理相比较，知识联盟的管理更具有挑战性，隐藏在联盟中合作关系背后的相互竞争，更加大了管理联盟的复杂性。为保证知识联盟的成功，我们认为可从以下几方面入手。

1.选择合适的合作对象

知识联盟的管理从选择合作伙伴时已经开始，合作伙伴的选择对知识联盟的成功有着十分重要的意义，它直接影响到参与者在联盟中能否获得知识和可以获得多少知识。在尚未确立正式的联盟关系之前，对大学现有的以及未来竞争所需能力的理解和认识，对合作者价值取向、能力以及对联盟投入程度的调查都是知识联盟管理的一部分。所有这些前期工作，对减少合作中的摩擦、增强联盟的稳定性、提高大学相互学习的效率都具有重要的意义。

在对大学自身和多个潜在合作伙伴进行评估的基础上，大学可以从中挑选合适的合作伙伴。挑选的基本原则主要是互补性和兼容性。知识联盟中的伙伴在知识上应具有互补性。它应该拥有与大学自身知识具有共同基础的但又是大学知识体系中所缺少的部分；同时，大学还要具备合作伙伴知识体系中没有的但又是加强核心竞争力所必需的知识。互补性的知识结构可以将合作伙伴结合在一起，而共同的知识基础又使它们可以认识、理解对方的知识，并将它们吸收进自己的知识体系中。实践表明，合作双方的兼容性是知识联盟成功的基础。然而，在知识联盟中仅有兼容性是不够的。因为兼容性可能对联盟中协作关系的发展有很大的帮助，但一个与自己非常类似的大学能提供多少有价值的知识和思想呢？大学从知识联盟中又能学到多少自己所不具备的知识，用以加强核心竞争力呢？因此，知识联盟中的合作伙伴还必须具有互补性，这种互补性主要体现在它所拥有的组织知识上，它应该拥有与大学自身知识具有共同基础的但又是大学知识体系中所缺少的知识。

2.在知识联盟中营造一种相互信任、相互学习的组织文化

通过建立共同的文化和价值来减少组织成员目标选择的差异，减少关系风险，从而阻止参与方的机会主义行为。通过共同的文化和价值观影响参与方的行为以实现联盟共同的目标，联盟组织者要在联盟中营造一种相互信任、相互学习的组织文化，鼓励联盟成员努力建设有利于组织间知识共享的文化，并通过加强交流，缩小成员之间的文化距离和知识距离，增加互信，为联盟间有效的知识共享创造条件。随着彼此深入了解，知识供求双方之间的信任程度会加深，这无疑会进一步促进成员间的知识共享。

在知识联盟中，各参与方都希望从对方那里学到某些知识或是与对方共同创造出一些新的知识，用以增强自己的核心竞争力。但很多这样的知识具有隐含性，蕴涵在各自的实践和文化当中，很难用简单的语言将它们表达出来，只有在一种没有沟通限制和障碍的工作关系中才能学到这些知识。知识联盟中的相互信任并不会随着联盟关系的正式确立而自动建立，当合作者是大学的主要竞争对手时，信任关系的建立困难会更大。尽管在合作之前，联盟各方都对联盟大学之间的兼容性做过评价，但大学知识的路径依赖性使两个有着不同发展经历的大学不可能在大学文化、认知模式、商业哲学、价值观、对未来的预期等各个方面取得完全一致。因此，当协作正式开始后，各种差异就会逐渐地暴露出来，并影响到联盟各方知识的交流与理解，甚至可能引起对联盟的不满——彼此之间开始不信任，双方的领导们都以戒备和怀疑的心态来对待对方，而来自双方的员工也随之相互提防、封锁消息，合作由此受到限制。为了使合作能够真正地开展起来，双方的领导们应该投入足够的时间和精力，在联盟各方之间建立起高效的信息网络，在各个层面上展开积极有效的沟通，创造合作的文化氛围，帮助建立起联盟中的相互信任关系。

保持高层领导的持续接触，共同探讨各个大学更广泛的目标和变革；让中层管理人员或专家们一起制定行动计划，在充分的讨论中加深彼此间的了解，达到认知模式的一致。一个行之有效的方法，是双方先从一些比较容易取得成功的事情上开始合作，这样做不仅有利于增强彼此对未来合作的信心，而且可以避免当初使合作项目过于困难而导致挫折或失败的时候出现双方互相指责的局面。与在世界上任何其他地方进行学习一样，知识联盟中的学习也要遵循“不积跬步，无以至千里”的发展规律，一个个小规模的胜利更有利于合作者走向最后的成功。

3.创新知识联盟的组织制度，建立有效的学习机制

学习机制的建立应从组织与个人两方面来考虑。个人学习是组织能力积累和激活的微观基础，组织学习则是组织整体能力积累和激活的重要体现。一个有效的学习机制中的关键因素包括：相互学习的氛围，系统思想，知识的获取、转移和创造，共享心智模式的表现，学习关系和合作学习的结构。学习机制的建立，有助于增强知识接受方的学习动机，提升其知识吸收能力。①

任何一个知识联盟都不可避免地有两个或两个以上的合作者，即使某一个合作者被赋予对日常管理全权负责的权利，对某些重大问题的决策仍然要征得各合作方的同意。联盟中各方在管理方式和组织结构上的差异，使得联盟内部很容易产生领导权限不清、分工不明和决策迟缓等问题，并直接威胁着联盟的效率持久性，也不利于联盟各方的知识学习。通过精心设计联盟组织，建立一种和谐平等的合作关系，并对各方的责任、义务、权利加以明确界定，就可以大大减少潜在冲突的发生。为了提高知识联盟的效率，在对它进行组织设计时应该把它作为一个独立的大学来看待。一个知识联盟应该有自己明确的使命、具体的教育目标、完成任务的时间表、资源的控制系统以及对联盟成功具有信心的工作人员。同时也应该明确哪些诀窍是属于合作各方贡献给联盟的，哪些知识的所有权仍属于原所有者，以及在出现问题的时候应该采用什么机制来解决。同时，与管理一个独立公司一样，对联盟进行

---

① 李建明.我国中小高技术企业知识联盟中的知识转移影响因素研究[D].上海：复旦大学，2008：121.

管理也需要给予下属工作人员强大的激励，促进他们为联盟的成功而工作，而不仅仅是为联盟中的某一方工作。为此，各方都要向联盟派出一些对联盟具有信心并具备适当技能的管理人员、教师以及其他工作人员，并且保持他们在联盟中工作的相对稳定，尤其是一些关键人员，更不应该频繁轮换。知识联盟与任何大学一样都处在一个不断变化的环境之中，新的知识不断涌现，社会的需求不断改变，大学所拥有的知识和资源也会发生变化。因此，在联盟的设计中应注意到其组织结构的灵活性和适应弹性，使联盟成员能够随时对社会环境和合作关系的变化做出相应的反应。当发生分歧和矛盾时，各方有足够的回旋余地，能及时地进行调整。为了从知识联盟中学到新的知识，大学必须严肃认真地对待新的附属机构，必要时，还要对机构内部的组织方式和运营方式做出调整。

4.确定知识交换的边界，加强核心知识的保护

尽管知识具有隐含性，很难用契约来规定，但一个知识联盟应该有其明确的目标，联盟各方应在目标的导向下，明确规定双方知识交换、共享的边界。其次，还应制定明确的规定来进行保护。知识联盟的特点是知识共享和知识创新，这就要求综合运用各种法律、法规、合同、协议等来保护知识共享中的知识产权和成果的流失。联盟各方要分清哪些是自己独有的核心的东西，并制定正式和非正式的规定来限制那些可能导致核心知识泄漏和丢失的行为，以及在出现问题时应该采用什么机制来进行解决。有了这些安排，联盟各方人员就可以密切合作，减少对于将会涉及大学战略利益的知识泄漏出去的担心。总之要明确联盟中的合作边界，保护自身的核心能力。

知识联盟是一个知识交换的特殊场所，每一个合作者都期望从联盟中学到自己所需要的知识，以加强大学的核心竞争力。没有谁会加入一个不能给自己带来利益的联盟。因此，知识联盟中的知识流动是一个双向的过程。一方面是知识的向内流动，它通过向外部大学学习使外部的知识内化；另一方面，是知识对外流动，当大学自身拥有的知识在联盟中被合作者吸收之后，这部分知识就被外化。对大学而言，加强自己的核心知识和技能是它的最高利益。如何平衡大学在联盟中知识上的得失，使自己在联盟中学到的知识大于它在联盟中流失的知识，通过联盟获得知识上的净收益，避免出现得不偿失的结局，是任何一个进入联盟的大学必须要认真考虑的问题。为此，大学在

确定合作的边界时必须非常谨慎，既要确保自己在联盟中能接触到所需要的知识，又要避免大学核心知识的过量外流。

5.开发利于知识联盟的软件系统

较高水平的信息交流平台是知识联盟主体合作的基础，也是保障知识联盟长期开展的技术助推剂。在知识联盟运行中，应当开发支持知识联盟协同合作的软件系统，且包含从每个联盟成员获取知识经验的子系统。知识联盟的软件系统主要是知识协同平台和技术平台。

(1)构建知识协同平台

知识协同平台是由计算机网络、工作系统、知识库、交互界面和支撑技术等构成的一种协同环境或系统平台，主要帮助知识联盟中参与协同的各个行为主体获得定制的知识服务，并实现最大限度的知识共享和传递，从而可以真正高效地协同工作，实现知识交流与学习（包括知识联盟内部已有知识的学习、传播以及知识的创新和再创造）。知识联盟内部存在很多的显性知识和隐性知识，就像一个“知识宝库”，联盟参与者可以通过知识协同平台交流知识、学习知识，这种知识协同平台是单独的大学在特定的时间和成本约束条件下难以获得的，也是吸引大学加入知识联盟的有力砝码。通过联盟内部成员间知识等资源的交换，再由大学将所获得的知识消化，形成自身的核心能力，这是知识联盟一直追求的目标，也是相互合作的前提条件。知识联盟成员之间的知识交流与学习有利于实现知识从一个组织到另一个组织的转移；联盟成员各取所需、优势互补，增强了合作伙伴间的信任，可以形成共赢。

(2)构建技术平台

技术平台是知识联盟内实现知识共享的必要支撑技术。随着经济全球化、信息网络化、知识资本化和管理复杂化趋势的凸显，大学仅仅依靠自己的研发力量去适应科研环境的不断变化，会带来技术投入大、风险高的弊端。而同其他组织结成知识联盟，与联盟内其他成员进行技术的合作开发和技术成果的共享，既分担和降低了研发成本，又有效地规避了技术风险。知识联盟合作的目的是通过联盟获得大学所需要的技术和能力。技术平台的建立使大学之间的知识共享程度变大，知识转移的速度提高，进而通过技术的实现，提高了知识联盟获得绩效的效率。[1] 通常各高校在建立技术平台时，需要在联盟契约中明确各自的责任和义务，这有利于减少机会主义的产生。技术平台必须以数字技术为手段，以网络环境为业务平台，以信息资源共建共享为核心内容，它是大学之间沟通的桥梁，是成功建立知识联盟的基础保障。

① 杨靖.利用ASP技术构建图书馆读者需求表单业务处理系统[J].图书馆学研究，2009，(8)：32—37.

第九章 大学隐性知识评价

知识评价是当前学术界研究的热点之一。由于知识的载体主要是人，知识水平决定了人才的素质和能力，所以知识评价的本质是对人才的素质和能力进行评价。① 人才评价在人才管理工作中具有重要意义，因为人才评价具有很强的导向作用，有助于人才根据组织的需要构建自己的知识体系。通过评价，人才可以客观地了解自己知识结构的不足，进行有针对性的发展规划和学习提高。对于高等学校来说，大学教师的评价有助于人才的选拔和安置，通过人才评价可以进行人力资源状况的全面普查，从而进行有效的使用和管理。通过对大学教师掌握的隐性知识进行测评从而评价大学教师的素质和能力是人才评价的一种新方法，其不但可以科学地评价人才，而且可以促进大学教师的知识建构。

一、大学教师评价的产生和发展

(一)大学教师评价的缘起

大学教师评价是按照一定标准，对大学教师活动及其相关因素进行系统描述并做出价值判断的活动。教育评价有着悠久的历史，作为教育评价主要内容的教师评价更是备受关注。自有教师以来，教师就一直接受学生、家长及社会的评价。20 世纪中叶以来，正式的教师评价开始在西方发达国家产

---

① 程钧谟.企业知识创新能力模糊评价体系研究[J].华东经济管理，2005，(5)：106—108.

生。作为学科的教师评价研究，其产生主要有以下四方面的原因。一是公众对教育质量的关注。教育在个人成长和未来生活中的作用越来越受到重视，公众要求对教育质量有所了解和控制。在这种要求下，教师教学的质量开始受到广泛的关注。二是政府对教育质量的关注最终落脚在对教师教学质量的要求上。各国为争夺在世界经济、军事、科技和文化等领域的领先地位，相继开展了教育改革运动，这也对关乎教学质量的教师提出了评价的要求。三是教学中对学生角色地位的重视。从20世纪中叶开始，教育观念由过去的以教师为中心转向了以学生为中心，学习者的主体性越来越受到重视，教师的角色发生了很大变化。四是工业组织管理的研究与实践对教育的影响。20世纪初，西方尤其是美国工业组织管理得到了很大的发展，人的管理问题成为工业领域提高生产效率的关键。在这种观念的影响下，人们开始关注教育的功效，强调对教师工作过程的监控，而监控的手段则采用了对教师进行评价。

（二）大学教师评价的发展阶段

我国的教师评价开始于20世纪60年代，但直到80年代以后才有比较正式的评价。我国大学教师评价基本上从改革开放开始，可以划分成三个阶段。

第一阶段：大学教师的合格评价阶段。

从改革开放到20世纪80年代中后期，高等学校各项秩序逐渐恢复，新制度和新体制逐步建立，此时对大学教师的考核工作也变得日趋重要。在教育部、人事部等政府部门的指导下，对教师的周期性考核逐步恢复，主要为年度考核，考核的重点是工作量。如1979年11月，教育部颁布《高等学校教师职责及考核的暂行规定》，1981年发布《关于试行高等学校教师工作量制度的通知》。以此为标志，教师工作量制度成为教师年度考核、工作业绩评价的主要方式。教师工作量制度以综合考核和完成工作量为原则，主要是合格评价，考核内容大致包括思想政治素质、业务水平、工作业绩等几个方面。在工作量的计算方面有明确的计算公式，主要执行程序基本一致，即在年终或学期末由教师填表，教研室、系（所）逐级签署意见上报给学校，学校签署最后意见。将考核结果划分为优秀、良好、合格、不合格等若干等级，并且规定一定的比例，与少量的年终奖励挂钩。

这一阶段考核的特点是主要采用自上而下的方式，在国家部委明确的文件指导下进行，各高校采取大致相同的考核办法，建立了一整套完整、规范的教师管理和考核的体系，在如何操作与实践方面进行了很好的探索，为以后教师职务制度的改革奠定了良好基础。但这种评价方式也存在一些问题，如考核指标没有完全涵盖涉及教师工作量的所有方面，特别是对科研的投入和业绩。再者，评价体系往往产生于行政部门，其科学性和合理性受到质疑，也很难被所有的教师接受。由于考核缺乏全面性、科学性和整体平衡性，考核指标缺乏客观性、准确性，所以考核结果对比性差、分辨率低，考核制度缺乏有效的激励作用。

第二阶段：大学教师的择优评价阶段。

20 世纪 80 年代后期，根据教育部的相关文件，各高校开始实施和完善教师职务聘任制，开始实现教师职务任职资格制度向聘任制改革的转变。完善教师职务聘任制的关键是进一步健全教师考核制度，并使之科学化、制度化、经常化，将工作实绩作为教师职务聘任与晋升的主要依据。这一阶段初期的主要考核模式基本延续了工作量制度的考核办法。但从 1988 年开始，名额的严格控制与大量中老年教师要求晋升期望之间的矛盾日益凸显。同时，教师队伍青黄不接的问题逐渐暴露，为年轻教师实行特批制度摆上了议事日程。为此教育部和人事部相继出台了《关于高等学校继续做好教师职务评聘工作的意见》以及关于加快年轻学术带头人培养的若干文件，制订了青年教师的破格提拔政策。但是破格提拔的青年教师工作年限短，还有部分海外学子归国工作，评价体系无法反映其科研学术水平，各高校开始研究探索新的考核评价办法，以便如实反映教师的学术水平和各种业绩，比如出现了把课时、论文等换算为分数的量化评价办法。

这个阶段教师评价的主要变化是：从考核的时间段上由年度合格评价发展为年度考核与任期期间阶段性考核相结合的综合评价；在评价模式上由合格评价转为“门槛”条件与“择优”程序相结合的模式，即越过“门槛”条件才能参与“择优”选拔；将职务评审中单纯的业绩累加转化为明确、具体的要求，把部分大学教师由教学型导向研究型，并将科研成果如学术论文等的重要性提高到前所未有的高度。

这个阶段的突出特点是各个高校在评价方式上开始分化，有的高校开始引入一些科学的测量、统计方法，如运用模糊数学的方法科学地确定加权系数等，追求科学化、标准化、有效化，为教师的自我评价提供了一个明确的参照系，为大学教师的发展提供了明确的方向。但是量化考核存在一些极端的倾向，如对教师的思想政治素质也逐项进行打分量化。另外，量化考核的方式因为程序过于复杂，在执行上有很大的难度，有时难免出现偏颇的结果，在一定程度上会误导专家和领导评价，所以在20世纪90年代中后期完全的量化考核仅在小范围内存在，大部分高校采取明确的量化条件与定性考核相结合的模式。在这个阶段，教师评价考核的结果与职务聘任挂钩，体现了考核的重要性，充分发挥了评价的指挥棒作用。但出现了两种比较严重的后果：一方面教师评价中科研的比重越来越大，导致教师重视科研忽视教学的倾向更加普遍；另一方面受国内外各种学校排名的影响，各学校将对数量的追求转化为对教师工作的导向，导致教师追求数量而忽视质量的后果愈加严重，教学的质量、科研论文的质量很难把握。另外在教师职务晋升时这种择优程序难于把握学科的差异，容易把数量的比较作为排序的依据，从而加剧了教师在成果数量上的竞争。

第三阶段：教师评价的分配导向阶段。

这一阶段的突出特点就是出现了评价结果与分配挂钩的倾向。根据国家教委下发的《关于国家教委直属高校内部管理体制改革的若干意见》，不少学校开始实行对院系工资总额包干的制度，同时开始探索推行与津贴分配密切挂钩的评价办法。在1998年以后逐步推广实施的岗位津贴制度，明确提出需要具有说服力的合理的分配依据，从而极大地推进了教师评价体系的发展，促进了新一轮教师评价改革高潮的出现。

这一阶段最初表现为各个学校加强了教师的考核，特别是年度考核，为津贴分配和变动提供了充分的依据。随着信息化手段的采用，原本烦琐的量化指标体系得以实施，出现了详细的算分办法和与津贴的换算关系，得分的多寡与岗位津贴的多少直接挂钩。这些措施在实施初期确实收到了良好的效果，教师的工作积极性很高，更加专注于本职工作，部分不合格的教师也产生很大的压力，一些高校的科研经费、文章数量得到快速增长。但同时也出现了反对的声音，认为这样会引导部分教师产生急功近利的行为，甚至助长学风的腐败；使教师丢失了长期工作的韧劲，不利于高校产生原创性的成果。

高校内外出现应该为教师提供更加宽松的学术环境的呼声，也在呼唤淡化数量、重视质量的评价体系。

在这个阶段，教师评价方式更加多样化，如有的高校更加强调岗位聘任和岗位考核，在聘任上岗前规定明确的岗位职责，签订岗位责任书，把数量和质量要求都纳入岗位职责。考核时实行目标管理，重点考查教师是否达到预定目标、是否完成了岗位职责。这种评价模式的优点是不完全与量化的考核结果挂钩，将竞争激励的重点放到对质量的要求上来，不再关心教师业绩的排序如何，从而降低了考核的竞争性，易于教师专心从事本职工作；缺点是岗位责任书如不细化很难达到考核的效果。

我国大学教师评价经过 30 多年的发展，主要发生了以下几方面的变化：在教师评价的目的上，由重点工作量的考核转化到职务晋升和聘任的考核以及与分配体制紧密挂钩的考核；在评价概念上，由体现管理方主观意识的“考核”一词转化为逐步体现客观性的“评估”一词，最后演变为客观的“评价”一词；在评价的内容上，由单纯算工作量到重视科研成果，再到注重质量意识得以体现的条件与标准；在评价方式上，由工作量考核发展到业绩定量考核，再到以强化量化考核为主线、各种考核方式并存的局面。

（三）大学教师评价的发展趋势

随着人们对教师职业认识以及教师评价观的改变，教师评价逐渐从鉴定性评价向发展性评价转变，并开始建立发展性的教师评价制度。发展性教师评价制度是在 20 世纪 80 年代初期，最先由英国开放大学教育学院纳托尔和克里夫特等人倡导施行的，其产生背景是英国公众对教育质量日益关注、对教师的教学质量提出质疑，要求提高教师素质的呼声越来越高。面对社会舆论，很多人把提高教师素质、改善教学质量的希望寄托在教师评价制度上。发展性教师评价具有如下特点：

1.评价目的的发展性

传统教师评价以奖惩为目的，以教师过去和当前的表现作为奖惩的依据，强调学校组织目标的实现。发展性教师评价制度强调评价的形成性功能，通过以提高质量为目的的、覆盖教师教育教学全过程的评价促进教师的专业发展。

2.评价组织的主体性

传统的教师评价强调学校管理方的作用，把评价作为管理与控制教师的一种手段。而发展性教师评价更注重发挥评价对象——教师的作用，通过教师的积极参与，共同确定评价的内容要求，由评价双方共同承担实现评价目标的职责。

3.评价内容的全面性

传统的教师评价在内容上往往存在片面性，而发展性教师评价则强调内容的全面性，通过多种方法的运用，收集来自各方面的信息，在对教师工作的各个方面进行深入调查了解的基础上做出整体的、客观的判断。

4.评价方法的多样性

发展性教师评价强调通过面谈、课堂观察、正式与非正式交流等形式发现教师工作中存在的问题与不足，并有针对性地提出改进的意见与建议；强调包括自我评价、教师之间的同行评价及领导评价等多种方法的综合运用，以达到促进教师发展的目的。

5.评价效果的内部导向性

传统的教师评价往往是外部导向的，评价的结果并不主要是为教师改进工作服务，而主要是为教师之外的主体如学校、上级主管部门等的决策服务。发展性教师评价主要是内部导向的，其得出的评价结论主要是为教师的未来发展服务，对教师的奖惩不作为教师评价的主要目标。

（四）大学教师评价研究的意义

《中共中央、国务院关于进一步加强人才工作的决定》中明确提出坚持改革创新，努力形成科学的人才评价和使用机制。在人才评价方面，要建立以能力和业绩为导向、科学的社会化的人才评价机制。强调要根据德才兼备的要求，坚持群众路线，注重实践检验，构建以业绩为依据，由品德、知识、能力等要素构成的各类人才评价指标体系。改革各类人才评价方式，积极探索主体明确、各具特色的评价方法。完善人才评价手段，大力开发应用现代人才测评技术，努力提高人才评价的科学水平。

大学教师是高校承担培养人才、科学研究和社会服务三大功能的主要依靠力量，是高校最重要的战略资源。面对社会对高校人才培养的要求越来越高和高校之间竞争日趋激烈的环境，高校需要不断增强自己的竞争力，而增强竞争力的关键是提高教师的教学与科研水平。因此，对教师的素质、能力和绩效做出准确的评价是至关重要的，只有这样才能实施有效的激励，才能够吸引人才、留住人才和充分发挥人才的作用，并促进人才的快速成长。所以教师评价是教育科学的重要研究领域，是现代教育管理的重要研究课题。江泽民总书记在庆祝北京师范大学建校一百周年大会上的讲话中指出："百年大计，教育为本。教育大计，教师为本。"大学教师在教育中作用的发挥，一方面有赖于教师自身的素质与职业道德水平的提高，另一方面则有赖于合理有效的教师管理制度的建立，而教师评价是教师管理制度的重要方面。大学教师评价在优化教师队伍结构、遴选教学人员、促进教师教学水平发展、保证教育教学质量等方面具有不可替代的作用。

二、大学教师劳动特殊性及评价观

大学教师作为知识水平和受教育程度都比较高的一个群体，其人性特点和劳动都有特殊性。大学教师评价是建立在对大学教师人性假设的前提下，对其德、能、勤、绩进行价值判断，而大学教师的德、能、勤、绩无不承载在其劳动中，通过劳动得以体现和彰显。所以分析大学教师人性特点及劳动特殊性，对科学建立评价指标体系进而对教师进行评价有重要的作用。

（一）大学教师的人性特点

目前，我国许多高校普遍把教师的人性假设为"经济人"，认为物质需要在教师的整个需要层次中占据主要地位。诚然，人的全部需要必须以物质条件为基础，而且我国大学教师收入普遍不高，这决定了教师的物质需要远未得到满足。但是大学教师具有宽广的视野、活跃的思维、强烈的自尊心和高度的责任感，对科学知识具有浓厚兴趣，对自由、民主和文明有热切渴望。职业与教育经历的特殊性决定了他们的需要有着与一般人不同的特点，那就是在赖以生存和发展的物质基础上所发生的成就追求与自我实现动机在其需要中占有特别突出的地位。教师的物质需要与精神需要密切相关而使之具有丰富的精神属性；凡是与精神需要直接相关的物质需要，教师对其怀有强烈的渴求。因此,教师需要的独特性决定了大学教师的人性实质不是“经济人”,而是“自我实现人”,这种自我实现的人性假设是教师物质需要和精神需要的和谐统一。这种假设说明:(1)对于教师来说,内部动机比外部压力具有更大的激励作用。而受过较高层次教育的教师主要是自我激励,外部压力可以使他们达到最低标准,要想达到优秀的水平,还是要靠内部动力。(2)如果教师能够通过评估获得足够的信息与有用的建议,学校为他们提供改进、提高的机会,大学教师是能够实现预期目标的。(3)大学教师作为专业工作者,对其本身的专业具有高度的热情。如果工作所需的条件能够充分满足的话,他们就会爆发出极大的创造力,以提高教学和科研改进水平。

(二)大学教师劳动的特殊性

1.大学教师劳动过程的复杂性

首先,教师的劳动对象是具有个体差异的学生和学生集体,这种差异表现在学生的天赋、身体条件以及社会、文化背景和生活家庭环境等诸多方面,而教学又是具有明确目的、统一任务的工作,面对这种复杂的工作,不付出艰苦的劳动就无法搞好教学工作。

其次,大学教师劳动的复杂性还表现在教学任务的多样性和教学过程的动态性上。教师不但要向学生传授知识,而且还要培养其技能、思维、创造性等,促进学生全面发展。这要求教师所教的课程内容要随着科学技术的发展不断更新和变化,需要教师不断探索和创新。

最后,教师劳动的能力需要是复杂的。教师不仅要掌握所教学科的知识,还必须具备与教学有关的多种能力,如对教材的分析能力、对学生心理的有效把握能力、课堂组织管理能力、语言表达能力、实际操作能力和社交能力等。所以其努力程度难以有效测量和监督,只能取决于教师的自我需要和自我监督。

2.大学教师劳动的创造性和潜在性

大学教师的劳动是一种富有挑战性和创造性的劳动。首先,大学教师向学生传授的科学文化知识和生产技艺具有深、广、新的特点,这就要求教师立足于自然科学和社会科学研究的前沿,不仅要在科学和科研中掌握和运用与本学科有关的新知识、新技艺,而且还要自觉地探索新知识,创造新技艺。其次，高等教育是教师向学生传授知识、培养能力的过程，其本身就需要教师开展创造性工作。教师劳动的这种集科学创造与艺术创造于一体的特性决定了教师劳动的高投入性。

3.大学教师的劳动既有集体协作的性质，又有个体劳动的特点

大学教师的劳动对象是学生，而学生的成长发展需要多方面的知识和修养。一个学生在整个受教育的过程中，要受许多教师的教育和影响，是教师集体协作劳动的结果。任何一个学生知识的掌握、能力的发展、思想品德的形成，都是以教师为主的集体劳动的结果。教师的劳动又具有个体性的特点，因为教师的劳动是复杂的脑力劳动，这种劳动建立在自己独立思考的基础上。没有个人的独立思考，教学就不可能取得好的效果，所以教师劳动具有独立性和协作性的特点。

4.大学教师劳动成果的不易测定性

从工作性质上看，高等学校的主要任务是为社会培养人才。如果将学生比作产品，那么大学教师就是产品的制造者，大学教师的工作就是生产、加工这种特殊"产品"。很难统计一个教师一年生产了几个"产品"、质量如何。正因为如此，即使高等教育发达的西方国家，也未将高校直接推向市场。

5.大学教师的劳动时间具有灵活性、模糊性

高校对大学教师的工作时间没有严格的规定。高校并不要求教师坐班，但是这并不说明他没有工作，即使在家里，他也可能在备课或搞研究。所以无法核定教师的有效工作量，也很难寻求统一的工作量标准。

6.大学教师的劳动具有长期性和长效性

大学教师的劳动包括人才价值确认和科研成果转化，具有滞后性、间接性和长期性的特点。这是因为人的成长和发展需要一个过程。作为促进学生发展的教师劳动不可能立竿见影，培养出的学生有些许成就或者研究成果转化为现实生产力都需要一定的时间，所以难以适时评价和有效管理。

大学教师劳动的这些特点，使我们很难对教师工作业绩进行及时的、准确的和直接的判断。

（三）大学教师的评价观

大学教师的人性特点和劳动特点决定了大学教师的评价是一个特殊的

领域。评价观不同,则会有不同的评价内容及不同的评价方法,所以我们要首先了解教师的质量观和教师的评价观。

1.大学教师的质量观

什么样的教师才是好教师,这是应该首先明确的问题。美国“全国专业教学标准署”提出了优秀教师具有的特征:

第一,全身心致力于学生及其学习。要使所有学生都能掌握知识,承认个体差异并以调适教学,通晓学生发展和学习的进程与方式,公平地对待学生。不仅培养学生的认知能力,而且培养学生的自尊心,激发学习动力,养成良好性格和公民的责任感。第二,熟练掌握学科知识和教材教法。要了解学科知识是如何创立的以及与其他学科的联系,掌握传授学科知识的特殊知识和技能,引导学生通过多种途径获取知识。第三,勤于思考,不断总结自己的教学实践经验。第四,教师是“学习村”的成员。教师要在课程分析和建设、协调学校教学、参与学校教师的专业发展和学校决策活动中发挥更为积极、更富有创造性的作用。

笔者认为,作为优秀教师的基本品质应当是:第一,具有专业发展的基础和能力。大学教师是一个专业化的职业,好教师的首要标准必然是专业能力,教师应当具有鲜明的教育价值取向,能对教育的价值有深刻认识,且使其教育工作符合社会的需要及学生发展的需要。第二,具有可持续发展的潜能。大学教师应能主动吸纳知识,包括基础文化的、专业的及教育科学知识,蓄积发展能量,以此积极主动地或超前地迎接社会发展提出的要求,而且形成独特的发展风格,形成相对稳定的特色,具备对自己的教育教学行为进行及时反思和改进的能力,不断研究、创造、发展、丰富教育教学方法。第三,具有社会认同性。教师的教育教学思想、能力、风格等是在一定的教育实践过程中逐步形成的,这要求教师不断开拓创新、锐意进取,取得学校、学生和社会的广泛认同,否则教师的发展也就失去了动力。

2.大学教师评价观

大学教师评价观主要涉及开展教师评价的目的是什么,是以奖惩为目的的评价,对教师进行鉴定、分级,还是以发展为目的开展评价,对教师进行诊断与改进。

以奖惩为目的的教师评价是我国高校一直实施的评价方式。这种方式表现在五个方面。第一,面向过去。传统的教师评价考察教师的工作表现,以此来区分优劣,给出评价结论,是面向过去的评价。第二,以工作为核心。评价对象实际上是对教师工作表现进行的评价。第三,管理主义倾向。传统的教师评价主要是作为管理的一种手段,通过评价教师的表现优劣,以一定的标准导向来强化学校管理。第四,关心结果。传统的教师评价是一种终结性的评价,并不关心教师工作的具体过程,而主要考查所获得的效果。第五,团体内部关系紧张。以奖惩为目的的教师评价以比较为基础,只有比较才能看出优劣,而且按照正态分布的思想,优秀的总是少数,这样会造成团体内部关系愈加紧张。

以发展为目的的评价则表现在三个方面。第一,重教师评价的改进、激励功能。进行教师评价面向未来,了解教师现实水平和工作表现的目的是为其指明发展方向,发现和改进现存的问题,一切都是为了教师未来发展的需要。第二,重过程性的评价。将教师的教育教学活动过程纳入评价全过程,实施发展性教师评价是与教师教育教学活动同步进行的,评价本身也是教育教学活动的一个重要组成部分。第三,以人为本的评价价值取向。开展教师评价只是鉴定和分析教师发展状况的手段和材料,评价要围绕如何促进教师的发展进行。

从国内外教师评价的实践来看,以发展为目的的评价正逐渐成为教师评价的主流。

三、大学教师评价的原则

(一)战略导向性原则

同一历史时期,不同高校的战略定位相异;不同的历史时期,同一所高校的战略定位亦有区别。对教师评价的首要目的是引导教师努力的方向,因此评价指标及相应权重的设计应该首先考虑如何满足学校战略目标实现的需要。比如:研究型大学更多的指标和更大的权重应集中在科研成果的考核上;教学型大学则应集中在教学质量和教学研究的成果上;教学研究型大学则应考虑如何做到两方面的平衡,即评价指标和权重应能够准确“测量你所珍惜的”。

(二)现实性与发展性相结合的评价原则

大学教师是综合素质较高的群体,且评价的最终目的并非惩罚而是促进教师在思想道德、科学研究和教学水平等方面的不断进步,所以必须明确评价结果及由此产生的奖励和惩罚措施只是促进教师发展的手段而非目的,在奖惩性评价的基础上,更要注重教师的发展性评价。

(三)定量评价与定性评价相结合的原则

定量评价的结果更准确和客观,但教师的素质、能力与工作绩效并非都是可以精确定量的,尽管我们可以通过数学的方法使其量化。有时那些不可定量的东西可能更有意义,比如发表论文的篇数是反映科研工作的量化指标,而学术研究水平则是一个含义更广泛、更重要也更不容易定量化的指标。只有做到量与质的结合,才能够全面、真实、客观地反映教师工作的绩效。

(四)动态性评价原则

对大学教师的评价应该与高校的发展阶段、发展战略相适应,所以学校的发展阶段、战略定位的改变必然会导致评价指标体系和各个指标权重的适时调整。

(五)全面性、综合性评价原则

教师职业内涵的非单一性决定了对教师的评价必须是全面的、综合的。在评价主体的选择上,应当包括专家、同行、学生等,切忌行政权力的越俎代庖;在评价指标确定中,应当涵盖教学、科研、师德等诸方面,形成指标体系;在评价方法上,注意定量评价和定性评价、阶段性评价与发展性评价的结合,尤其要避免简单地以完成教学时数、发表文章篇数、科研项目或科研经费数等代替其他评价方法。

(六)目的性原则

目的性原则是由大学教师评价活动的特点所决定的,不能想评什么就评什么，也不能愿意怎么评就怎么评，而应该围绕促进大学教师知识建构的目的确定评价指标和评价标准。评价指标与评价标准选择的不适当可能会使评价失去意义。在现实中不乏这样的例子，比如以论文数量等量化指标为主要标准的学术成果考核评价办法在高等院校广泛推行，由于这种考核办法改变了此前高校教学、科研管理的随意松散的状态，因此曾被视为大胆改革的先锋之举。这种考核对个人来说，直接涉及职称、科研经费等切身利益；对单位和各级领导来说，则意味着政绩和升迁，因此受到高校各方面人员的重视，而其结果是造成了高校垃圾论文的泛滥。

（七）坚持以能力和业绩为导向的原则

在人才评价方面，要建立以能力和业绩为导向、科学的社会化的人才评价机制。强调根据德才兼备的要求，构建以业绩为依据，由品德、知识、能力等要素构成的各类人才评价指标体系。

四、大学教师评价的手段和技术

大学教师评价是一个复杂的系统工程，由一系列的环节构成，从制定评价方案时拟定评价指标体系到评价过程中评价信息的搜集和处理，再到最后形成价值判断的最终结果，都必然要用到许多的方法和技术。

（一）大学教师评价指标体系的设计方法

1.初拟指标的方法

(1)头脑风暴法

头脑风暴法(Brain Storming)又称智力激励法、BS法，是由美国创造学家阿历克斯·奥斯本于1938年首次提出的一种激发创造性思维的方法。它是一种通过小型会议的组织形式，让所有参加者在自由愉快、畅所欲言的气氛中自由交换想法，并以此激发与会者的创意及灵感，使各种设想在相互碰撞中激起脑海的创造性“风暴”的一种研究方法。

头脑风暴法分为直接头脑风暴法和质疑头脑风暴法（反头脑风暴法）。前者是通过专家群体决策尽可能激发创造性、产生尽可能多的设想的方法，后者是对前者提出的设想、方案逐一质疑，分析其现实可行性的方法。在选择大学教师评价指标时，可以同时采用这两种方法。

实施头脑风暴法应该遵循四个原则。第一，自由畅想原则。要求参加者不受任何条条框框的限制，放松思想，从不同角度、不同层次、不同方位大胆地展开想象，提出独创性的想法。第二，延迟评判原则，即要等到所有的指标被列出来并做出解释后才对之进行评价性判断。不要过早地下结论，以避免束缚人们的聪明才智、想象能力。第三，追求数量原则。数量提供质量，即人们提出的设想越多，解决问题的可能性越大，因此提供的设想和建议越多，提供的选项就会更好。第四，互补改善原则，即寻求思想的联系和配合。规定此原则的目的是要求与会者应勤于并善于在别人意见的基础上对各种设想进行综合及改善，从而形成新的、有更高价值的设想。

(2)因素分解法

因素分解法是一种将评价指标按照评价对象本身的逻辑结构逐级进行分解，把分解出来的主要因素作为评价指标的方法。应当注意的是，分解出来的因素，从高到低逐层缩小内涵，越往下层次的指标越明确、越具体、范围越小、越可以观测。上一层次的指标应当包含下一层次的指标，而下一层次的指标不能包括上一层次的指标。因素分解的对象是评价目标，分解的目的是指标可见可测。运用因素分解法提出初拟指标，应当注意三个问题。第一，必须使用统一的分解原则。只有保持分解原则的统一性、稳定性，才能找到各指标的本质属性和各指标之间的固定联系。第二，分解出来的指标，上下层次之间必须相应和相等。即上一层次的指标必须包含下一层次的指标，下一层次的指标之和必须与上一层次的指标相等，否则就会出现分解过宽或过窄的逻辑错误。第三，因素分解，必须逐级进行，就是要按照由高到低的层次逐层分解，不能越级，也不能不到级，否则就不能保持评价指标体系的等价性。

(3)理论推演法

理论推演法是根据有关学科的理论推演出评价指标的方法。例如，根据心理学理论，智力是一般的认识能力，包括观察力、注意力、记忆力、思维力、想象力；能力是运用智力解决问题的实际本领，包括运用知识的能力、独立获取知识的能力、创造能力、表达能力、交往能力等。根据心理学关于智力、能力的理论,我们便可以推演出评价大学教师智力、能力的指标,同时我们还可以借鉴这些理论对评价指标的内涵做出明确的界定,使评价指标更加严密。

(4)典型研究法

它是通过对少数典型事例进行研究而设计评价指标的方法。典型研究可分为正向研究、负向研究和正负向结合研究三种类型。正向研究是通过对成功的典型事例进行研究,提出评价指标;负向研究是通过研究失败的典型事例,提出评价指标;正负向结合研究是通过成功的典型事例与失败的事例进行比较,从而提出评价指标。运用典型事例研究提出评价指标有两点必须注意:

第一,选择的事例必须具有典型性和代表性,两者缺一不可。没有典型性就不称之为典型研究,没有代表性就缺乏普遍意义。

第二,要与类推法相结合。通过典型研究所取得的典型评价指标要运用理论推演,将其扩展为要评价的对象的评价指标。

2.筛选指标的方法

(1)头脑风暴法

头脑风暴法原理在初选指标时已经介绍过,在此不再赘述。

(2)德尔菲法

德尔菲方法原理见权重设定方法。

(3)统计方法

指标筛选常用的方法包括多元统计法、主成分分析法、聚类分析法等。对大学教师进行评价时常会用到多个指标,这增加了统计分析的复杂性。如果仅选用一个指标来评价,就会损失有用的信息,容易得出片面的结论。如果分别用每一个指标来对评价对象做评价,这种评价只能是孤立的,而不是综合的。主成分分析方法可以解决这个问题。主成分分析法是一种研究如何将多个彼此相关、信息重叠的指标变量通过适当的线性组合成为彼此独立而又提取了原始指标变异信息并带有特定专业含义的综合成分,用以描述观察单位的特征的一种多元统计方法。综合后的新指标被称为第一主成分、第二主成分等。当前几个主成分的累积贡献率超过80%或90%时,后面的主成分可以忽略不计。

在大学教师评价过程中提出的末级指标较多时,归类的情况会比较复杂,单凭直觉和经验难度较大,而且缺乏科学性,此时可以采用聚类分析法。

这种方法旨在寻求一种能反映指标之间亲疏关系的统计量，然后根据这种统计量的数值大小把指标分成若干类，统计量的数值要能客观反映指标的亲疏关系，常用距离系数和角度系数来衡量。

这几种方法都属于多元统计分析方法，这些方法都对样本数量和选定指标的数据联系积累有一定程度的要求。

(二)指标体系权重系统的设计方法

1.专家会议法

专家会议法是确定指标体系权重的定性方法，建立在对专家权威信任的基础上。专家群体由一定数量的长期从事高校教育管理的行政人员、有经验的大学教师以及长期从事此方面工作的科研人员组成，采用组织会议的形式对各个指标的赋值情况进行讨论、评定并最终形成一致的结论。这种方法相对简单，易于操作，但容易受专家的经验、学识、地位、身份以及彼此之间关系的影响，难免带有一定的主观色彩，使权重的赋值结果在一定程度上缺乏科学性。

2.德尔斐法

德尔斐法是1964年美国兰德公司首先采取的一种方法。德尔斐是古希腊神话中的神谕之地。德尔斐法的基本方式是：在课题确定之后，向一些专家发出咨询信件，请专家以匿名形式回答问题、发表意见，而后由评价小组收集汇总。汇总的内容经过整理，作为资料再以函件形式发给专家，供他们分析评判，提出第二轮意见，然后再收集汇总，整理发出。如此反复多次，使意见逐渐趋于一致，最后获得可靠性越来越大的结论。

德尔斐法的优点主要有三个：一是采取匿名通信的调查方式，避免由于碍于情面、怕伤和气而屈从他人观点、附和多数人意见，或觉察自己意见不妥为保持面子又不愿改变等心理因素的影响，便于专家发表真实看法、修改原有意见。二是采取信函咨询、汇总反馈且多次反复的形式，有利于各种信息的反馈沟通，便于了解各方面专家的看法。三是对各专家的评测结果，比较容易用数字方法统计处理，便于由定性评价向定量评价转化。

德尔斐法一般分四轮进行。第一轮，只提评价主题，发给专家《第一轮调查表》，请各专家不带任何框框进行填写，然后把返回的调查表汇总整理，形成《第二轮调查表》再发给专家。第二轮，由专家对《第二轮调查表》中所列的每个问题做出评判并阐述理由，收回后再经统计汇总形成《第三轮调查表》发出。第三轮，专家根据第二轮情况再次进行权衡和评判，并特别要求持不同意见专家更加充分地陈述理由。因为他们的依据经常是其他专家容易忽略的一些因素或未曾研究过的问题，而对这些理由的充分陈述很有可能使他人受到启发，从而调整原有意见。第四轮，要求专家在第三轮统计结果的基础上，参照持不同意见者陈述的理由，再次斟酌、评判，甚至重新做出结论。最后，使专家们的意见大体协调一致起来，从而产生评价结果。

3.简单加权比较法

这种方法首先测定整个指标体系中重要程度最小的指标，再把其他指标与其进行比较，做出是其多少倍的重要程度判断，然后进行归一化处理，即可以得到每个指标的权重系数。这种方法易于掌握，虽然主观性较大，但如果与专家加权结合使用，则效果良好。

4.矩阵对偶法

矩阵对偶法是通过对指标体系中的各项指标进行两两比较，在一系列可供比较的指标中找出各项指标的优先顺序，从而确定各项指标权重值的方法，它也是编制教育评价方案中进行加权的常用方法。该种方法的数学基础是矩阵理论。在教育评价指标的加权中常采用改进型的方法来求解权重值。判断程度的等级为三个，即同等重要、稍微重要、明显重要。判断值一律是整数，并给出两个指标对比按照三个等级的得分，例如甲指标（比较前项）与乙指标（比较后项）相比，甲比乙明显重要，即甲记 4 分，乙记 0 分。然后按照一定的比较顺序再把各个指标进行重要程度判断，如表 9-1 所示（以学校工作评价为例）。

表 9-1　学校工作评价一级指标权重值分配表

比较后项	比较前项			
	办学条件	管理水平	工作质量	学生发展水平
办学条件		3	3	3
管理水平	1		2	3
工作质量	1	2		2

续表

比较后项	比较前项			
	办学条件	管理水平	工作质量	学生发展水平
学生发展水平	1	1	2	
得分 X_i	3	6	7	8
权重值 W_i	0.13	0.25	0.29	0.33

将每对指标都比较之后，可以看到四个指标的得分分别是 3、6、7、8，首先将这些得分相加得到总分是 24，然后用每项指标的得分去除以总分，就可以得到每项指标的权重值(W_i)，各项指标的权重值分别是：办学条件 0.13，管理水平 0.25，工作质量 0.29，学生发展水平 0.33。四项指标的权重值之和为 1。

5.层次分析法

层次分析法(AHP)是将与决策总是有关的元素分解成目标、准则、方案等层次，在此基础之上进行定性和定量分析的决策方法。该方法是美国运筹学家、匹茨堡大学教授萨蒂于 20 世纪 70 年代初提出的一种层次权重决策分析方法。这种方法的特点是在对复杂的决策问题的本质、影响因素及其内在关系等进行深入分析的基础上，利用较少的定量信息使决策的思维过程数学化，从而为多目标、多准则或无结构特性的复杂决策问题提供简便的决策方法，它尤其适合于对决策结果难于直接准确计量的场合。步骤如下：

(1)通过对系统的深刻认识，确定该系统的总目标，弄清规划决策所涉及的范围、所要采取的措施方案和政策，实现目标的准则、策略和各种约束条件，在此基础上广泛地收集信息。

(2)建立一个多层次的递阶结构，按目标的不同、实现功能的差异，将系统分为几个等级层次。

(3)确定以上递阶结构中相邻层次元素间的相关程度。通过构造两比较判断矩阵及矩阵运算的数学方法，确定对于上一层次的某个元素而言本层次中与其相关元素的重要性排序(相对权值)。

(4)计算各层元素对系统目标的合成权重，进行总排序，以确定递阶结构图中最底层各个元素的总目标中的重要程度。

(5)根据分析计算结果,考虑相应的决策。

层次分析法的整个过程体现了人的决策思维的基本特征,即分解、判断与综合,而且定性与定量相结合,便于决策者之间彼此沟通,是一种十分有效的系统分析方法,是很多学者在建立大学教师评价指标体系过程中确定权重时经常用到的方法。

(三)评价标准的设计方法

为了使大学教师评价能够起到应有的积极作用,在开展评价工作时要确定恰当的评价标准。标准确定的恰当与否,对于评价工作的成败具有极大的影响。在进行有效的评价之前,要明确多种评价标准的设计要点。一般情况下,评价标准的编制是在确定了各项评价指标和各个指标权重的基础上才进行的。

1.分档式标准

分档式标准是将每项指标分为若干个等级,然后将该指标的权重(一般情况下大于1)按等距分到相应的各个等级中,再将每个等级的分值分成若干个小档(即幅度)。具体步骤如下:

(1)首先确定等级个数,一般情况下可以定为四个等级。

(2)为四个等级选好标号,比如可以选用"A、B、C、D",而不选用"优、良、中、差"。后者标示了等级的优劣程度,可能会出现趋中或者偏高偏低的倾向。

(3)将该项指标的分数分配到各个等级。

2.评语式标准

评语式标准是用文字叙述每项指标,类似评语,包括积分评语标准和期望评语标准。

(1)积分评语标准。指标进行目标分解时,权重也同时分解到评价指标或各个要素。进行评价时将各个指标标准要素分值相加,就是该项指标的总分值。

(2)期望评语标准。期望评语标准是对教学评估指标体系中每项评估指标的标准采用期望、理想式的语言加以描述,并对所描述的要点按照一定的规则赋值,然后按等级逐级评分。这种方法的特点是,需要设计出所期望的最理想的最高等级(上限)作为评估标准,以这个最高等级的达成程度进行评分。由于其他等级没有具体的评估标准,只能根据最高等级的要求推及,其分寸较难把握。期望评语标准多用于鉴定“合格”的评估领域。

3.期望行为标准

期望行为标准是以期望的最理想要求与行为要求为最高等级，逐级而下划分，以最不期望的行为要求为最低等级，从而设计出教学评价标准系统的方法。这种设计方法的优点是：评估标准构成一个完整的等级系列，每个等级中都有相应的反映该评估指标状况和水平的定性描述和定量数值，便于将评价对象与评价标准相对照，以按其与某等级标准的符合程度定等计分，具有较强的操作性。

设计期望行为式教学评价标准时，首先要明确教学评估指标体系中各项具体指标的内涵，全面分析、深刻了解并掌握该项指标所要反映的具体内容及其深度与广度，使评估标准的等级内容明确、清晰。其次，在明确评估指标内涵要点的基础上，选定最适合表现该指标内涵期望要求的关键性的行为特点，并用相应的最恰当的行为词语表示出来。这种反映或表现某项指标内涵期望要求的关键行为的词语，应尽可能地避免使用过于刺激性的词语，力求其科学、稳妥，具有客观性、可接受性。

4.隶属度式教学评估标准

所谓隶属度式标准，是运用模糊数学的隶属函数为标度来设计教学评估标准体系的方法。隶属度式评估标准就其内容而言，仍是评语式等级标准，不过是采用隶属函数为标度，通过评估对象教学目标的达成度取值于[0,1]来判定等级的评定值。

隶属度式教学评估标准的设计有分级法和全域法两种。分级法是规定教学评估各项指标的各个等级隶属度的范围（或点），如A等为1.0或1.0～0.85，B等为0.7或0.84～0.60，C等为0.4或0.59～0。全域法与分段法相对，不规定某一教学评估、指标各个等级的隶属度的范围（或点），每个评估等级都可以在[0,1]全域范围内选择，以表示评估对象所属等级及其程度的高低，如某指标达成度属于A等的隶属度为0.4，属于B等的隶属度为0.8，属于C等的隶属度为0.1等。

（四）综合评价模型的择取

用数值表示和量化教学评价结果的方法称为数量化方法，亦称定量评价法。随着教育统计学、教育测量学、教育实验学、教育评估学、模糊数学的发展完善和普及，定量评价方法日益受到人们的重视。探讨科学可行的数量化评估方法，也成为大学教师评估研究中的重要课题。数量化方法主要有“计分评估法”和“综合评判法”。

1.计分评估法

以教学质量为例，计分评估法是把教学质量分解为若干指标，对每一项评估指标确定一个最高分数，评估者利用某种评估工具和方法对每项评估指标进行评分，利用这个评分对教学质量做出某种判断的评估方法。根据处理所评分数时采用的方法，计分法又可分为累积分数法和加权计分法两种。

(1)累积分数法

累积分数法就是假设教学评估的指标或内容有几项，评估者就每一项评定一个分数 X_i，然后求出它们的总和作为评估的结果 X，

$$X=\sum_{i=1}^{n}X_i$$

式中的 X_i 一般参照人们的习惯取值而评定，即对某项指标评分时，水平很高取 0.95，水平高取 0.85，水平一般取 0.75，水平低取 0.65，水平很低取 0.50，也可根据实际需要将上述等级标定或转化成隶属度区间。

累积分数法的不足之处在于未能区别出反映教学质量的各项指标间的重要程度，而把各项评估指标置于同等重要的位置。然而，教学实践和教学质量管理实践并非如此。一般而言，我们常把教学和教学效果作为教学评估的重要内容和指标，因而评估时其应该占较大的比重，但累积分数法并不能反映这一特点。

(2) 加权计分法

加权计分法是针对累积分数法的不足而设计的一种教学评估方法，其具体做法是：假设教学评估的指标有 n 项，视每项指标重要程度的不同而赋予一定的权重 $P_i(i=1,2,\cdots,n)$，评估者对每项指标的评分为 $X_i(i=1,2,\cdots,n)$，则教学质量评估的结果为 P：

$$P=\sum_{i=1}^{n}P_iX_i$$

当式中的 $P_i=1/n$ 时，加权计分法与累积分数法是一致的，即累积分数法

是当把各项评估指标的重要程度看作相同时的加权计分法的特殊情况。因此，相对于累积分数法，加权计分法要合理得多。在教学质量评估中运用加权计分法要注意两点：一是要科学地设计反映教学质量的指标体系的权重集合，尽量避免人为杜撰；二是在具体到某位教师的教学质量评估时，要注意反映出该教师的某些具有特色的指标，充分发挥教学评估的导向功能。

2.综合评判法

模糊综合评判法是一种基于模糊数学的综合评价方法。该方法根据模糊数学的隶属度理论，把定性评价转化为定量评价，即用模糊数学对受到多种因素制约的事物或对象做出一个总体的评价，主要包括单因素集评判和多层因素集评判方法。综合评判法是近几年我国教育评估工作者和数学工作者把模糊数学应用于教育评估而形成的一种有效的方法。

对事物的评价，常常要涉及多个因素或者多个指标，必须根据所有的因素或指标做出全面综合的评价，而不能只从某一个方面去评价，所以需要采用模糊综合评判法。模糊综合评判是对受多种因素影响的事物做出全面评价的一种十分有效的多因素决策方法，对评价结果以一个模糊集合来表示。比如要评价一个教师的教学质量，要涉及备课、授课、作业批改、课后辅导、教学效果等多个方面，而且还要综合多个评价主体的评价结果。

下面简要介绍模糊综合评判在大学教师评价方面的应用模型。

第一，评价指标体系的建立。

第二，评价主体的选择。

为全面客观对大学教师进行评价，单一评价主体的评价结果往往不能反映大学教师的实际，选择恰当的评价者是非常必要的。

教学督导组的评价。教学督导组由学术水平高、责任心强、教学经验丰富的老教师为主组成，他们经常深入教学一线，采用听课、调查、座谈、访问等各种形式，检查和监督教学各个环节的秩序和质量。他们的评价打分可记为 V_1。

同事间的相互评价也是非常重要的。由于在教育教学目标、方法和过程以及教学对象、教学环境等方面的相似性，同事对于教师的工作有着更深刻的共鸣和更准确的理解，所以同事评价是重要的学习和交流的机会。教师可以从同事的评价中获取大量有价值的信息和经验，这对于改进教育教学和自身发展都是非常有益的。同事评价打分记为 V_2。

学生对任课教师的评价是不可或缺的。学生是教育教学活动的直接参与者，学生的发展是教师工作的重心和目标。学生对教师的教育教学活动以及师生交往有着最直接的感受和判断，教师应该高度重视并及时听取他们对自己在教学、师生交往和其他方面的想法、意见和建议，并且根据学生的反映及时调整自己的教育教学策略，或者转变某些不恰当的教育教学行为。学生评价打分记为V_3，被评教师自评记分为V_4，领导评价打分记为V_5。

第三，评价方式的确定。

由于各个评价主体的评价作用不容忽视，所以可根据指标体系，针对不同的评价方面选择有效的评价主体，比如教学质量的评价涉及教学内容的设计、教学方法的研究、教学效果的好坏等方面，而上述5个评价主体都应该被选作评价主体。而针对科研成果，学生就不是一个完全有效的评价主体，其评价的可信度不会高。在实际评价时，要求所有参与评价者在评价前认真掌握各子因素的评价标准，并以认真负责、实事求是的态度对各因素做出客观公正的评价。

第四，评价步骤及计算方式。

将所有评价因素看作一个集合U，称之为评价因素集合$U=(U_1,U_2,\cdots,U_i)$。所有评语等级构成一个集合W，称之为评语等级集合$W=(W_1,W_2,W_3,W_4)$，其中$W_1=$优，$W_2=$良，$W_3=$中，$W_4=$差。所有评价主体方式构成评价方式集合V，$V=(V_1,V_2,V_3,V_4,V_5)$。

以对U_1的评价为例，假定V_1,V_2,V_3,V_4,V_5的参评者分别对被评教师进行评价，收集汇总后按不同评价方式进行统计计算。若$V_p(p=1,2,3,4,5)$对U_1的各子因素$U_{1i}(i=1,2,\cdots,n)$的评价为$(a_{i1}^p,a_{i2}^p,a_{i3}^p,a_{i4}^p)$，则可得$V_p$对因素$U_1$的评价矩阵为：

$$A_{1p}=\begin{pmatrix} a_{11}^p, & a_{12}^p, & a_{13}^p, & a_{14}^p \\ a_{21}^p, & a_{22}^p, & a_{23}^p, & a_{24}^p \\ \vdots & \vdots & \vdots & \vdots \\ a_{i1}^p, & a_{i2}^p, & a_{i3}^p, & a_{i4}^p \end{pmatrix}$$

其中a_{ij}^p是在V_p下子因素U_{1i}对评语等级$W_j(j=1,2,3,4)$隶属度：

$$a_{ij}^p=\frac{V_p\text{ 下对 }U_{1i}\text{ 给予 }W_i\text{ 评价的人数}}{V_p\text{ 下参与对 }U_{1i}\text{ 评价的总人数}}\quad 0\leqslant a_{ij}^p\leqslant 1$$

根据各子因素U_{1i}对因素U_1的影响程度，采用德尔菲或者专家会议法确

定各子因素 U_{1i} 对因素 U_1 评价时的权重，得权重为：$B_{1p}=(B_1,B_2,B_3,B_4)$

则 V_p 对因素 U_1 的综合评价结果用 C_{1p} 来表示。

如果要把评价结果用具体的分数来表示，就需要把评语等级数量化，例如可以规定 100、85、60、45 的分数替代评语等级中的优、良、中、差，再用其乘以 C_{1p}^{T}（C_{1p}^{T} 是 C_{1p} 的转置矩阵），即可以得出 V_p 对因素 U_1 的综合评价得分 X_{1p}。

同理可以得出各个评价主体对因素 U_1 的评价得分，构成因素 U_1 的得分矩阵 X_1^{a}，再根据各个评价主体在评价因素 U_1 的权重分配矩阵 $D_1=(d_{11}, d_{12}, d_{13}, d_{14}, d_{15})$，则全体人员对 U_1 的综合评价得分为 $X_1=D_1\times X_1^{a\,T}$。

通过上述的评级结果，即可以得到被评价者综合评价分数和单项评价分数，其可以为管理者和被评人才提供评价的依据。具体表现在：①对每位大学教师的工作绩效进行自身的纵向比较，找出其特点、长处、不足，为其未来的发展提供理论上的指导。②对每位大学教师的工作绩效进行横向比较（单项的和全面的），合理安排大学教师的工作，充分发挥其优势，同时横向比较也是晋级、奖励的依据。③对各院、系全体大学教师的评价得分进行综合分析，以此了解各二级单位的总体绩效，督促其分层目标的有效实现。④对全体大学教师的综合评价得分、单项评价得分进行分析、纵向比较，了解全校及各单位大学教师队伍的发展状况，为大学教师队伍建设、人才引进、学科发展等举措提供有效的数据分析。

五、大学教师隐性知识测评评价指标体系的构建

（一）对大学教师隐性知识进行测评的必要性

1.知识经济发展的需要

在知识经济时代，知识无疑是个人或组织创造竞争力和财富的主要工具。知名学者如梭罗（Thurow）、圣吉（Senge）、德鲁克等都认为知识将成为组织主要的资源或竞争优势的来源。过去知识和土地、资本、劳力同为企业的资源之一，但今日知识已成为主要资源，而土地、资本、劳力等反倒成为辅助资源，可见知识对企业经营的重要性。随着信息技术水平的发展，显性知识可以通过杂志、报纸、图书、光盘、磁带、电视等载体形式记录下来，并且通过

信息和通信技术,在组织内外进行传播和共享。隐性知识具有个体性和路径依赖性,这类知识难以用语言清晰表达出来,它以技能诀窍、解决问题的方法、心智模式、组织管理等形式存在。由于它们不易模仿,因而构成组织最为核心的能力,成为企业持久的竞争力。与知识类型的划分相适应,可以说有两类智力资源:一种是拥有显性知识的人,成为同质型智力资源,他们可以很容易地在组织内交流知识;二是拥有隐性知识的人,称为异质型智力资源,由于各种原因,他们在组织内很难传播和共享知识。现在由于信息技术的发展,决定组织核心竞争力的知识要素逐渐由显性知识转变为隐性知识。相应的,组织需求的智力资源也应该由同质型向异质型转变。目前,国际学术界正在呼吁加强对知识测度问题的研究,个体隐性知识管理是知识管理重要的、有价值的部分,因此有必要加强对个体隐性知识测评的研究。高等学校只有对教师个体拥有的隐性知识进行相对合理的测评和测度,才能建立"知识贡献分配"的激励制度,用利益驱动隐性知识的流动和转化。由此可见,对大学教师个体隐性知识的测评研究是知识经济时代研究异质型智力资源的要求,是管理实践发展的需要。

2.建立知识分享的激励制度的需要

根据特尔菲小组的研究结果,组织中42%的知识存在于员工的大脑中,12%的知识存在于电子数据库中,20%和26%的知识分别以手写文本和电子文本形式存在。因此,正如波兰尼所说,现存知识中几乎一半的知识是隐性的,很难传播交流。为了隐性知识的交流和共享,组织需要建立合理的知识分享激励制度。对个人而言,如果个人分享知识所获得的利益,如奖励、升迁、名誉、地位等超过了因为独占某些隐性知识而获得的利益,则个人可能会愿意分享隐性知识。然而,一般的实际情况是,个人拥有高价值的隐性知识,由于怕失去独特的地位和利益,不愿意与他人共享这种知识。组织应该制定相应的补偿制度,用利益来驱动隐性知识的共享。因此,组织需要建立隐性知识的测评体系,对拥有高价值隐性知识的员工个人进行识别,有针对性地建立科学合理的知识分享激励制度。一方面,组织成员可能由于具有某项隐性知识,有较高的工作绩效表现,同时可获得较好的地位或报酬,因而增强了工作的积极性和创造性;另一方面,员工个体一旦释放出这种隐性知识,和其他人分享,就会减少组织中个人知识垄断的危险,增强组织的核心竞争力。建立知识分享激励制度的前提要求，是对个体隐性知识进行识别和建立测评体系。

3.科学测评人才的需要

随着科学技术的发展和人才素质要求的不断提高，传统的以学历、档案为主的选拔和测评人才的方法，不能把人的能力、个性、潜能、职业倾向素质等全面地反映出来。人才素质需要进行科学化、标准化和全方位的测评。传统的测评方法需要改革创新，需要与时俱进。在知识经济时代，对知识工作者的知识测评不仅包括对其显性知识的测评，而且包括对其隐性知识的测评。由于工作绩效中的大部分变异不能被传统的智力测验分数所解释，因此心理学家非常注重研究隐性知识与工作绩效的关系。相对于传统智力而言，隐性知识与工作绩效有较高的相关，也就是，隐性知识能较好地预测工作情境中的绩效指标。斯滕伯格等通过逐步回归方法，发现将隐性知识、IQ、个性、思维风格和人际取向等结合起来作为预测指标，几乎能够解释工作绩效的所有变异。因此，从人力资源管理的角度上，在科学选拔和测评人才时，可以用隐性知识作为其中一个指标来预测工作绩效；在人员培训上，可以把隐性知识作为一项指标来评价培训效果。

(二)个体隐性知识测评的可行性

对个体隐性知识的测评是时代的需要，是社会实践的需要，是知识管理学科发展的需要。然而，现行的测评理论、测评手段和方法是否适合对个体隐性知识进行测评呢？这需要对个体隐性知识测评的可行性进行分析。

由于隐性知识具有难言性、个体性、程序性、难以模仿性和路径依赖性等特征，对其直接量化和测评显得非常困难，但是可采用间接方法把不同个体的隐性知识能力区别开来。我们说个体很难用语言明确来表达隐性知识，并不是说它完全不能被表达。虽然隐性知识是一种个人知识，表现出与个体无法分离的特征，很难编码、明确表达和量化，但是研究表明，隐性知识还是可以被测量出来的。隐性知识可以被表达，只不过它表达的方式不同于命题表征。比方说，有些知识不能用语言进行编码，但可以用动作进行编码；虽然不能用命题进行编码，但可以用原形进行编码，等等。其实，有关个体隐性知识的测评在人力资源管理领域中早有应用，如对招聘人员的面试中，主考官对应聘者交谈20—30分钟就大概知道是否可以录用。笔试可以采用情景模拟性试题，通过应试者的笔答情况，可以大概判断其水平高低。

格式塔心理学把人的行为作为研究对象。心理学家勒温提出行为公式 $B=f(P,E)$。在这个公式里，B 代表行为，f 表示函数关系（也可以称为一项定律），P 是指具体的一个人，E 是指全部的环境。这就是说，人的行为等于人和环境的函数，行为是随着人和环境的变化而变化的。

对个体隐性知识测评依据的是以下三个原理：

原理 1：一个人的每一个行为表现，都是其相应的知识（显性知识和隐性知识）在环境中的特定表征。用数学公式表示即是：$B=f(K,E,F)$，其中，B 为个体行为，F 为表征方式与机制，K 为知识，E 为环境。在这里，隐性知识的表征方式不能用语言进行编码，但可以用动作进行编码。它是一种程序性表征，即是一种难以用命题进行详细表述的表征，如排球选手对击球的操作技能，科学家对研究对象的直觉洞察都存在着大量难以言说的隐性成分。但是，他们这些难以言说的隐性知识可以通过行为结果表现出来。

例如，一名有着过硬驾驶技术的教练，通过亲自驾驶汽车的动作行为来展示他熟练的驾驶技术，通过生动的案例和巧妙的隐喻、讲故事来传授隐性知识。那么：$B=f(K,E,F)$，其中 B 为讲故事、驾驶技术的操作；F 为动作行为，K 为隐性知识，E 为操练现场。

原理 2：个体隐性知识包括技能、认知模式、解决问题的方法，它是一种相对稳定的系统，个体表现上不尽相同，它可以综合不同环境下的刺激，使个体对这些不同的刺激做出一致的反映行为。这些反映行为是个体隐性知识的直接相关的变量。用数学公式表示为：

$$Q=\sum_{i=1}^{n} a_i Q_i(B_i,E_i)$$

其中，Q 为由总的行为、环境反映的隐性知识，B 为代表第 i 种行为，E 为代表第 i 种环境刺激变量，a 为权重。这个数学式表示的是，隐性知识 Q 是不同环境 E_i 刺激下代表行为 B_i 的总和。这里的 E_i 强调的是有一定时间和空间范围的领域，B_i 为其中具有代表性的行为。

原理 3：隐性知识是隐藏在个体或组织上的客观存在，具有内在抽象性，这种知识可以通过对被测评者输入各种不同的信息而反映出来，我们测量的是作为隐性知识反映的、与个体隐性知识具有相关性的直接相关变量，并依据测评指标做出判断。用数学公式表示为：$Q=f(u_1,u_2,u_3,\cdots,u_n)$。其中，$Q$ 为个体隐性知识；$u_1,u_2,u_3,\cdots,u_n$ 为对测评者输入的各种信息。

由此可知，上述原理 1 为个体隐性知识的测评提供了可能性，而原理 2 为个体隐性知识测评提供了现实性或充分性，原理 3 为个体隐性知识测评提供了可操作性。这种可操作性来自将不能直接测评的个体隐性知识转换成可以直接测评的个体隐性知识的相关变量，通过后者的状况反映前者的状况。

(三)个体隐性知识测评的特点

1.个体隐性知识测评的间接性

隐性知识是一种很难用语言直接清晰表述的知识，是一种内在抽象的知识形态，对它的测评只能通过对个人表现出来的特征行为或相关变量来推断其隐性知识的状况。也就是说，隐性知识测评的直接对象是主体运用隐性知识表现出来的行为特征，而不是隐性知识本身。

2.个体隐性知识测评的相对性

隐性知识的难言性决定了很难对它本身进行精确的测评，只能进行相对、模糊的测评。不同个体隐性知识能力的测评是个体之间的相对区分而并非是隐性知识本身的绝对测定，其测评结果只有相对意义而没有绝对意义。由于隐性知识的许多特性是精确指标无法表现的，影响隐性知识的诸多因素也不能确定，因此，对其测评结果也必然具有相对性。

3.个体隐性知识测评的抽象性

个体隐性知识可分为技能维度和认知维度两个方面。技能方面可观测性较强，可通过操作者的操作过程和操作结果来判断掌握隐性知识的能力水平和价值高低。而认知维度涉及人的认知能力、思维模式、心智模式、解决问题的方式、情感等要素，这些难以量化的因素使得测评者判断起来比较困难。隐性知识作为知识的一种类型，主要表现为现在人们常说的“素质”。这种素质并非是具体的东西，不像身高、体重那样可以直接测量和观察，因而隐性知识的测评具有一定程度的抽象性。对于这种抽象性强的东西的测评，一方面要注意判断测评结果是否真正反映研究者所预期的结果，注意数据与理想值的差异程度，另一方面要注意实际测评相关变量的结果在多大程度上反映了所要测评的东西。

4.个体隐性知识测评的层次差异性

无论是整体结构还是某个方面的诀窍技能，个体的隐性知识能力水平和价值都存在着不同的层次差异，如专家和新手的明显差别。掌握诀窍技能的人中有非常优秀的、比较优秀的和一般的程度上的区分，测评中用来反映这种层次差异性的指标便是区分度。区分度高、质量好的测评，能够准确地反映不同个体隐性知识差异之间的层次差异。而区分度低、质量差的测评，则歪曲了这种层次差异性。①

(四)个体隐性知识测评的主要原则

1.客观测评与主观测评相结合的原则

所谓客观测评与主观测评相结合，指的是在隐性知识测评过程中，既要尽量采取客观的测评手段和测评方法，又不能忽视主观性综合评定的作用；既要强调客观性又不能过分追求客观性，要最大限度地发挥测评工具的客观性与测评主体主观能动性的作用，使其优势互补，而不要相互对立。客观测评与主观测评相结合应具体体现在测评目标体系制定、手段方法选择以及评判与解释结果的全过程中，应该是一个有机结合过程而不是机械的相加过程。

2.科学性原则

科学性原则指指标体系要能客观地、正确地反映个人隐性知识的能力。指标体系要反映隐性知识的科学内涵，同时每一指标都应该科学地反映测评系统整体的某一个侧面。指标设置要科学合理，有相对独立性，权重系数的确定要能正确反映各指标之间的相互关系，以及各指标在总体测评中的地位和作用。具体来说，要根据隐性知识的客观实际存在情况，分析隐性知识的特征，正确地划分指标层次。同一层次的指标，其地位要相当，相互独立，且覆盖该层次的整体情况，避免遗漏和重复，以免影响测评的准确性和科学性。

3.可比性的原则

指标的设置数量要适当，指标的确定要尽可能明确、简单，便于操作，否则会造成太多的烦琐统计、复杂的计算和较高的测评成本。所列指标要素要

① 马伟群，姜艳萍，康壮.知识管理中个体知识能力的一种模糊测评方法[J].东北大学学报(自然科学版)，2004，(7)：711—714.

尽可能量化，而且对测评指标的赋值要有适当区分度，以便能用测评分值来区分不同个体的隐性知识，测评结果具有较好的离散性，方便排序比较。同时，测评中也不苛求对隐性知识测评指标的精确反映，但要求每个评估指标应具有对多个评估对象彼此可进行比较的特性。对不同主体的隐性知识，其测评分值要有显著的差异性。

4.通用性原则

测评方案要有一定的普遍适用性，即只要对测评指标体系稍做调整，就可适用于同类或相关部门人员隐性知识的测评工作。在知识经济时代，科技工作人员的知识生产、传播和应用显得非常重要。无论是营利组织还是非营利性组织，都非常注重运用知识管理的理念和方法，以便挖掘组织中个人隐性知识，加速其物化的过程。企业员工头脑中存贮着大量的隐性知识，高等院校的师生中具有大量的隐性知识，军队的指挥官和士兵也具备大量的隐性知识。在设计测评隐性知识的指标体系时，要考虑到这些主体隐性知识的共同特征，以便适用于不同组织对个体隐性知识的测评。

（五）个体隐性知识测评指标体系的构建

在个体隐性知识存量定量测评工作中，测评指标体系设计是最关键的。科学、系统的评价指标体系是正确评价个体隐性知识的前提和基础。测评指标体系应能够充分揭示个体隐性知识含量，指标之间有一定的内在联系，既相互补充又不互相包含，能够确保对不同岗位个体隐性知识做出相对区别。在指标体系中设置哪些指标、如何设置，既关系到评价结果的科学性、准确性和实用性，也关系到组织知识管理和人力资源管理的研究方向。

笔者认为，在对隐性知识内容的研究中，李华伟等将隐性知识分为技术要素、经验要素、认知要素、信仰要素和情感要素的观点是比较合理的，非常符合日本著名知识学教授野中郁次郎关于隐性知识是“高度个人化的知识，它深深地植根于行为本身，植根于个体所处环境的约束，如某种工艺或专长、某种专门的技术……隐性知识不仅隐含在个人经验中，同时也涉及个人信念、世界观、价值体系等因素”①的论断。本书从国内外大量有关隐性知识的

---

① 李华伟，董小英，左美云.知识管理的理论与实践[M].北京：华艺出版社，2002：68.

研究文献中，特别是参考西方心理学上对隐性知识的测量研究和中国传统思维方式获取和传播隐性知识的直观体验认知模式，并结合前面对个体隐性知识的结构分析与问卷调查，总结归纳出与个体隐性知识相关的重要具体指标，然后采用与专家访谈的形式对这些指标进行调整、归类、删补，最后抽象出 19 个具体指标①，构成大学教师隐性知识评价指标体系（如表 9-2 所示）。

表 9-2　大学教师个体隐性知识存量评价指标体系

目标层	第一级评判	第二级评判
个体隐性知识含量	技术类隐性知识	技术诀窍
		动作的准确性
		动作的稳定性
		动作的灵活性
	经验类隐性知识	工作经验的丰富程度
		工作经验的广度
		工作经验的深度
		同行人际网络
	认知类隐性知识	知识结构
		吸收新知识的能力
		分析问题的能力
		解决问题的能力
		创新能力
	情感类隐性知识	性格
		对工作的情感
		情绪自控力
	信仰类隐性知识	兴趣
		理想
		价值观

具体内容说明如下：

① 刘志国，刘梅申.个体临床隐性知识存量评价指标体系研究[J].中国医院管理，2009，(4)：12—13.

1.技术类隐性知识

技术类隐性知识指大学教师所拥有的不能脱离肢体动作而存在的技术诀窍、技巧和能力，反映大学教师的操作能力。可以考虑设置四项指标：技术诀窍，反映大学教师有没有自己的独特技能；动作的灵活性，反映大学教师是否具有根据操作对象的差异而行动的能力；动作的准确性，反映大学教师的动作是否符合操作规范和要求；动作的稳定性，反映大学教师对动作掌握的熟练程度。

2.经验类隐性知识

经验性隐性知识指大学教师在工作中积累起来的、对以后的工作具有借鉴和指导意义的经验和教训，分为内在体验和外在体验两个方面。内在体验指大学教师在工作中的经验和阅历；外在体验指大学教师在工作中形成的社会联系和社会网络。设置四项指标：工作经验的丰富程度，反映大学教师亲身实践体验积累知识的情况；知识的广度，反映大学教师掌握相关领域知识的情况；知识的深度，反映大学教师掌握本领域知识的前沿性和深度；同行人际网络，反映大学教师了解本学科专家及其知识的情况。

3.认知类隐性知识

认知类隐性知识是隐性知识的核心，主要指大学教师的思维模式，即工作决策时处理问题的方式。设置五项指标：知识结构，反映大学教师工作中所需知识的构成是否合理；吸收新知识的能力，反映大学教师对外来知识学习的意识和消化能力；分析问题的能力，反映大学教师对问题现状和发展趋势的认识能力；解决问题的能力，反映大学教师是否具有根据问题的实际提出适当措施的能力；创新能力，反映大学教师是否具有创新意识及对自己掌握的知识不断进行改进、提高并获得新知识的能力。

4.情感类隐性知识

情感类隐性知识指大学教师在性格、意志、气质、情绪和情感等方面具备的认识、调控和激励自己和他人的能力，是支配大学教师个体认知、决策的关键因素。设置三项指标：性格，反映大学教师与他人沟通、交流、合作的倾向和能力；对工作的感情，反映大学教师对工作、学生的态度和爱心；情绪自控力，反映大学教师约束、调整自身情感、态度的能力。

5.信仰类隐性知识

信仰类隐性知识指大学教师在兴趣、信念、理想、价值观、人生观等方面的倾向，是个人价值取向和目标取向方面的知识。这类知识潜移默化地影响着大学教师的行为，对工作质量起着间接的制约作用。设置三项指标：兴趣，反映大学教师对本职工作是否喜欢的态度和倾向；理想，反映大学教师对职业的热爱程度；价值观，反映大学教师对他人利益和自身利益选择的倾向。

（六）大学教师个体隐性知识测评指标体系的应用

综合考虑影响大学教师个体隐性知识存量的各种因素，建立表 9-3 所示的教师个体隐性知识存量评价指标体系。

表 9-3　大学教师个体隐性知识存量评价指标体系、权重分配

目标层	一级指标	权重	二级指标	权重
个体隐性知识含量 U	技术类隐性知识 U_1	0.22	技术诀窍 U_{11}	0.4
			动作的准确性 U_{12}	0.2
			动作的稳定性 U_{13}	0.2
			动作的灵活性 U_{14}	0.2
	经验类隐性知识 U_2	0.2	经验丰富程度 U_{21}	0.3
			经验的广度 U_{22}	0.25
			经验的深度 U_{23}	0.3
			同行人际网络 U_{24}	0.15
	认知类隐性知识 U_3	0.28	知识结构 U_{31}	0.2
			吸收新知识的能力 U_{32}	0.2
			分析问题的能力 U_{33}	0.2
			解决问题的能力 U_{34}	0.2
			创新能力 U_{35}	0.2
	情感类隐性知识 U_4	0.15	性格 U_{41}	0.4
			对工作的情感 U_{42}	0.3
			情绪自控力 U_{43}	0.3
	信仰类隐性知识 U_5	0.15	兴趣 U_{51}	0.4
			理想 U_{52}	0.4
			价值观 U_{53}	0.2

假设评价小组由 10 人构成，他们根据评价指标对教师个体 A、B 的隐性知识存量进行全面评估，见表 9-4。

表 9-4　大学教师个体隐性知识存量评价指标体系、权重分配及最底层单因素评价矩阵

一级指标	权重	二级指标	权重	个体 A 单因素评价矩阵				个体 B 单因素评价矩阵			
				优	良	一般	差	优	良	一般	差
U_1	0.22	U_{11}	0.4	0.4	0.4	0.2	0	0.2	0.6	0.2	0
		U_{12}	0.2	0.3	0.5	0.1	0.1	0.5	0.5	0	0
		U_{13}	0.2	0.5	0.3	0.2	0	0.3	0.6	0.1	0
		U_{14}	0.2	0.3	0.5	0.2	0	0.5	0.4	0.1	0
U_2	0.2	U_{21}	0.3	0.3	0.4	0.3	0	0.6	0.3	0.1	0
		U_{22}	0.25	0.2	0.6	0.1	0.1	0.3	0.6	0.1	0
		U_{23}	0.3	0.2	0.4	0.3	0.1	0.3	0.7	0	0
		U_{24}	0.15	0.5	0.3	0.2	0	0.2	0.4	0.4	0
U_3	0.28	U_{31}	0.2	0.6	0.4	0	0	0.4	0.3	0.3	0
		U_{32}	0.2	0.4	0.4	0.2	0	0.5	0.3	0.2	0
		U_{33}	0.2	0.3	0.5	0.2	0	0.4	0.2	0.4	0
		U_{34}	0.2	0.2	0.6	0.1	0.1	0.6	0.4	0	0
		U_{35}	0.2	0.3	0.4	0.2	0.1	0.5	0.4	0.1	0
U_4	0.15	U_{41}	0.4	0.5	0.4	0.1	0	0.4	0.2	0.4	0
		U_{42}	0.3	0.4	0.4	0.2	0	0.6	0.4	0	0
		U_{43}	0.3	0.5	0.3	0.1	0.1	0.4	0.3	0.3	0
U_5	0.15	U_{51}	0.4	0.3	0.2	0.5	0	0.4	0.4	0.2	0
		U_{52}	0.4	0.6	0.4	0	0	0.5	0.5	0	0
		U_{53}	0.2	0.5	0.5	0	0	0.6	0.4	0	0

以教师 A 为例，运用模糊综合评价方法，对采集的数据进行整理分析判断之后，得到相应的模糊评判矩阵 R 以及权重系数集 A。

根据表 9-2 对单因素的综合评判矩阵为：

$$B_1=A_1R_1=(0.4,0.2,0.2,0.2)\begin{bmatrix}0.4&0.4&0.2&0\\0.3&0.5&0.1&0.1\\0.5&0.3&0.2&0\\0.3&0.5&0.2&0\end{bmatrix}$$

$$=(0.380,0.420,0.180,0.020)$$

同理可得其他单因素的综合评判矩阵为：

$B_2=A_2R_2=(0.275,0.435,0.235,0.055)$

$B_3=A_3R_3=(0.360,0.460,0.140,0.040)$

$B_4=A_4R_4=(0.470,0.370,0.130,0.030)$

$B_5=A_5R_5=(0.460,0.340,0.200,0)$

利用 B_1,B_2,B_3,B_4,B_5 构建基于评价因素集 $U=(U_1,U_2,U_3,U_4,U_5)$ 的综合评价矩阵：

$$B_A=AR=(0.22,0.2,0.28,0.15,0.15)\begin{bmatrix}0.380&0.420&0.180&0.020\\0.275&0.435&0.235&0.055\\0.360&0.460&0.140&0.040\\0.047&0.370&0.130&0.030\\0.460&0.340&0.200&0\end{bmatrix}$$

$$=(0.3789,0.4147,0.1753,0.0311)$$

上述结果 B_A 即为对教师 A 的隐性知识存量的综合评判结果。

同理可得教师 B 的隐性知识存量评价矩阵：

$B_1=A_1R_1=(0.340,0.540,0.120,0)$

$B_2=A_2R_2=(0.375,0.510,0.115,0)$

$B_3=A_3R_3=(0.480,0.320,0.200,0)$

$B_4=A_4R_4=(0.460,0.290,0.250,0)$

$B_5=A_5R_5=(0.480,0.440,0.080,0)$

$$B_B=AR=(0.22,0.2,0.28,0.15,0.15)\begin{bmatrix}0.340&0.540&0.120&0\\0.375&0.510&0.115&0\\0.480&0.320&0.2&0\\0.460&0.290&0.250&0\\0.480&0.440&0.080&0\end{bmatrix}$$

$=(0.4252,0.4199,0.1549,0)$

上述结果 B_A、B_B 即为对教师 A、B 的隐性知识存量的综合评判结果。由最大隶属度原则可知，上述综合评判结果说明教师 B 的隐性知识存量水平高于教师 A。

如果要对教师 A、B 的隐性知识含量进行排序，可将综合模糊评语 B_A、B_B 再综合为一个分数。这里给各级评语确定一个权数 W，这里令：$W_1=95$，$W_2=85$，$W_3=70$，$W_4=30$，形成等级矩阵 $C=(95,85,70,30)$；此矩阵转置成列矩阵，于是教师 A 的隐性知识存量评价得分 $G_A=(0.3789,0.4147,0.1753,0.0311)(95,85,70,30)^T=84.449$。也就是说，如果要给教师 A 的隐性知识存量打分的话，可得 84.449 分。同理，教师 B 的隐性知识存量评价得分 $G_B=(0.4252,0.4199,0.1549,0)(95,85,70,30)^T=86.9285$。$G_B>G_A$。这样，由模糊的评价，便得出了不模糊的结果。

采用多层次模糊综合评判有许多优点。它从低层向高层逐级综合，这种分层评价的最大优点是既可以给出综合结果，又可从不同侧面掌握被评价者的具体情况，而不同侧面既能做整个评价系统的一个组成部分，又能做一个相对独立的综合评价问题。例如，通过对教师 A 的评价结果可以看到，其隐性知识存量综合评价得分是 84.449，其知识结构(0.6，0.4，0，0)较为合理，与他人沟通、交流、合作的倾向和能力(0.5，0.4，0.1，0)较好，对职业的热爱程度(0.6，0.4，0，0)较高，但其经验的深度(0.2，0.4，0.3，0.1)需要进一步提高。

第十章　河北省大学隐性知识管理对策

中国经济、社会发展正在步入一个被称为“新常态”的历史时期。经济上，从高速增长转为中高速增长，经济结构优化升级，从要素驱动、投资驱动转向创新驱动；从社会建设上讲，创新社会治理体制，推进法治社会建设，倡导社会风尚，促进和谐社会、幸福社会建设。对于河北省来说，由于传统的产业结构不尽合理，经济的粗放型增长特征明显，创新驱动能力低下，导致经济、社会发展水平相对落后，面临着巨大的发展压力。河北省由于环京津、环渤海的区位优势，在“京津冀协同发展”的背景下又获得了良好的发展机遇。高等教育作为推动经济、社会发展的重要动力，在新的历史条件下要承担起更为重要的历史使命。在河北省“教育强省”战略实施的关键时期，关注河北省大学的隐性知识管理，在充分吸收、借鉴国内外高校先进做法的基础上，通过应用知识建构理论优化人才的成长环境，从而建设一支素质较高、结构优良、精干高效、勇于创新的大学人才队伍，对推动河北省高等教育水平的提高和经济、社会的发展具有重大意义。

一、大力提高大学的隐性知识管理水平是当前河北省高等教育发展的当务之急

2013年5月8日，河北省主管教育的副省长许宁同志在全省高校系统学习贯彻省委八届五次全会精神座谈会上的讲话中指出了当前河北省高等教育的不足，他用了三个“不相称”来描述河北省高等教育发展的现状。

(一)河北省的高等教育水平与其历史底蕴和大省地位不相称

河北历史悠久,文化底蕴丰厚,是中华文明的重要发祥地;地处环京津、环渤海区域,是我国未来新的增长极之一;全省经济总量在全国位居第六,是名副其实的经济大省、工业大省、农业大省、资源大省。但是,我省高等教育发展水平却相对滞后,重点学科建设、高层次创新型人才培养和高水平科学研究等方面总体发展水平还比较低,全省高校只有1个国家重点实验室、2个国家工程技术研究中心,体现科技实力的各项指标在全国排名处于中下水平。特别是目前还没有一所在全国有较大影响的知名大学,说明我们的高等教育差距还很大,与我们的大省地位还不相称。

(二)河北省的高等教育水平与其经济社会发展新的战略需要不相称

与全省经济、社会发展的新战略需求相比,我省的高等教育还存在着办学定位不明晰、学科设置不合理、科技创新能力不强等许多问题。在办学定位上,有的高校"求大求全求高"的思想还没有完全克服,把过多的精力放在升格、扩张、建设综合性大学等外延上,在办学过程中注重短期效益,缺乏长远规划,喜欢发展投入少、见效快、招生多的专业,对投入大、周期长的专业建设重视不够,专业设置与人才培养模式趋同化严重,以致高校发展失去了应有优势和特色。在学科设置上,有的高校仍然趋同于学术型大学,没有将重点放在服务地方经济社会发展上,传统基础学科偏多,高新技术类专业、新兴交叉学科专业偏少,特别是缺乏战略性新兴产业人才培养能力,与经济社会发展的实际需求脱节,很多毕业生学非所用,就业难度很大。我省现设本科专业中,面向第一产业的专业点只占专业点总数的2.44%,面向第二产业只占13.34%。在科技创新能力建设上,有的高校教学科研与现实脱节,产学研机制脱节,单纯为科研而科研,甚至以评奖、评职称为最终目的,在科研开发与人才培养上缺乏对市场和社会需求的深入研究。从对经济社会发展的贡献度来看,我省在国家重大创新项目、攻关项目方面的首席科学家还很少,高校科研成果转化率不高,对经济社会发展的支撑还比较弱。

(三)河北省的高等教育水平与人民群众的期盼不相称

当前,河北省的高等教育已进入大众化时代,113 所高校、全国第五的在校生规模,虽然基本满足了广大考生有学上的愿望,但是距离人民群众上好大学的要求还有很大差距。名校、名师、名专业少,教育教学质量不够高,优质教学资源不足,还无法满足人民群众上好学、好就业、就好业的期待。河北高考移民多就是这一差距的集中反映。这其中一个重要原因,就是我们的好学校少,大家觉得做河北人吃亏,人民群众意见很大。高等教育的滞后,已经影响了河北省的竞争力、影响力和美誉度。

从许宁副省长的讲话可以看出,河北省高等教育的发展还远不能适应经济、社会的发展要求,造成这种现状的原因有许多,其中一个重要的原因是河北省的大学在隐性知识管理上还有许多不足,隐性知识建构环境较差,导致各高校缺乏高水平的师资队伍,从而制约了人才培养的质量和科学研究的水平,无法充分满足各方面对高等教育的需求。

二、河北省大学隐性知识管理的现状调查

高等教育事业的发展和大学办学水平提高最核心的内容是打造一支高素质的教学和科研人才队伍,而决定教学和科研人才队伍素质和能力的关键是他们所掌握的隐性知识。为了更好地了解河北省大学隐性知识管理的现状,笔者对相关内容进行了调查分析,主要包括两个方面内容:一是河北省大学人才队伍建设的总体情况,主要通过年鉴和各种统计报表的方式获得数据,从而进行现状的分析和问题的总结;二是通过问卷的方式,调查了有代表性的 5 所学校的部分大学教师,了解他们对各个学校管理的看法和意见,从而分析大学隐性知识管理中存在的问题。

(一)河北省大学教学、科研人员队伍的总体情况分析

截至 2013 年底,河北省共有 113 所普通高校(其中地方本科院校 53 所、专科院校 58 所)。根据《河北经济年鉴》2013 年整理得出的数据显示,全省共有专任教师 65043 人,比 2013 年增加 2328 人,是 2003 年(3.4 万)的 1.91 倍。

普通高校教师学历层次继续提高。2013 年,普通高校研究生学历教师比例为 64.4%,比 2012 年提高 2 个百分点;普通本科院校为 74.5%,比 2012 年提高 1.9 个百分点;高职(专科)院校为 40.0%,比 2012 年提高 2 个百分点。教师学历结构总体上不断改善,高学历教师比例增加。普通高校专任教师学历合格率为 98.58%,具有研究生学历的比例为 53.34%。教师年龄结构不断优化,56 岁以上的专任教师所占比例最小,为 5.4%;中年专任教师所占比例适中,为 45.3%;35 岁以下专任教师所占比例最大,为 48.3%。

(二)河北省大学隐性知识管理现状的调查分析

本次调查,我们主要以河北省各大学教师(尤其是一些高层次人才)作为调查研究对象。为使调查结果具有代表性,我们从综合性大学、理工类大学、医学类大学、师范类大学和其他类大学这五类学校中分别抽取一所学校作为调查对象进行研究。本次调查共发放调查问卷 320 份,有效调查问卷 284 份,有效率 88.75%。被调查者的基本情况如下:

在 284 个被调查对象中,男性稍多,占 52.1%,女性占 47.9%。年龄在 25 岁以下的 10 人,占 3.5%;25—34 岁 94 人,占 33.1%;35—44 岁 108 人,占 38.02%;45 岁以上 72 人,占 25.4%。正高级职称 77 人,占 27.2%;副高级职称 86 人,占 30.3%;中级和初级职称分别占 22.5%和 20.0%,所有初级和中级职称者都具有硕士以上学位。所有被调查者中,教师系列职称 225 人,占 79.2%;实验系列职称 19 人,占 6.7%;卫生系列 12 人,占 4.2%;工程系列等其他系列 28 人,占 9.9%。

调查主要包括以下内容:自然情况,包括性别、年龄、学历和职称等;职业价值观;对目前工作的满意度;学校管理状况,包括管理水平、领导者素质、各种规章制度是否健全、高层次人才与管理人员的关系等;学校硬件设施,包括工作环境、科研设备、申请科研经费数量;学校软环境,包括人文环境、科研氛围、人际关系等。

通过调查发现,在大学教师的职业价值观中,最看重的是在工作中能否发挥自己的能力特长,其次是工资福利待遇,再次是能否从事自己感兴趣的工作。从目前对工作的总体满意程度来看,只有 7.2%的人感觉到十分满意;大多数人都是满意或比较满意,占 80.2%;有 12.7%的人对当前工作感觉到不满意。

造成人才流失居前三位的原因依次为“人才潜能难以发挥”“个人价值难以实现”及“政策不公导致人才流失”。由此可见，人才潜能能否充分发挥、个人价值能否得以充分实现及是否具有公平的竞争环境是能否稳定和吸引高层次人才的主要影响因素，而观念障碍可能是造成人才流失的最根本原因。少数用人主体缺乏大人才开发观，视野不够开阔，气魄不够宏大；科学的人才观还没有完全确立，论资排辈，求全责备，封闭保守；“相马有余，赛马不够”；好人易用、强人难容的现象还有市场。

调查中我们发现，目前大学教师群体的工作压力相对较大，有一半以上的教师感觉到工作很累或者比较累，大部分人都经常加班或在周末的时候到教研室工作，只有 1.4%的人感觉到工作很轻松。有将近 2 成的教师对当前工作不很满意，明确表示想改行或更换工作单位，不满意率远高于高校人员的其他群体。

从影响大学教师发挥作用的主要因素来看，有 22.2%的人认为是管理水平；其次是教学科研环境，达 21.1%；再次是领导者素质，达 17.6%；而硬件设备等的影响排在比较靠后的位置。环境分硬环境和软环境，硬环境是指教学设施、实验室设施设备以及教职工工作、生活条件等；软环境指学校的良好的学术氛围、人际关系、高品位的校园文化以及相关政策、制度等。调查结果表明，对于高层次人才来说，他们更注重软环境和自身发展，待遇对他们来说不只意味着高薪，关键是能否被公正、公平、合理对待。所以河北省大学在加强学校硬环境建设的同时，更需要注重高校的软环境建设，包括管理水平、教学科研环境、学术氛围、人际关系以及校园文化等建设。

当前，大学为更好地让一些优秀人才发挥作用，选拔专业技术人才充实到学校的管理部门甚至校级领导岗位上，很多人对此褒贬不一。从调查结果来看，七成以上的人认为让一些精力充沛的年轻人才担任行政职务对其发挥作用有较大帮助，也应该让一些专家参与到学校的管理工作中，实行专家治校。但也有将近二成的人认为专业技术人员的主要精力应集中在专业上，不应被行政管理工作占用太多时间，而且有些专业技术人员并不适合从事行政管理工作，结果可能会适得其反。这也提醒我们，对人才要“人尽其才，才尽其用”，绝不能搞“一刀切”，应当根据个人的能力和特点来综合考虑是否安排其到行政岗位上工作。

(三)河北省大学隐性知识管理中存在的问题

近年来,河北省大力实施了科教兴冀和人才强省战略,始终把教育置于优先发展的战略地位,对高等教育的投入大幅增长,办学条件显著改善,办学水平不断提高,各级各类教育协调发展,尤其是高等教育工作取得了历史性突破。在教育部公布的全国高等学校名单中,拥有超过100所高校的省份共有8个,河北省以113所高校位列其中,跻身教育大省之列。大学自身也不断进行管理和教育、教学改革,内部治理的力度不断加大,在一定程度上优化了大学教师的工作环境。但放眼全国,与教育强省和先进大学相比,我省的高等教育工作和大学的发展仍然存在较大差距,主要体现在以下几个方面。

1.河北省高等教育整体水平相对滞后,体现办学实力的高水平大学缺失

大学的办学水平是隐性知识建构的最重要影响因素之一,因为大学办学水平直接反映了大学隐性知识存量和质量的水平,从而影响大学教师的隐性知识建构。高水平大学还具有示范效应,可以通过知识联盟的方式带动其他大学的建设和发展。当前河北省的高水平大学建设情况不尽如人意,从"985"工程院校和"211"大学的数量来看,河北省拥有河北工业大学1所"211"院校,只占省内高校数量的0.99%。从近年来国内高校排名来看,燕山大学、河北大学进入了前100名,但从未进入过前70名。高水平大学建设力度相对不足,也在很大程度上制约了隐性知识的建构和发展。

2.河北省高校教师资源配置失衡

高校人力资源结构主要指教师队伍的学历结构、职称结构、年龄结构和学缘结构,它一方面反映了大学显性知识的构成,更主要的是反映了大学隐性知识的水平和构成。据调研结果显示,河北省有相当一部分高校教师队伍的学历结构、职称结构和学缘结构与教育部所要求达到的标准有较大的差距。

(1)高学历教师比重较低

近年来,河北省各级各类高等学校不断加大人才的引进力度,硕士和博士学位教师数量大幅增加,高学历教师比重有了较大幅度的提高,但高学历教师比例与教育部在《关于新时期加强高等学校教师队伍建设的意见》所提出的"具有研究生学历教师的比例,教学科研型高校达到80%以上(其中具有

博士学位教师比例达到30%以上);教学为主的本科高等学校达到60%以上"目标相比仍有较大差距,而且不同类型、不同区域高校之间发展得非常不平衡。

(2)高职称教师配置不平衡

随着职称评审工作的不断推进,近年来河北省高校教师中高职称人员的数量和比重不断提高,职称结构有了很大改善,但也出现了高职称教师配置不平衡的现象。省属普通高校特别是省属骨干大学高职称指标尤其是正高指标多数已经非常有限,出现了高职职称评审困难的情况,大量优秀的年轻人才由于指标限制而无法晋升。在高职院校,高级职称人员所占比例过低,在很大程度上阻碍了教学和科研人员工作的积极性。

(3)学缘结构单一,"近亲繁殖"严重

20世纪90年代以前,河北省高校因普遍存在补充师资比较困难的情况,只好通过大量选留本校毕业生或固定地集中从几所高校引进毕业生来满足师资需求。长期如此,造成了高校"近亲繁殖"现象非常严重,有些高校的某些学科专业或院系甚至形成了师徒同室、三代同系、四世同堂的"家族式"人员结构体系。这个问题已经成为影响河北省高等教育教学质量和高校办学水平的重大阻碍。"近亲繁殖"是河北省高等学校长期存在并未能得到有效解决的一个比较突出的问题。据有关资料统计,目前在河北省高校中,在校外接受过本、硕、博其中一种学历学习并留任教师的比例为60%,不符合教育部在《关于新时期加强高等学校教师队伍建设的意见》中提出的"在校外完成某一级学历(学位)教育或在校内完成其他学科学历(学位)教育的教师应占70%以上"的目标。近年来,各高校意识到近亲繁殖的危害,大量选留本校毕业生任教的现象已经得到初步控制,但是要彻底解决历史遗留问题可能还要相当长的时间。

3.高层次人才匮乏

一方面,20世纪90年代的高校扩招导致了对高校教师的需求激增。目前对高层次人才的争夺成为各高校激烈竞争的新主题。另一方面,河北省多数高校在体制转型中还没有建立起健全、有效的激励机制,致使很多优秀人才流失到其他学校,甚至出现跨行业流失的现象,更加剧了高校教师的供求矛盾。日益巨大的教师缺口让很多高校教师数量出现明显不足,高层次教师人才尤其紧缺。目前,河北省共有两院院士 6 人,“长江学者奖励计划”特聘教授 7 人,国家有突出贡献中青年专家 46 人,教育部新世纪优秀人才支持计划 9 人,新世纪百千万人才工程国家级人选 20 人。与其他省市相比,河北省高层次教师人才显得极度缺乏,甚至全省的两院院士、长江学者总人数不及国家一些重点大学一所学校的多。例如,仅天津大学就有中国科学院院士 5 人,中国工程院院士 8 人,双聘院士 10 人,国家“千人计划”入选者 17 人,天津市“千人计划”入选者 29 人,“长江学者”特聘教授、讲座教授 33 人,国家杰出青年基金获得者 14 人。近几年,河北省高校在高层次人才队伍建设上花费了很大力气,也取得了一些成绩,但是高层次人才短缺、教师队伍整体素质不高的现状仍然没有得到根本转变。高层次人才代表的是先进的隐性知识,先进隐性知识的缺乏非常不利于高校各方面工作水平的提高。

4.高等学校教师资源隐性浪费现象突出

从河北省近年高等学校教师资源的利用情况来看,高校教师资源的隐性浪费现象较突出,其表现形式有以下四个方面:

(1)专任教师的工作时间与精力投入不足

人力资源具有能动性、智力性的特征,因此决定了人力资源在投入“量”的同时还存在“质”的投入。人力资源“质”的投入对提高单位时间内的工作效率具有很重要的意义。所以,考察人力资源的利用效率,既应该包括数量指标也应该包括质量指标。由于制度不健全,尤其是教学质量监控系统与评估机制没有完全形成,所以说在某种程度上高校教师的工作是一种以良心为尺度的工作。在单位课时内,工作的智力和精力投入的多寡,直接影响着教学质量和效果。教职员工精力、工作时间投入不足,主要表现为在工作中的懒散和智力外流现象。而“懒散”表现为两种情况:一种是制度型懒散,另一种是本性型懒散。“制度型懒散”主要是由于微观与宏观两个制度层面所造成的教职工对工作时间的消磨。所谓的“智力外流”是指高校教师为获取更高的经济收入而从事第二职业甚至第三职业,因而影响了对本职工作所投入的精力和智力,降低了高校教师人力资源在校内的利用效率。

(2)教育、科研的质量不高

教育和科研是高等学校工作的主要内容,是高校完成所承担的人才培养、科学研究和服务社会三大任务的主要途径。但是在我省很多高校可以看到，其论文形式的科研成果的数量可观，却质量平平，效益偏低。产生这一现象的原因是，学校的教育、科研成果与教师晋升职称紧密相关。很多教师是为职称的晋升写论文，而不是紧随学科前沿去研究和发展科学，或脚踏实地实践新理念去研究和改革现实。一些具有高级职称和高学历的教师由于申请过多的课题和项目，导致一方面没有时间和精力从事最基础、最重要的教学工作，有的专任教师甚至完全脱离课堂，而不能将最新、最前沿的科研成果直接授业于学生；另一方面，高职称和高学历的教师所带的各级硕、博研究生人数累计起来能够达到二三十人，由于学生众多、精力有限，教师与学生交流机会甚少，有的研究生导师甚至很少对学生进行指导。这些现象都是不可忽视的人力资源浪费。

(3)盲目追求高学历

高校盲目要求教师“高学历”违背了人力资源使用中的“适才适岗”原则。近几年，河北省各高校的进入“门槛”被日益抬高，有些高校的部分专业教师只招聘博士毕业生，甚至就连教辅人员、行政管理人员也要求研究生学历。高校教师所从事的是培养人才和科研等工作，对他们提出学历的要求是必须的，这是保证人才培养质量的必要手段。但是我们也应该看到，高校中的行政人员、实验协助人员等其他非教研类人员的主要任务是辅助教学工作和科研活动的正常进行，所以对他们的知识、技能和素质等隐性知识的要求也应当与教研类人员有所不同。只要知识、能力和素质能够达到岗位需要，就没有必要以统一甚至是单一的学历标准来要求。

(4)学科骨干教师改做行政工作

受传统的“官本位”思想的影响，一些学科骨干教师努力转向校内行政管理岗位。其实，教学工作和行政管理是两个完全不同的领域，骨干教师在教学上的特殊能力并不代表着从事学校行政管理工作的成功，它需要一个重新学习和适应的过程，完成这个过程需要投入大量的时间和精力，但是每个人的时间和精力都是有限的。学科骨干教师兼职学校行政管理工作，必将影响他们在教学上花费的时间和精力，影响自身专业的发展，进而影响整个学科的发展，所以说学科骨干教师改做管理工作是一种得不偿失的事情。从专业化的角度来讲，高等学校无论是教学工作还是管理工作，都应该以专业化求质量，以高质量求发展。所以，学科骨干教师兼职或改做学校行政管理工作，相对来说，使高校教师资源利用效率降低，造成了专业人才的浪费。

5.教师流动存在“逆淘汰”和双向矛盾现象

我国著名经济学家厉以宁教授在其著作中提出了“人才的逆淘汰”现象，即在一个组织中，优秀的人才往往留不住，而平庸之辈却流动不了，最后沉积下来。在调查访谈的过程中可以看到，我省高校都不同程度地存在这一问题。基本上每个高校都存在一些这样的人员：或是不思进取，“当一天和尚撞一天钟”，只想在学校混到一份工资；或是教研水平低下，不能胜任教书育人的职责；或是不安心工作，完全不把时间、精力放在教学和科研上，每天忙于自己的私人事务。这些能力平平甚至不合格的人员，没有流动的想法并且也不具备流动的能力，正常情况下是不会主动流动出去的。学校想淘汰流出这部分人员，但目前高校的用人制度和管理体制还难以做到这一点。所以有些人事领导发出这样的感叹：“要留的留不住，该出的流不出。”

三、河北省大学隐性知识管理对策设计

面对我省经济、社会发展对高等教育的需求，面对广大人民群众对高等教育发展的热切期盼，根据我省高等教育发展和大学管理的现实情况，笔者认为，应该应用隐性知识及知识建构理论设计我省大学的管理对策，从而切实提高大学的办学水平。

（一）加强大学内部治理，优化隐性知识建构的宏观环境

河北省高等教育的发展无疑需要河北省的政策、资金支持，但更需要各大学立足自身发展，遵循内在发展规律，提高学校内部的办学效率和质量，从而推动高等教育由外延式向内涵式发展的转变。

1.探索现代大学制度，推进依法治校①

随着中国高等教育的深刻变革，建立现代大学制度已经成为高等院校急需解决的首要课题。建设现代大学制度要求实现学校与政府之间、学校与社

---

① 方妍.高等教育强国背景下政府与大学关系重构研究[M].武汉：武汉大学出版社，2012：56—58.

会之间以及学校内部的依法治理，使学校真正成为独立办学主体，实现依法自主发展。因此，高等院校要明确大学与政府、社会之间的关系，尤其是需要理顺和确立内部权力制衡机制，为现代大学制度建设奠定坚实的基础。

加快制定大学章程，全面推进依法治校进程。大学章程是学校依法治校的根本依据。教育部在《全面推进依法治校实施纲要》中强调，到 2015 年全面形成一校一章程的格局。目前，河北省教育主管部门已经制定《河北省高校章程核准办法》，8 所高校章程获得核准。高校要以章程建设为契机，促进学校治理法治化、决策民主化，提高管理效能，维护学校、教师、学生的合法权益，为学校的发展提供持久的内在驱动力。

在大学章程的框架内，明确党委、行政、学术三者的权力界限。一是贯彻实施党委领导下的校长负责制，界定书记与校长的职责；二是制定学术委员会章程，构建学术权力和行政权力协调运行机制，激发学术活力；三是完善教职工代表大会制度和二级教代会制度，调动教职工参与学校建设的积极性；四是建立和推进学生代表大会制度，实现对于学生组织与学生事务的有效管理，加强学校的育人功能；五是支持各民主党派组织及社会团体按照各自的章程参与学校的民主管理、民主监督，为学校的改革发展建言献策。

2.推动校园文化建设，弘扬主流价值理念[①]

文化对人才的发展具有内在的激励功能，是隐性知识的重要表现和建构的驱动力，其核心内容是价值观隐性知识。文化传承与创新是高校的重要职能，文化育人也是人才培养的重要环节。校园文化具有教育陶冶和创新激励的功能，它与大学精神共同构成了大学的灵魂。因此，各高校要进一步凝练大学精神，打造具有特色的校园文化，达到文化育人的目的。高校也是传播主流价值观的主阵地，要通过开设公共课程和开展特色活动，积极开展社会主义核心价值观教育，引导学生深入理解富强、民主、文明、和谐、自由、平等、公正、法治、爱国、敬业、诚信、友善等国家、社会、个人三个层面的价值要求，适时开展实践养成教育，为社会主义现代化建设培养具有完善人格的优秀人才。同时，以依法治校为依托，强化法制教育，引导学生遵守国家法律、法规

① 朴雪涛，王怀宇.大学制度创新与中国研究型大学建设[M].北京：光明日报出版社，2007：35—38.

以及社会公共规范。

(二)加快推进高水平大学建设,提高大学隐性知识的质量

高水平大学建设是提高河北省高等教育水平的重要环节,只有加快高水平大学的建设步伐,才能从根本上扭转河北省高校层次不高、贡献不大的局面。当前,河北省共有11所骨干大学,每所高校各有特色,在河北省持续的重点建设中切实发挥了以点带面的示范效应。在11所骨干大学中,拥有1所“中西部高校提升综合实力工程”入选高校,1所“211”工程高校,4所与教育部共建高校,其中6所大学拥有博士学位授予权。但是,由于资源所限,很难将11所骨干大学全部建设为高水平大学。根据其他省份的经验,地方“211”工程院校和省部共建大学一般被列为高水平大学建设对象。以河南大学为例,河南省人民政府制定了《百年名校河南大学振兴计划(2011—2020年)》,为提高河南省高等教育整体实力起到了重要作用。鉴于此,河北省应根据河北省和京津冀协同发展需求,坚持少而精的原则,择优遴选重点建设对象。在此基础上,尽快制订高水平大学建设规划,明确建设目标,对其进行整体规划和重点建设,并建设若干所在国内具有影响力的高校。

(三)利用“京津冀协同发展”契机,引入京津先进的隐性知识

“京津冀协同发展”为河北省大学引入先进的隐性知识提供了良好契机。推进区域协同发展需要区域政府间建立紧密的合作关系,同样加快区域高等教育的一体化进程也需要京津冀三地政府间建立科学的体制、机制。北京市、天津市高等教育水平在全国居于领先水平,河北省高等教育虽有发展但起色不大,区域高等教育合作也没有实质性开展。河北省应拓宽发展视野,站在区域协同发展的高度,主动与北京市、天津市两地政府建立合作机制,在顶层设计上积极互动,实现全方位对接,签署《京津冀高等教育协同发展战略协议》,为自身高等教育发展争取广阔的发展空间。京津冀三地还应建立执行机构,提升区域间合作的执行力,真正使京津冀高等教育合作进入实质性开展阶段。目前,河北省与天津市签署了共建河北工业大学协议,为实现京津冀三地政府间的合作发挥了良好的示范作用。

河北省应积极与国家部委进行沟通,对口共建省内高校。2014年以来,

河北省人民政府与国家民族事务委员会签署了共建河北民族师范学院的协议，与教育部分别签署了共建河北工业大学、燕山大学、河北师范大学的合作协议，与国防科工委共建华北理工大学的协议。这不仅能够统筹区域内高等教育资源配置，也有利于发挥高等教育的整体优势，尤其是将会对提高河北省高等教育质量和办学水平产生积极而深远的影响。

（四）合理分配与组合教师队伍，优化大学教师队伍的知识结构

高校人力资源优化配置的基本内容是在建立精简、高效的组织机构的基础上，将人力资源按照所设置的机构进行科学、合理的分配和组合。同样的人力资源，由于组合方式不同，在高等教育产出中的效能也会有很大差异。人力资源优化配置的基本要求就是在形成精简、高效的组织结构之后，科学合理地对人力资源进行组合，促使经过优化组合后的人力资源能够在组织中提高利用效率。

高校人员结构是高等学校人力资源配置的重要因素之一。在对高校人力资源配置结构进行调整时，不能仅仅只考虑专任教师的职称、学历、年龄、学缘等因素的排列组合方式，还应该考虑到各类人员在教学、科研过程中各方面力量的协调和平衡。要从高校的主要任务出发，对高校教师资源配置结构进行合理的调整。

首先，建立合理的师资队伍结构。师资队伍结构包括职称结构、学历结构、学缘结构。在职称结构方面，要提升高级职称的比例，减少初级和无职称教师人数；在学历结构方面，高校应该鼓励青年教师通过不同形式攻读更高学位，加大对专任教师攻读博士学位的支持力度；在学缘结构方面，各高校应避免近亲繁殖，多渠道、多元化从不同学校、不同地区引进高级人才。

其次，教学人员与非教学人员的比例要合理，既要保证教师队伍的主体地位，同时也要精减非教学人员的人数，来提高为教师教学服务的效率。2003年以前河北省非教学人员比重一直超过教学人员比重，致使高校出现人才紧缺、人浮于事、人员结构失衡和人力资源利用效率低下的现象。因此，必须大力补充教研人员，同时减少非教师队伍人数，大幅度压缩学校的非教学性经费开支。

再次，积极构建人才梯队。构建多种相对稳定的人才学术梯队，可以保

障高校健康、稳定、持续地发展，如教学人才学术梯队、科研人才梯队、专业人才学术梯队、实验人才梯队等。人才学术梯队的构建应该体现以下原则：第一，坚持选人、用人、育人并重的原则，既要坚持标准选拔合格人才，又要不拘一格起用人才，还要精心地培养人才；第二，老、中、青三代人才相结合，中青年教师是知识、技术创新的主力，老教师具有丰富的经验和知识底蕴，发挥老教师的价值亦不可忽视；第三，学科交叉综合发展，把应用研究和基础研究相结合，构建学科交叉、人才交叉的科研学术梯队，来承担大型的科研项目；第四，充分考虑到人才流动和自然退休的情况，加强后备人才队伍建设，以免影响教学、科研、社会服务等工作。

（五）强化人才引进和教师培训制度，从校外引入隐性知识

1.科学预测和规划引进工作

各高校要树立正确的人才竞争战略意识，明确人才强校战略，认识到在现今社会中人才是时代的主旋律，是高校竞争的实质内容。人才引进规划的第一步是人才需求预测，其可为人才引进计划提供参考。要彻底改变把人才引进作为随机性、临时性举措的观点，运用科学的方法合理地规划人才引进工作，在结合高校现有因素的基础上对未来人才需求进行预测。

2.严格控制人才引进层次，引进先进的隐性知识

要根据学科建设和发展的需要，从战略发展的角度出发，在综合考察高校专业技术人才资源总体水平的基础上，细致考虑人才的引进、培养、使用、流动及自然减员等方面的因素，建立合理的高校专业技术人才引进机制，制定科学合理的人才补充计划。要适应人才市场的竞争趋势，开放高校人才资源市场，面向社会广开才路，公开招聘高水平的人才。通过有力措施，提高人才队伍的学历层次，尤其是提高博士、硕士研究生的比例。严格控制进入层次，除某些特殊专业和课程外，只补充研究生作为师资。

要改变留任本校毕业生任教的传统做法，专任教师的补充渠道要多元化，教师人才来源要由纵向变为横向，多从校外引进毕业生，并且面向企业、科研机构以及社会各界来招募合格的优秀专业人才担任高校专任或兼职教师，从而改变河北省高校师资结构的“近亲繁殖”现象。积极适应人才竞争与流动趋势，调整师资队伍结构，增加兼职人员和流动人员编制，减少固定人员

的编制，形成“开放式动态优化”型人员结构。通过向社会公开招募高水平教师、吸引优秀海外留学回国人才、选招优秀毕业研究生、加强培训力度等措施，改善教师队伍的职称结构、学历结构，优化高校教师资源配置。

3.建设高水平的兼职教师队伍，拓宽知识来源渠道

兼职教师是根据教学工作的需要按学期来进行短期聘用的，灵活性大，有利于教学工作的及时调整，不需要时就可以终止聘用。提高兼职教师比例，有利于高校节约经费，提高办学效益，还可以拓宽高校知识的来源渠道。按市场法则运营学校，必须要考虑降低成本，提高效益。可以说聘请兼职教师是市场力量渗入高等教育人力资源管理的具体表现。人员经费在教育事业费中的比例不断上升，教师工资占学校运营成本的最大份额，所以聘请校外兼职教师可以有效改善高校的效益问题。

目前，河北省高校人力资源配置正在向以发挥市场的基础性作用的方式进行转变，这要求我们按照市场经济规律来配置教师资源，提高兼职教师的比例正符合了这种要求。在国外高校兼职教师比例越来越高的情况下，我们也应该进行学习借鉴，将兼职教师看作为教师队伍中一个必不可少的部分。由于兼职教师的来源广泛，可能来自外校、政府或企业，多数人员都具有丰富的社会实践经验，所以用这种方式培养的学生更符合社会的实际需要。

建立一支兼职教师队伍，招纳社会上有实践经验的优秀人才作为高校的兼职教师，不仅可以充分利用所聘请的访问学者和进修教师的资源，还可以利用博士生资源。近年来，河北农业大学、河北工业大学、华北理工大学等高校积极聘请校外兼职教授，既降低了人力成本，提高了办学效益，同时也吸收了社会上高层次人才的隐性知识，为学校教学科研带来了新鲜活力。这种模式值得其他高校借鉴。

4.强化教师培训制度

优化教师职务结构、学历结构、学科结构、学缘结构的有效途径是强化高校教师培训。人力资本理论认为，人力资本通过投资才能形成，经过投入和转换，体现为劳动者本身的工作技能和熟练程度所反映出来的资本价值，并通过其价值运动达到不断增值的作用。所以，对教育人才的培训投资，在其教学、科研工作中会不断增值，最终达到教师和高校的双赢。要进一步落实国家教育部发布的《高等学校教师培训工作规程》，依据教师队伍建设目标及

现状制定实际可行的政策措施和培训计划。高校教师培训工作要在“务本、求实、创新、提高”的方针基础上，做到提高层次、突出重点、体现特色、充实内涵、拓宽外延。应采取“在职为主、加强实践、形式多样、扩大交流”的培训形式，以高层次培训为重点，以中青年教师为核心，着眼于更新和扩充知识结构，提高教学和科研能力，加强师德教育，推动学科发展。

可以把培训分为基础培训、专业和学历学位培训。在基础培训方面，可以采用在职培训、脱产进修的方式，定期地举办现代教育技术培训、外语培训等，使专业技术人才掌握现代化教育技术的基本理论、基本技能，提高外语水平，提高人才队伍的整体素质。学校还要根据学科建设、新设课程及专项科研工作的需要，有计划地对高、中级职务教师和学术带头人以及中青年骨干教师进行多种形式的培训，比如专项进修、到国内外高校做访问学者，参加高级研讨班、骨干教师进修班以及进行博士后研究、外出交流讲学等，通过高层次的学术活动和高层次的专项进修，努力提高人才的层次。在学历、学位培训方面，各高校要鼓励和资助中青年教师通过校外学习、联合培养、校内培训等方式，攻读硕士、博士学位，以此改善教师的学历、学位结构。

对培训成果进行考核，作为职务评聘、奖惩等方面的依据。对培训人员制定完善的管理制度，要做到出现问题时有章可循。最后，要认真研究市场经济条件下高校教师培训的成本补偿方式和培训效益问题，规定培训教师的服务期限，保证学校的利益不受侵犯。河北医科大学具备比较完善的培训制度，在《河北医科大学师资培训工作暂行规定》中对培训人员的管理、培训期间待遇、培训经费、培训后服务期限等相关问题有明确规定，学校的培训工作取得了很大成效，值得河北省各高校借鉴。

(六)构建合理的师资流动机制，促进隐性知识的有序流动

市场经济体制要求生产要素流动，流动起来才能根据市场要求不断地进行优化组合，使资源达到最佳配置。因此，高校教师资源也只有通过合理流动才会得到有效利用和优化配置。但是由于市场经济有它的负面影响，并且高校教师资源市场也存在局限性，所以高校教师的流动机制必须要考虑市场

经济的负面影响，同时要考虑到高校教师的配置、招聘、使用等特点。[①]

1.确立流动意识

高校内部劳动力的市场理论认为，在高校教师劳动力市场中，需求方是高校，各级各类教师则是供给方，所以高校既是资源的流入地，同时也是资源的流出地。多年的实践证明，全国性的师资流动在高等教育发展过程中起到了非常积极的作用。合理流动对于高校教师改变单位所有制观念、废除教师职务终身制，以及促进教师自主性和积极性的发挥都起到重要作用，并且可以使高校教师资源使用效率得到提高。各高校都应该有这样的意识：对于一些考核不合格、不能履行岗位职责或者不适合在高校工作的人员必须予以流动，让他们到可以发挥自己长处的部门工作。例如，石家庄铁道大学规定：连续两年考核为不合格的，根据不同情况，可予以低职聘任、解聘；连续两年考核为不合格，在低职聘任期间考核仍为不合格或不服从工作调整的予以辞退。

2.建立河北地区高校专业技术人才市场

目前，河北省还不存在真正意义的高校专业技术人才市场，高校专业技术人才市场只存在于一些招聘网站的某一分类。河北省各高校每年都有一部分因为人才规划不合理、学科发展不平衡等原因造成的专业技术人员闲置，而这些闲置人员对于其他高校又可能是紧缺人才；还有一部分专业技术人才由于各种原因，不适应所在高校的各种环境，而在另一学校又可能是急需人才。由于信息闭塞，高校间不能了解相互的需要，使高校专业技术人才流动不畅通。因此，必须建立河北省高校人才市场，在一定范围内促进专业技术人才的合理流动，这样，河北省各高校就可以在保持人才数量不变的情况下各取所需，从而提高专业技术人才资源的利用效率。建立高校人才市场的关键是各高校要打破“人才己有”“自我封闭”的格局，要由政府主管部门牵头，制定相关的配套政策和措施。

3.兼顾专业技术人才队伍的稳定和流动

要坚持“感情留人、待遇留人、事业留人”。2008 年，时任教育部副部长陈希到河北省高校调研时强调：“河北省要进一步完善人才激励机制、竞争机制、流动机制和社会保障机制，全面提高教师队伍整体素质，着力解决高校教

---

① 朱云.高校内部隐性知识转移投资研究[D].青岛：山东科技大学，2012：83—85.

师队伍建设特别是高层次创造性人才队伍建设中存在的突出问题。”为了落实教育部意见，提高河北省高校教师队伍整体素质，对于一些因为各种原因不能安心于高校工作的学术骨干和带头人等高层次人才，高校领导要细致耐心地做好他们的工作，尽力解决他们生活上、工作上遇到的问题，为他们提供良好的工作条件。同时要大幅度提高整个专业技术人才队伍的待遇，使高校专业技术人才在高校中能够真正体现出自我价值，使高校专业技术人才队伍既保持相对稳定又有动态的合理流动，最大限度减少优秀专业技术人才资源的流失。

4.依法进行专业技术人才的流动

市场经济同时也是法制经济，想流动或应该流动的专业技术人才要依法进行。高校不能想进就进、想出就出；高校专业技术人才也不是高校的“临时工”，不能随意被辞退。要以《教师法》《高等教育法》等为依据，结合各高校的实际情况，制定并遵守高校专业技术人才的管理制度，人才的聘用、选留、流动等环节要严格遵守高校的规章制度。

参考文献

[1]Polanyi M. Personal Knowledge[M]. Chicago：the University of Chicago Press，1958.

[2]Polanyi M. The Tacit Dimension [M]. London：Routledge and Kegan Paul，1966.

[3][美]R.J.斯腾伯格著.成功智力[M].吴国宏，译.上海：华东师范大学出版社，2000.

[4]Nonaka L，Takeuchi H. The Knowledge Creating Company [M]. New York：Oxford University Press，1995.

[5][新西兰]斯图尔特·巴恩斯编著.知识管理系统理论与实务[M].阎达五，译.北京：机械工业出版社，2004.

[6][美]迈克尔·波特著.国家竞争优势[M].李明轩，邱如美，译.北京：华夏出版社，2002.

[7][美]伊夫·多兹，加里·哈默多著.联盟优势[M].郭旭力，鲜红霞，译.北京：机械工业出版社，2004.

[8]张卫良编著.大学核心竞争力理论与实践研究[M].青岛：中国海洋大学出版社，2006.

[9]张维迎.大学的逻辑[M].北京：北京大学出版社，2004.

[10][美]约翰·杜威著.我们怎样思维·经验与教育[M].姜文闵，译.北京：人民教育出版社，1991.

[11][美]德里克·博克著.走出象牙塔——现代大学的社会责任[M].徐小洲，陈军，译.杭州：浙江教育出版社，2001.

[12]冯天瑜，何晓明，周积明.中华文化史[M].上海：上海人民出版社，2005.

[13][美]约瑟夫·熊彼特著.经济发展理论[M].牛张力，译.北京：中国社会出版社，1999.

[14][美]戴布拉·艾米顿著.知识经济的创新战略：智慧的觉醒[M].金周英，侯世昌，陈劲，译.北京：新华出版社，1998.

[15] 邱均平，文庭孝，马大川.知识管理学[M].北京：科学技术文献出版社，2006.

[16][美]阿特巴赫著.比较高等教育：知识、大学与发展[M].人民教育出版社教育室，译.北京：人民教育出版社，2001.

[17][美]伯顿·克拉克著.高等教育系统——学术组织的跨国研究[M].王承绪，徐辉，顾企平，译.杭州：杭州大学出版社，1994.

[18]Hamel G，Helene A. Competence Based Competition[M]. New York：John Wiley & Sons Ltd.，1994.

[19]刘志国.基于隐性知识建构的高校专业技术人才管理研究[M].保定：河北大学出版社，2013.

[20]徐建培.大学知识管理研究[M].北京：高等教育出版社，2005.

[21][美]维娜·艾莉著.知识的进化[M].刘民慧，译.珠海：珠海出版社，1998.

[22]董云川.论中国大学与政府和社会的关系[M].昆明：云南大学出版社，2004.

[23]方妍.高等教育强国背景下政府与大学关系重构研究[M].武汉：武汉大学出版社，2012.

[24]夏敏，朱爱军主编.现代大学制度与大学文化[M].沈阳：辽宁人民出版社，2005.

[25]兰军瑞编.现代大学制度的建立与运行[M].郑州：郑州大学出版社，2012.

[26]谢俊.大学的学术自由及其限度[M].重庆：重庆大学出版社，2012.

[27]王利芬.大学知识管理与大学核心竞争力提升[M].北京：团结出版社，2009.

[28]黄荣怀，郑兰琴.隐性知识论[M].长沙：湖南师范大学出版社，2007.

[29]蔡珍红.现代大学基层学术组织特征与治理研究[M].重庆：重庆大学出版社，2012.

[30]何独明主编.大学校园文化概论[M].成都:西南交通大学出版社,2010.
[31]刘虹.控制与自治:美国政府与大学关系研究[M].上海:复旦大学出版社,2012.
[32]高鹏.隐性知识学习与企业创新研究[M].北京:中国经济出版社,2012.
[33]任英杰主编.知识管理视阈下的教师专业发展[M].沈阳:东北大学出版社,2009.
[34]杜栋,庞庆华,吴炎编著.现代综合评价方法与案例精选[M].北京:清华大学出版社,2008.
[35]孙新波.知识联盟激励协同机理及实证研究[M].北京:科学出版社,2013.
[36]吴晓波,许冠南,杜健.网络嵌入性组织学习与创新[M].北京:科学出版社,2011.
[37]李华伟,董小英,左美云.知识管理的理论与实践[M].北京:华艺出版社,2002.
[38]陈洪安编.管理学原理[M].上海:华东理工大学出版社,2013.
[39]朴雪涛,王怀宇.大学制度创新与中国研究型大学建设[M].北京:光明日报出版社,2007.
[40]陈搏.知识交易及管理研究[M].长沙:湖南大学出版社,2009.
[41]刘志国,于魁,薄建柱,等.基于知识管理的医学信息学理论基础研究[J].中华医院管理杂志,2008,24(12):841—843.
[42]杨靖,王一伊.浅谈国内网络计量学研究与图书馆网络资源管理[J].农业图书情报学刊,2008,(8):68—70.
[43]Durcker P F. The New Productivity Challenge [J]. Harvard Business Review,1991.
[44]刘志国,黄晓鹂,陈晗曦,等.基于知识管理的医学信息学学科定位与研究框架[J].中华医院管理杂志,2010,26(11):862—865.
[45]Spender J C. Competitive Advantage from Tacit Knowledge [J]. Academy of Management Proceedings,1993,9(2).
[46]Nelson R R. In Search of a Useful Theory of Innovation [J].Research Policy,1977,6(1).
[47]Burlton R J. Transfer of Knowledge in Knowledge Management Sys-

tems: Unexplored Issues and Suggested Studies [J]. European Journal of Information Systems, 1992, 10(2).

[48]Nonaka I.A. Dynamic Theory of Organizational Knowledge Creation[J]. Organizational Science, 1994, 5(1).

[49]刘志国,吴倩,栾晓红.基于循证决策的企业知识管理研究[J].中国管理信息化,2015,(11):99—101.

[50]陈晔武,朱文峰.企业隐性知识的分类、转化及管理研究[J].情报科学,2005,(3).

[51]王方华.论隐性知识[J].沈阳师范大学学报(社会科学版),2004,(2).

[52]刘志国,崔健.企业科技创新与隐性知识共享[J].现代情报,2005,(11):180—181,184.

[53]夏德,程国平.隐性知识的产生、识别与传播[J].华东经济管理,2003,(12).

[54]刘志国.我国图书馆隐性知识研究述评[J].山东图书馆学刊,2013,(1):14—18.

[55]Wagner R K, Sternberg R J. Practical in Intelligence in Real World Pursuits: The Role of Tacit Knowledge [J]. Journal of Personality and Social Psychology, 1985, (49).

[56]Liu Zhiguo. Intelligent Information Technology Application Association. Economic, Education and Management(ICEEM 2011 V2)[C]. Intelligent Information Technology Application Association, 2011.

[57]Debbie Richards, Peter Anthony Busch. Measuring, Formalising and Modelling Tacit Knowledge[OL]. http://www.comp.mq.edu.au, 2000.

[58]刘志国,崔健.医院科技创新与隐性知识共享[J].中华医院管理杂志,2006,(4):222—224.

[59]马伟群,姜艳萍,康壮.知识管理中个体知识能力的一种模糊测评方法[J].东北大学学报(自然科学版),2004,(7).

[60]杨靖.高校图书馆服务创新探析[J].合作经济与科技,2013,(2):60—61.

[61]刘志国,张玉清,崔健.高校知识资源及其创新管理研究[J].现代教育科学,2007,(7):52—55.

[62]程钧谟.企业知识创新能力模糊评价体系研究[J].华东经济管理,2005,(5).

[63]Kaj U Koskinen, Hannu Van haranta. The Role of Tacit Knowledge in Innovation Processes of Technology Companies [J].Production Ecnomics,2002,(8).

[64]韩丽川,陈忠.基于软系统方法论的有效知识获取研究[J].情报杂志,2004,(11).

[65]王君,樊治平.一种基于 Multi-Agent 的组织知识获取模型框架[J].中国管理科学,2004,(2).

[66]王颖,刘志国.区域创新体系建设与隐性知识共享研究[J].商业时代,2014,(2):131—132.

[67]Albino V, Gamvelli A C, Sehiuma G. Knowledge Transfer and Inter firm Relationship sinIndustrial Districts: The Role of The Leader Firm [J],1998,19(1).

[68]C W Holsapple, M Singh. The Knowledge Chain Model: Activities For Competitiveness [J].Expert Systems With Applications,2001,(20).

[69]John C Thomas, Yorktown Heights. Story-Based Mechanisms of Tacit Knowledge Transfer: Report of IBM [J].T J Watson Research Center,2002,(12).

[70]汤超颖,周寄中.企业隐性技术知识吸收模型研究[J].科研管理,2004,(4).

[71]赵西萍.企业知识管理影响因素概念模型研究[J].研究与发展管理,2004,(3).

[72]刘志国,刘梅申,廉立军.个体临床隐性知识存量评价指标体系研究[J].中国医院管理,2009,(4):12—13.

[73]赵修卫,王洪伟.组织学习与知识整合[J].科研管理,2003,(3).

[74]Alice Lam. Embedded Firms, Embedded Knowledge: Problem of Collaboration and Knowledge Transfer in Global Cooperative Ventures [J].Organization Studies,1997,18,(6).

[75]Kalman M E. The Effects of Organizational Commitment and Expected

Outcomes on The Motivation to Share Discretionary Information in a Collaborative Database: Communication Dilemmas and Other Serious Games[D].California:University of Southern California,1999.

[76]Von Krogh G,Roos J. Five Claims of Knowing[J].European Management Journal,1996,(14).

[77]Richard W.Work-based Learning and Quality Assurance in Higher Education[J].Assessment & Evaluation in Higher Education,1994,(3).

[78]迟景明,马辉.论核心竞争力与大学发展[J].辽宁教育研究,2003,(5).

[79]刘志国,林朝英.加强知识管理提高医院核心竞争力[J].医学情报工作,2004,(6):411—412.

[80]胡建华.大学科学研究的性质、地位、作用之比较分析[J].高等教育研究,2006,(5).

[81]丁亚金.现代大学社会服务职能的反思[J].教育发展研究,2008,(13).

[82]徐小洲,陈劲,叶鹰.大学创新力评价的理论、方法与策略[J].高等工程教育研究,2007,(3).

[83]Dorothy Leonard Barton. Core Capabilities and Core Rigidities: A Paradox in Managing New Product Development[J]. Strategic Management Journal,1992,(13).

[84]许方球,刘洪德,喻登科.企业知识管理与核心竞争力的关联分析[J].情报杂志,2009,(1).

[85]Teece D. Technology Transfer by Multinational Firms: The Resource Cost of Transferring Technological Know-How [J].The Economic Journal,1977,(87).

[86]杨双琪,王景文,许静.华北地区高校图书馆网络互动服务调查研究[J].图书馆学研究:应用版,2011,(3):82—85.

[87]高祖艳.区域科技环境对科技型人才聚集效应的影响研究[D].青岛:山东科技大学,2009.

[88]杨双琪.打造区域公共文化服务品牌的思考[J].合作经济与科技,2014,(10):112—113.

[89]Garud R,Nayyar P.R. Transformative Capability:Continual Structuring

by Intertemporal Technology Transfer [J]. Strategic Management Journal,1994,(15).

[90]夏敏.高校教师组织学习力的提升[J].中国高等教育,2005,(11):43—44.

[91]殷国鹏,莫云生,陈禹.利用社会网络分析促进隐性知识管理[J].清华大学学报(自然科学版),2006,(S1):964—969.

[92]方兵辉.基于知识管理的企业学习型组织建设研究[J].经营管理者,2014,(21):97.

[93]杨双琪.利用图书馆 2.0 深化教学支持服务[J].科技情报开发与经济,2009,(19):26—27.

[94]徐盼盼.学习型组织中隐性知识的共享[J].继续教育研究,2014,(1):80—84.

[95]王震,夏英.科技特派员农业技术服务行为研究[J].广东农业科学,2013,40(18):220—222,233.

[96]张庆普,李志超.企业隐性知识流动与转化研究[J].中国软科学杂志,2003,(1):88—92.

[97]张长海.政府内部隐性知识拥有者知识共享的计划行为分析[J].科学与管理,2008,(3):79—81.

[98]苏庆永,王红梅,史文清.关于高校体育教师隐性知识共享之研究:大学教师隐性知识共享意愿、主要影响因素及共享途径调查分析[J].南京体育学院学报(社会科学版),2010,(2):101—104.

[99]刘志国,岳晓云,赵燕,等.对我国医学信息学教学与研究的思考[J].中华医院管理杂志,2006,22(8):557—559.

[100]杨靖.高校知识共享现状探析——以河北联合大学口腔学院为例[J].河北科技图苑,2012,(1):59—60,46.

[101]于娱,施琴芬,朱卫未.高校科研团队内部隐性知识共享绩效实证研究[J].科学学与科学技术管理,2013,(10):21—30.

[102]杨靖. 浅谈现代高校图书馆知识服务[J].合作经济与科技,2014,(13):171—172.

[103]王有刚.企业隐性知识共享的障碍分析[J].科技经济市场,2007,(9):37—38.

[104]王平.基于社会网络分析的组织隐性知识共享研究[J].情报资料工作，2006,(2):102—104,107.

[105]杨靖，叶素萍.云计算下的区域信息资源共享模式研究——以河北省医学高校重点学科为例[J].农业图书情报学刊，2012,(10):42—44.

[106]Kmpro 首席分析师.知识转化的四种基本模式[OL]. http://blog.sina.com.cn/s/blog 511c24d20100uwpz.html.

[107]易红联，冷云飞.高校隐性知识转化模式与机制探析[J].云南科技管理，2005,(6):32—34.

[108]杨靖. 高校图书馆有效参与公共文化服务体系探析[J]. 农业网络信息，2015,(6):100—101.

[109]姜鑫.基于社会网络分析的组织非正式网络内隐性知识共享及其实证研究[J].情报理论与实践，2012,(2):68—71,91.

[110]Kmpro 首席分析师.建立知识共享的企业文化[OL]. http://blog.sina.com.cn/s/blog 511c24d20100y71z.html.

[111]范美丽.知识联盟中知识员工需求结构与知识共享意愿的关系研究[D].沈阳：东北大学，2012.

[112]陈菲琼.企业知识联盟的理论与实证研究[D].杭州：浙江大学，2002.

[113]周朴雄.基于知识联盟的企业技术创新研究[D].武汉：武汉大学，2005.

[114]许广.高校知识联盟合作创新与绩效研究[D].长沙：中南大学，2011.

[115]杨靖.利用 ASP 技术构建图书馆读者需求表单业务处理系统[J].图书馆学研究，2009,(8):32—37.

[116]李建明.我国中小高技术企业知识联盟中的知识转移影响因素研究[D].上海：复旦大学，2008.

[117]侯集体，马竹君.Web 2.0 环境下图书馆联盟的隐性知识管理策略研究[J].情报资料工作，2008,(5):30—32.

[118]陈菲琼.企业知识联盟的理论与实证研究[D].杭州：浙江大学，2002.

[119]朱云.高校内部隐性知识转移投资研究[D].青岛：山东科技大学，2012.

[120]杨靖，阮向华，马丽莉.图书馆读者服务工作的创新与深化[J].内蒙古科技与经济，2008,(14):325,327.

[121]Yang Jing，Liao Zhijian，Ye Suping. The Community Library Anniance

Based on Cloud Computing[J]. Procedia Engineering,2012.

[122]杨靖,杨双琪,王一伊.竞争情报咨询——高校图书馆情报服务的亮点[J].华北煤炭医学院学报,2009,(5):765—767.

[123]刘志国,张畔枫.护理信息学课程教学探讨[J].中国实用护理杂志,2004,20(10):72.

[124]王震,夏英.开展农村科技人才培训的关键机制与对策——基于内蒙古乌兰察布市农村科技人才培训基地的调查[J].职业技术教育,2013,34(19):66—69.

[125]杨靖,陈波.学科馆员素质与学科信息服务问题探究[J].农业网络信息,2015,(1) :100—102.

[126]王震,唐欣.城乡科技互动机制的制度创新研究[J].广东农业科学,2011,38(17):207—210.

索　引

S

W

X

Y

Z